未来之路
金融的力量与责任

贲圣林　著

浙江大学出版社
ZHEJIANG UNIVERSITY PRESS

图书在版编目(CIP)数据

未来之路：金融的力量与责任/ 贲圣林著.—杭州：
浙江大学出版社，2018.7
ISBN 978-7-308-18081-8

I. ①未… II. ①贲… III. ①金融—文集 IV. ①F83-53

中国版本图书馆 CIP 数据核字（2018）第 058288 号

未来之路：金融的力量与责任

贲圣林　著

责任编辑　张一弛

责任校对　杨利军　汪　潇

封面设计　周　灵

出版发行　浙江大学出版社

　　　　　　（杭州市天目山路 148 号　邮政编码 310007）

　　　　　　（网址：http://www.zjupress.com）

排　　版　杭州林智广告有限公司

印　　刷　杭州钱江彩色印务有限公司

开　　本　710mm×1000mm　1/16

印　　张　18.5

字　　数　236 千

版 印 次　2018 年 7 月第 1 版　2018 年 7 月第 1 次印刷

书　　号　ISBN 978-7-308-18081-8

定　　价　45.00 元

浙江大学出版社发行中心邮购电话：(0571) 88925591;http://zjdxcbs.tmall.com

自 序

金融，离不开的就是你

2014年5月3日，我从北京来到杭州，从业界进入学界，开启了我人生中最重要也可能是最具挑战性的转型之旅，用当下的一句时尚话说——"充满巨大的不确定性"，我的激动和忐忑除外。

好在没有太多时间去激动或忐忑，因为要做的事太多，而且需要撸起袖子说干就干。在5月10日（我到浙江大学后的第一个周末）举行的"2014年首届浙江互联网金融创新发展论坛"上，我以浙江大学教授的身份首次公开亮相，当时的演讲后被整理成了《互联网金融：星星之火如何燎原？》一文。这是本书收集的最早的一篇文章，互联网金融随之成为我研究的主要领域之一。而随后中国金融学会5月19日在杭州举行"布雷顿森林体系建立70周年暨国际货币体系改革学术研讨会"，我的发言"建立战略互信，破解国际货币体系困局"则确定了我的另一个研究领域——国际金融，或者更具体地说，是

"金融国际化"。我的第三个研究领域则是后来我结合个人兴趣和浙江特色、浙江大学需求定位的"创业金融"，本书中也有相关文章收集。

过去的几年中，我受邀在许多场合发言或接受采访，绝大多数时候我都把这些发言整理成文章，由于这些发言的场景不同、受众不同、时间不同、风格不同，将文字规范化、结构逻辑化是本书编辑过程中的一个重要环节。感谢浙江大学博士生罗丹携手三位优秀的本科生李文意、张未、焦芙蓉组成的编辑小组的出色工作，浙江大学出版社陈佳莉编辑也为本书的出版给予了指导，在此一并表示感谢。

过去的几年中，我的奋斗目标就是完成从行长到教授的转变。许多朋友、(前)同事仍然习惯称我为贲行长、贲总，外部机构邀请我参加活动时更是常以某某银行中国区前行长等身份宣传，对此我开始时非常敏感，但后来在无奈之余生出理解：我这个教授资历太浅，这样一个学术新手显然没有什么社会影响力和学术认同度；而作为一个有 20 年实务经验的金融"老兵"，我在特定圈子里还算浪得一些虚名，人家这样介绍也是自然，难道非要人家突出我白纸般的学术经历？

几年过去了，让我欣慰的是，叫我贲行长的人越来越少，叫我贲教授的人越来越多；虽然现在说我转型成功还为时尚早，但我再也不用为如何处理好自己金融"老兵"和学术新手的二重身份纠结了。这本书不仅收集了我这几年的文章，也在一定程度上记录了我这几年来所走过的转型之路，记载了我这几年来奔走在世界许多城市的足迹，因而这本书于我又多了一份特别的意义。值此机会，我要感谢这一路上陪伴、支持、关心我的家人、领导、同事、朋友们。

几年前，当我来到浙江大学时，我以为我离开了金融；几年后，我陡然发现，我其实只是离开了金融业界，并没有真的离开金融——我研究的是金融，我关心的是金融。我甚至没有离开金融圈。许多业界老朋友的情谊让我感动;作为教授,我有机会接触了更多的金融研究者、政策制定者和监管者。我只是从一名金融从业者变成了一名金融研究者、教育者、观察者。既然离不开金融,我就只有呼吁负责任的、好的金融,期待新技术给金融带来美好未来。

　　我在庆祝加入浙江大学 3 周年的时候,适逢她喜迎 120 周年校庆。这本书便不能只送给自己,也献给浙大。

贲圣林

2017 年 5 月 4 日　凌晨

浙江大学紫金港校区

目录
CONTENTS

网贷专题

**第二篇
国际金融**

"一带一路"专题

中资金融机构国际化专题

第三篇
市场改革与机构管理

第一篇
互联网金融

星星之火，可以燎原吗？

在"中国的谷歌"——百度上，最流行的搜索词之一就是"互联网金融"。它的热度如此之高，以至于当你输入"互联网"时，系统就会提示搜索最热门词条"互联网金融"，结果超过 4000 万条！

什么是互联网金融？

从功能和范围上来讲，互联网金融主要包括：(1) 在线支付；(2) 借贷，比如小额信贷、供应链金融、P2P 借贷和众筹；(3) 投资和风险管理产品的销售，比如货币市场基金和保险；(4) 企业和个人信用风险评估。

虽然基于互联网的金融服务比如 P2P 借贷、在线支付、众筹、网上银行等都起源于西方国家，尤其是美国，但中国作为后起之秀发展迅速。如今中国在某些方面正在引领互联网金融发展的趋势和创新。事实上，"互联网金融"这个词是由曾在中国人民银行任职的谢平博士在 2012 年首次提出的。"互联网金融"也许是迄今为止中国为全球金融和银行业贡献的为数不多的原创想法之一。有两大趋势正在推动中国互联网金融的发展：首先，电子商务等互联网公司已经开始涉足金融领域；其次，传统金融服务机构正逐步转移到互联网上来(如网上银行和在线经纪)。

　　为什么互联网金融有如此高的关注度？就像在其他国家所发生的一样，1994年开启的中国互联网时代给人们的社会生活带来了翻天覆地的变化。尽管互联网的影响横跨各个领域，从电商到旅游，从新闻媒体到餐饮预订，从医疗服务到线上授课，但互联网对金融的影响似乎最为深刻，同时也获得了最多的关注。

　　要了解这一点，我们必须先了解整个行业的状况。在中国，金融服务业是一个相对受管制，甚至可以说是受高准入标准和利率管制"保护"的行业。这在很大程度上解释了为什么中国的银行是"出了名的赚钱"。中国上市银行的利润比其他所有行业上市公司的利润加起来都要高，这使得银行家在中国不太受欢迎。2014年当我离开银行业到学术界的时候，我的许多朋友"安慰"我，作为一个教授所获得的尊重完全可以弥补收入上的损失。

　　由于特殊的行业动态和格局，中国一直在经历已故斯坦福大学教授罗纳德·麦金农所说的"金融压抑"之苦——金融服务难以满足社会各个领域的需求，包括公司、小微企业、家庭以及个人。这种压抑的表现随处可见，中国众多的人口和企业要么没有得到良好的金融服务，要么什么金融服务都没得到。中国的银行满足于服务优质客户，虽然提供的是银行家所说的"普通产品"，但由于竞争不足、利率管制和其他制度缺陷，银行能够获得高额利润。换句话说，中国的银行一直在享受结构和制度的红利。

　　金融压抑在小微金融领域尤其严重，即被主流金融服务机构忽略的小微企业以及广大农村和城市的低收入家庭。尽管后来主流金融服务机构显示出改变的意愿(主动或是被监管机构强制)，但它们重组自身机构、服务这类大众客户的能力明显不足。

　　毛主席有一句名言："哪里有压迫，哪里就有反抗。"在这种情形下，中国的互联网公司横空出世,它们有着惊人的成长速度,其中的佼佼者如阿里巴巴、腾讯已经成长为全球的行业领导者。这些互联网公司把金融压抑视为机会并开始进入该领域。阿里巴巴就是第一个"吃螃蟹"的企业。支付宝专注于在线支付业务,这项业务过去由于不能带来利润而被中国的银行所忽视。2014年,在"双十一"购物节当日,支付宝创造了单日1.97亿笔的移动交易量,同比增长336%。这使它成为世界上最大的移动支付服务提供商。

2012年,在银行存款利率特别是小额存款利率非常低的情况下,阿里巴巴和某基金管理公司合作,效仿PayPal 1998年曾经在美国所尝试的,推出了比银行存款利率更高的货币市场基金。一年之内,阿里巴巴吸引的资产规模超过5000亿元,服务账户超过1.5亿个。一夜之间,这家名不见经传的基金管理公司成为中国最大的基金公司。

支付宝销售的货币市场基金有何特别之处?你只需用1块钱就可以开户,而且和余额高的账户享受相同的利率和服务。与PayPal在这一领域的最终退出不同,阿里巴巴取得的成功部分是因为中国金融体系的特殊结构与格局。

在这些成就的基础上,阿里巴巴成立了蚂蚁金融服务集团,这个简洁的名字意味着它将专注于小微金融领域,其服务领域涵盖小额贷款、基金管理、支付服务、信用审查及银行业务。

腾讯是另外一家进入金融服务业的互联网巨头。凭借其强大的微信平台,它筹建了中国第一家没有实体业务网点的"网络银行"——深圳前海微众银行(WeBank)。

阿里巴巴、腾讯等互联网巨头一直努力尝试的是为那些被忽视的大众市场和"肥尾"客户群提供与高端客户群一样的服务,其本质是为这些群体建立一个公平的金融环境。它们的努力已经赢得了不少公众的赞许和官方的支持。

传统银行该怎么办？在某届"两会"上，一位同时也是人大代表的银行行长对李克强总理感叹道，在中国，银行已变成"弱势群体"。这句话引起现场不少笑声，公众反应却是不屑一顾。然而，这位行长或许是对的。

由于来自互联网金融公司的竞争，包括网上基金产品的销售，传统银行突然感受到了威胁，许多账户一夜之间被激活，不少存款纷纷转到互联网金融公司，银行存款开始变得不稳定。更糟糕的是，这些存款又转回银行，但由于互联网巨头们有(更)强大的议价能力，对银行来说，这些存款的成本比以前高出很多。

互联网金融正在迅速使传统银行、保险和证券经纪成为"明日黄花"。据说比尔·盖茨曾说过："世界可能需要银行业，但不一定需要银行。"1994年当我刚开始在银行业工作时，我听到他关于商业银行是"最后一只活着的恐龙"的断言，之后我几乎用了整个银行职业生涯来看着这句话逐渐成为现实。阿里巴巴的马云也曾有一句同样著名的话："如果中国的银行不改变，我们就来改变银行。"当时可能很多人不相信这一点，但我们都知道，他设想的(改变银行的)未来已经到来，而且比我们很多人预期得要早。

互联网金融公司面临的挑战是什么？

互联网公司并不缺乏创新和冒险精神，它们需要加强的是信用和风险管理能力。同时它们也面临着中央银行业的垄断和尚不清晰的监管前景。另外，尽管增长速度快，相对于行业内现有企业，互联网金融公司的规模仍然较小，如宜信和中国工商银行，借贷俱乐部(Lending Club)和美国富国银行。

互联网金融的未来走向如何？

尽管面临诸多挑战，有一些甚至令人畏惧，但互联网金融仍将在瞬息万变的金融服务业中成长为一支生力军。作为新生力量，互联网金融正在迫使行业现有企业更高效、更及时地回应和满足客户的实际金融需求，而不仅仅服务于大型优质客户。互联网金融的出现使得金融服务领域"人人生而平等"的愿景比任何时候离我们都要近。

市场机会方面，发展中国家由于传统金融市场化竞争不充分，更多的未开启需求，以及互联网金融的高效发展，而具有更好的发展潜力。基于同一理由，在每个发展中国家，小微金融和农村地区拥有更多的发展空间。成功攻占新兴市场之后，互联网金融公司又可以将它们的成功经验复制到发达国家，最终它们将有机会超越那些目前金融业的跨国巨头，这些巨头一直在苦苦挣扎着如何在互联网时代更好地满足客户的金融需求。

支付宝和苹果公司：成功路径相似？

支付宝通过首先布局边缘金融领域比如小额在线支付和小微金融来占据市场。在某种程度上，苹果公司也采取了类似战略：乔布斯一开始并没有选择与IBM在企业计算机领域正面对抗，而是在IBM所忽视的个人电脑市场上找到了机会，更重要的是，他推出了大众可以承受其价格的产品。

以上成功案例有何相似之处？面对强大的对手，他们都没有直接正面对抗，而是从他们的竞争对手忽视的领域着手：农村地区，不发达国家，未开发或未充分开发的客户群体。他们起初实力很弱、规模渺不可计，但就像毛主席说的"星星之火，可以燎原"，期望互联网金融的"星火"可以燃烧一整片金融业的"原野"。

最后，也是更重要的，互联网金融未来的成功将会在金融和经济领域之外带来更为广泛的影响。从社会的角度来看，互联网金融将第一次——在金融服务领域——实现所有社会阶层权利的平等。这种改变意蕴深远——金融的民主化以及创业门槛的降低，意味着大众可以充分参与乃至引领全球创新创业的浪潮。届时，社会阶层和全球治理体系将会发生更多的变化。

让我们拥抱变化吧，因为除此之外，我们别无选择。

互联网金融在中国缘何如此火？

互联网金融的本质是在催生金融更市场化、自由化、民主化,让以前没有享受到金融服务的人享受到金融服务,以前享受到金融服务的人享受到更好的服务、更好的价格和更好的客户体验。所以从某种意义上讲,中国互联网金融的火爆实际上是市场对金融压抑的一个反弹。

互联网金融不是新生事物

对于什么是互联网金融,众说纷纭。我眼中的互联网金融就是运用互联网思维、互联网技术、互联网手段和方法来做金融。

所谓的金融就是资金融通,反过来也可以说成融通资金。因此,金融本身就具有三个特性:第一是资金在路上,第二是代销和理财功能,第三是融资功能。在互联网金融时代,就是大家纷纷"炒作"的支付类、理财类、融资类功能。

虽然说"互联网金融"这个名词是中国原创,但是西方很早就已经开始运作互联网金融了。比如1991年荷兰国际集团下设的 ING Direct,1995年美国的 Security First Network Bank(安全第一网络银行)，以及 1998 年美国的 PayPal，等，它们都在中国互联网金融兴起之前就已经存在并运营了。此外，第一家众筹网络平台 Kickstarter 也非中国原创，它 2009 年创办于美国，直到 2011 年，中国才有类似的商业模式出现。

互联网金融已经在世界发达金融市场存在了很长时间，但好像并没有那么火，就连"互联网金融"这个词也没有固定的英文翻译。这是什么原因呢？

金融压抑引爆中国互联网金融

那么，互联网金融为什么在中国这么火？我认为有以下四大原因。

第一，政策性红利和监管套利。银行业是受监管最严格的行业之一，对资本金、贷款指标等都有严格的把控和监管。相反，互联网企业面对的行业监管几乎是"一马平川"，所以互联网企业可以充分利用监管不对称的优势，降低业务成本。但这不是主要原因。

第二，客户体验优势。互联网企业的效率高、技术好、成本低。互联网金融通过大数据、云技术的运用，可以帮用户解决很多切身问题，客户可以实时了解利率动态。而传统银行尽管也拥有很多有价值的数据，但遗憾的是在这方面还有所不足。因此互联网金融不仅有它的成本优势，客户体验优势也比较突出。

第三，金融压抑，或者可以称为金融压迫。由于传统银行业成本过高，存在包括利率、资本充足率、贷存比等多种准入限制，许多个人和企业的金融需求没有得到满足，这就是金融压抑。金融压抑使得客户得到的金融服务有所缺失且质量较低。试想，如果中国的存款利率没有被压抑、监管住，我们的""宝类产品""还能这么风生水起吗？所以互联网金融实际上是在催生金融进一步的市场化、自由化、民主化,让那些以前没有享受到金融服务的人享受到金融服务,让以前享受到金融服务的人享受到更好的服务、更好的价格、更好的客户体验。所以从某种意义上讲,中国互联网金融这么火实际上是市场对金融压抑的一个反弹。

第四,互联网和金融的特性相近。互联网的杠杆效应可以无限放大,与此同时,金融也具有很强的杠杆特性。所以互联网和金融都是充满着无限可能性的,两者的结合使得两个杠杆作用叠加,像干柴遇烈火,火爆是必然的。

另外,相对于互联网金融,国内传统金融的效率的确不够高,例如余额"宝类产品"比银行吸收储蓄的效率高很多。而在西方成熟市场,互联网企业的对手——传统金融业则相对比较成熟,它拥有成熟的电子银行、网络银行以及原本就相当市场化的行业格局,这些优势使得互联网企业在强大的现有金融机构面前没有那么容易取得成功。这也是互联网金融在中国很热,而在西方相对冷的原因之一。

所以,当我们说互联网金融这个概念是中国原创时,并不完全是一件令人骄傲的事。这也从另一个角度反映了中国传统金融业以及相关条件的不成熟。当然作为后起之秀,中国的互联网金融有可能协助弯道超车,加快金融业的发展。

互联网金融与传统金融的共生共存

我们先来回答一个问题:互联网金融解决了什么,没能解决什么?虽然互联网金融的普惠性使得普通老百姓有可能享受到高效的金融服务,大大提升客户服务体验,并在很大程度上缓解了困扰金融业的信息不对称问题,但是金融行业的立身之本——风险管理,如信用风险、流动性风险等在互联网金融领域并没有得到很好的解决。同时，互联网金融还没有真正解决金融产品与服务的问题，它目前更多解决的是渠道问题：理财产品代销与资金的支付结算。基于此，我认为四大因素会决定未来互联网金融的发展方向。

第一，政策导向。总体而言，随着国家立法步伐的加快，互联网金融所享受的政策套利、监管套利的机会将会慢慢减少。

第二，金融压抑的程度。我国金融改革的方向会促使其市场化、自由化、开放化，金融压抑的程度会降低，现象会减少。

第三，技术和效率变革。互联网企业会进一步提高现有的技术与效率，而同时传统的金融机构也会醒悟过来，或者已经醒悟过来，双方都会在此层面上逐步提高。

第四，杠杆效应的内在优势。基于互联网和金融共同的杠杆特性的叠加效应，互联网金融这个内在优势还会保持。

综上，我认为互联网金融有很好的发展前景，但是可能会相对降温，朝着更理性、成熟的方向发展。互联网金融会和传统金融行业一起发挥各自优势，在各自擅长的领域为客户提供更多、更好的服务。

有一个词汇叫作 frenemy（亦敌亦友），这很好地描绘了互联网金融与传统金融之间竞争与合作的关系，传统金融跟互联网金融将来会是共生的形态。做传统金融的人与做互联网金融的人在未来既是对手也是朋友，这就是我的期待。

互联网金融凭什么狼性十足？

互联网金融的发展从宏观上来说是不可逆转的事情，金融业面临着新常态下的转变：市场化程度、开放程度、国际化程度，即其所面临的信息化、互联网化、移动化的趋势都叠加在一起。过去的传统金融业，市场化程度较低、竞争力较弱、创新不足、同质化严重，加上信息不对称，在互联网和国际化的大背景下，所受的冲击可能是最大的；而当今的互联网金融狼性十足，竞争力很强，加上监管的不对称给了互联网企业更多的机会，互联网金融在中国的发展空间远大于在国外成熟的金融市场。

传统金融五大问题

- 市场化程度较低
- 竞争力较弱
- 创新不足
- 同质化严重
- 信息不对称

如何风险定价、组成征信系统？

在未来，企业所拥有的数据以及处理大数据的能力将会成为它的核心竞争力。互联网金融如何风险定价、组成征信系统将是很关键的一步。目前的数据和信息可能是由特定的部门拥有的，并没有完全集中在一起，但在未来，政府和监管部门将实现数据一体化，从而能充分提高效率。浙江某些地市已经在努力集成相关信息，以利于地方信用文化和信用基础设施的建设。

现在 P2P 行业有某些公司恶意"跑路"，但是这些并不只是互联网金融行业的问题，恶意欺诈并不完全代表互联网金融的现状，反而更加凸显了社会信用体系的建设以及互联网大数据的重要性。在互联网金融行业中，大部分还是愿意为金融业的社会化和发展做贡献的人士。

传统金融以前受到特定文化、体制和发展阶段的影响，有些"不思进取"，而相对激进的互联网金融对传统金融的做法不以为然。互联网金融公司有创新和挑战现有格局的勇气，将来会逐渐往传统金融领域渗透，两者在未来将会互相融合。于互联网金融起家的人需要有对金融和风险把控能力的敬畏之心；传统金融则需要更多的平等化、民主化、大众化的精神，两者各有所长，互相补充。

当然，传统金融是不会消亡的，有一部分还会继续保留，比如顶级私人银行、相对复杂的产品以及批发业务等，这些业务对在线化的要求相对弱一些。

相对来说，监管机构对互联网金融是比较开放和容忍的，这跟我们独特的分割式监管体系也有关系。而互联网金融本身在整个金融行业中的比重还比较小，还不至于影响到整个金融业的发展，因此也可以理解政府部门为何采取比较开放的态度。同时，正是因为目前互联网金融整体业务量较小，因此未来会有很乐观的发展空间。

互联网金融：星星之火如何燎原？

　　说到互联网金融，首先，互联网金融本质上不是新生事物，如众筹、P2P网贷、支付宝等很多产品，其实都能在传统金融里找到影子，例如有人说民间借贷就是P2P的雏形等。其次，互联网金融的发展得益于金融压抑，即中国相对不发达的金融市场和金融体系产生了可观的政策性红利和监管套利；而且，互联网金融企业的效率要比传统金融高很多，这也是互联网金融比较火的原因之一。最后，互联网金融与传统金融既是对手也是朋友。

　　在此基础上，本文主要分析两方面内容：第一，互联网金融的社会属性和社会责任；第二，互联网金融的社会形象和社会信用基础。

互联网金融的社会属性和社会责任

　　互联网金融有很多属性，包括便利性和成长性。互联网无处不在，无时不在。很多人认为2013年是互联网金融元年，2015年是移动互联网金融元年。移动互联网金融体现了互联网金融更强的便利性，那就是随时随地。当然，互联网和金融的结合是两个相对虚拟、具有无限想象的空间的结合，因为大家知道传统产业需要信息流、资金流、物流和生产能力等的结合，而互联网金融就没有什么物流问题，不需要菜鸟、顺丰，自己就可以做，自己就是支付系统。正因如此，互联网金融展现了无限的可能性和成长性，即我们所说的互联网作为一个新科技，而金融作为现代经济的核心，这两者的结合确实给大家带来了非常大的可扩展空间。

但是，互联网金融还有一个属性——社会性。第一，互联网本身是一个社区，它有外在性和社交性。第二，无论是传统金融还是新金融，其本身具有公用产品的属性，是公共基础设施的一部分，就相当于水、电、煤等。既然互联网本身是一个公共性的产品，金融也具有公共产品的属性，那么互联网和金融的结合——互联网金融，就更加是一个社会的基础设施的一部分，是一个公共产品，就应更多地体现一种普惠性质。很多技术、改革所带来的效率提升，能否转化成一些对社会大众的实实在在的实惠？因为互联网的高效率，我们可以得到更好的服务、更低的成本、更多的产品、更丰富的体验。互联网金融带来了民主化、大众化的变革，使得曾经被传统金融忽略的部分人群有机会享受到金融服务。

从普惠金融的角度来讲，互联网金融应该具有社会性。从产品和战略定位角度来看，互联网金融产品应该是简单的、标准化的、小额的。从客户需求角度来看，互联网金融应该更多地开发小微金融、零售金融。具体来说，互联网金融的社会属性包括以下三方面的内涵。第一，就战略定位而言，如何弥补传统合作的不足，与传统金融一起服务实体经济，是互联网金融和传统金融目前能否共生、合作的关键。第二，互联网金融如何满足新生需求。互联网金融需要服务于网络社区、虚拟社区，这里有一个崭新的线上化社会群体，传统金融还没有覆盖，因此从战略角度来看，互联网金融需要认真思考如何弥补传统金融所没有服务到的实体经济的真实需求。第三，在新的网络社区，互联网金融如何提供相应的服务。

基于以上认识,从社会性的角度上看,我们应将互联网金融定位得更高一些。虽然我们的监管还未完全跟上,但是,在目前缺少相关法律,或有些法律还未足够明确的情况下,我们应有定位自己是否合规的自我要求。有人说,现在能达到60分就可以,但实际上现在只有40分,因为相应的法律有空白。我期望的定位是90分,这样监管出台以后,我们仍然能达到70分、80分的程度。

互联网金融的社会形象和社会信用基础

近几年互联网金融火热发展,虽然有"草根"之嫌,但未来一定会向更规范的方向发展。

第一是企业本身自律的问题。互联网金融发展非常迅速,但行业鱼龙混杂,企业本身需要坚定自己的普惠信念,树立诚信的企业形象。当然有一些企业本身就意图诈骗,根本不是在做金融,只为卷款"跑路"。这部分企业造成的问题不应当让整个互联网金融来承担。

第二,行业协会需要发挥自身的作用。如果完全靠法律来进行规范,需要较长的时间,而且效果不佳,而行业协会自律往往比一些法律法规更加有效。在这一方面,可以借鉴英国的做法。

第三,互联网金融需要在宣传、教育、研究方面做一些形象打造上的努力。例如,借助于杭州作为互联网金融中心的优势,浙江大学 AIF(浙江大学互联网金融研究院)也在互联网金融领域进行了一些系统性的研究,从法律、金融本质、商业模式创新、大数据、金融工程等角度来对互联网金融做系统的研究。

最后是一个简单的愿望,互联网应该是自由的、随性的,但金融相对来说是严谨的。如何将科技与金融有效地结合,是摆在业界、学界和监管部门面前的一个巨大的课题。

英美 P2P 行业监管经验如何为我所用？

P2P 是 peer to peer 的缩写，P2P 借贷指个体和个体之间通过网络平台实现信用贷款。P2P 最早于 2005 年诞生在英国，随后在全球得到不同程度的发展。从第一家 P2P 公司在中国成立，截至 2014 年 10 月 31 日，中国已拥有 1371 家 P2P 网贷平台。但 P2P 仍然处于机构和政策监管缺失状态，市场对监管政策走向一直是期待和焦虑兼而有之。频繁发生的"跑路"事件更是让市场对监管细则的出台充满期待。那么，如何引导国内 P2P 网贷行业健康发展？国外很多经验和做法值得我们借鉴学习。

美英 P2P 监管概况

1. 美国 P2P 监管特征

2008 年 3 月，美国证券交易委员会（SEC，Securities and Exchange Commission）就将 P2P 纳入监管视野，并设立了较高的市场门槛。在接受 SEC 的监管之后，P2P 平台需要每天至少一次或多次向 SEC 提交报告。一直以来,美国并未制定针对P2P监管的专门法律,而是主要依靠其较完善的基础性立法对P2P行业进行监管,具体则由联邦政府和州政府相关监管机构实行双重监管。

尽管美国未制定针对P2P监管的专门法律,但是众多基础性立法可以监管到P2P行业,主要有以下四方面:证券监管方面,主要是《1933年证券法》《1934年证券交易法》;消费者信贷保护方面,主要是《诚信贷款法案》《信贷机会平等法案》《公平信用报告法》;结算环节所涉及的银行等金融机构以及收款环节所涉及的第三方债务收款机构的监管方面,主要是《银行保密法》《格雷姆-里奇-比利雷金融服务现代化法案》《公平催收法案》;电子商务相关方面,主要是《资金电子转账法案》《电子签名法案》。

美国主要的监管部门分别是:美国证券交易委员会(SEC),职责主要是对投资人的保护,要求所有信息完整、透明、无误地披露;美国消费者金融保护局(CFPB, Consumer Financial Protection Bureau),职责主要是对P2P平台的金融消费权益进行保护和监管;联邦贸易委员会(FTC, Federal Trade Commission),职责主要是如果P2P机构采取了法律意义上的"不公平或者欺骗性行为",FTC就可以采取执法行动;联邦存款保险公司(FDIC, Federal Deposit Insurance Corporation),主要承保网络银行分销贷款。

美国实行双重监管,即联邦政府和州政府的双重监管。一些州采取与SEC类似的以信息披露为准的监管方法;另一些州采取的是以交易特性为准的监管方法,这些州会增加一些与个人财务相关的标准,像最低收入或财产要求,例如,加利福尼亚州要求投资人在网贷平台上的总投资额不得大于投资者净资产的10%。

2. 英国P2P监管特征

作为P2P起源地的英国,其相关监管条例和方法比较完善。

在英国，P2P借贷首先要遵守《1974年消费者信贷法》。英国2014年出台的《FCA对互联网众筹与其他媒体对未实现证券化的促进监管办法》的具体内容有：监管规则"最低审慎资本"设置了最低审慎资本要求；"客户资金保护"设置了客户资金第三方单独存管；"信息披露"一方面是关于平台的信息，另一方面是关于平台提供服务的信息，同时重视风险披露；"向FCA报告"规定定期向FCA报告财务状况、客户资金、投资情况、投诉情况；"消费者单方合同解除权"规定如果包含二级市场，消费者不享受解除权，如果不包括二级市场，则平台应当依法维护消费者的后悔权；"平台倒闭后借贷管理安排"规定在平台倒闭时，确保贷款能够继续得到管理；"争端解决规则"则建立投诉程序，规定平台在8周时间内审查并回应，如果投资者对结果不满意，可以向金融申诉专员(FOS, Financial Ombudsman Service)投诉解决纠纷。

从2014年4月起，英国P2P行业的监管职能由公平交易办公室(OFT, Office of Fair Trading)转移给金融行为监管局(FCA, Financial Conduct Authority)，平台的借贷行为需要得到FCA授权。

除了出台相关法律法规和明确监管部门之外，英国P2P行业还有一个很重要的特征就是行业自律。2011年3月，3家领头P2P借贷公司(Zopa、RateSetter、Funding Circle)自行成立行业自律协会P2PFA，其成员共占据了95%的P2P市场份额。

英国政府要求P2P行业在遵守政府相关法律规则的同时，也要严格遵守P2PFA所制定的规则。对于高级管理层，P2PFA要求公司的董事会成员必须有一位以上符合金融服务管理局(FSA, Financial Service Authority)规定的认可代理人。对于最低运营资本，P2PFA要求取2万英镑和3个月运营费用两者的较高值，静态最低资本金为5万英镑，但在缓冲期间(2017年4月1日前)为2万英镑。对于客户资金分离，P2PFA要求必须将客户资金与自营资金分离,存放在单独的银行账户里,该部分资金账户每年由公司聘请的外部审计进行审查,对客户资金提出了第三方(银行)单独存管的要求。对于信用风险管理,P2PFA 要求公司必须有谨慎健康的规则管理信用风险,确保借款者有足够的能力还款,成员公司必须向相关部门报告其采用的信用管理规则,也要求对借款人的信用进行审查。对于反洗钱和反诈骗,P2PFA 建议每家成员公司加入反洗钱协会、反欺诈协会。对于网络平台管理,P2PFA 要求 14 类信息在"合同条款"中注明,公司在向公众公布信息的情况下,自身可以成为投资者,但是不能成为借款者;也要求对平台的违约率和风险状况等进行相关披露,对公司自身和员工的借贷条件做出更明确的约束。对于用户的信息披露,P2PFA 要求公司对客户就贷款的期限、风险、预期收益、手续费等信息进行正确、公平、无误导性的披露,同时宣传需符合英国广告标准管理局(ASA, Advertising Standards Authority)的相关规定,也要求平台在与客户进行交易之前用大众化的语言,就投资产品的收益、风险等向客户披露准确、无误导的信息,并提出了更为详尽的细则规定。对于系统建设,P2PFA 要求成员公司必须确保它们的 IT 系统安全可靠,并与经营业务的规模、复杂性相称。对于投诉管理,P2PFA 要求成员公司应有明确的投诉处理政策,应告知客户相应的投诉处理政策,客户有权向第三方机构(如 FOS)进行投诉,公司需要将投诉进行记录;也要求借贷类众筹平台建立投诉处理程序,并规定平台应在收到投诉后 8 周内做出回应。对于破产安排,P2PFA 要求公司提前对可能的破产情况进行安排,以保证在公司停止运营后,借贷合同仍有效且可以得到有序的管理;如果借贷类众筹平台破产,对于投资者通过平台借出的尚未到期的资金,平台负有继续管理的义务。

对中国的借鉴意义

经过十多年的发展,英、美政府建立了针对 P2P 网贷行业相对有效的金融监管体系,对我国 P2P 网贷行业的未来发展具有重要的借鉴意义。

1. 完善相关法律制度,特别是要加强基础性金融法律规范的建立

虽然通常情况下法律法规的制定速度跟不上市场金融创新,但是基础的法律法规可以从底线上规范行业行为。美国虽然没有针对 P2P 出台专门的法律,但是依靠一系列基础性的法律规范了行业的行为,从根本上减少了投资者的风险,也保护了借款人的隐私。而在中国,与其说我们缺乏具体的互联网金融监管方法,不如说我们更缺失相关基础性法规及其有效的执行。为此,我们可以从两方面入手。

一方面,参考美、英的做法,建立和明确基础性的金融与互联网结算有关法规。例如,美国 P2P 平台在证券交易委员会登记要履行严格的信息披露方面的责任以保护放款人,而中国对 P2P 平台并没有此方面的明确要求,因此出台有关信贷领域信息披露的指导性法规或要求十分必要。此外,还可以修订《消费者权益保护法》来保护金融消费者,明确金融消费者权益保护的基本原则和监管规则,包括界定金融消费者的范围,界定消费者的安全权、知情权、选择权、隐私权等基本权利。完善《银行业监督管理法》《证券法》《保险法》《商业银行法》等现行金融法律法规,将"适当保护消费者权益"纳入监管目标中。

另一方面,在制定针对 P2P 平台的监管办法时应考虑以下因素:(1) 厘清 P2P 平台,确保借款人信息披露的全面性与真实性的责任。(2) 设立 P2P 行业准入机制:美国的准入门槛是 400 万美元的保证金,英国也有准入门槛,而目前中国 P2P 行业还没有门槛,建议我们的门槛既要有包括资金实力在内的条件,还要有对高管的从业资格和公司技术水平的要求,以确保平台有很好的风险控制能力和信息把关能力。(3)确保 P2P 平台资金的安全。因为其中介性质,P2P 平台不能直接接触资金。这里监管的重点是两个环节:一是项目标的的真实性,二是资金流向即资金流是否与项目标的相匹配。通过资金托管基本可以保证平台的真实性,虽然不能保证标的的真实性,但通过监管可以保存所有标的的信息,以便事后追查和定责。(4)设立风险准备金,在征信系统还没有完善的情况下,要求平台设立风险准备金是获得投资者信任的一种有效方式。(5)P2P 平台"生前遗嘱"的安排:英国对 P2P 的监管要求更加全面,要求平台制订适当的计划安排,以确保平台倒闭后投资人的款项能够有效收回。考虑到我国社会稳定的要求和对金融消费者的充分保护,可以适当参考英国的做法。

毋庸赘述,法律法规的建立只是开始,有效、有力的执行才是维护法律严肃性和消费者权益的最佳保障。

2. 加快建立征信系统

美、英做的平台风控之所以有效的一个很重要的原因是,两国都有比较完善的信用体系。而在中国,由于个人信用体系还没有建立起来,没有独立的第三方的个人信用评分。因此,P2P 平台首先必须完成对借款人的征信,然后对借款人进行信用评分,最后才是风险定价。由于国内 P2P 机构的征信信息没有共享,P2P 平台无法直接从央行或政府部门查询到借款人的征信信息,平台的征信成本就增加了。因此,实现资源共享是 P2P 行业发展的有力保障。这种共享应该是多方面的:央行和政府部门的资源能够共享给 P2P 平台,平台同时要把自己的客户诚信信息共享给其他 P2P 平台、监管或征信机构,从而加快征信系统的建立和完善。

3. 加强诚信教育,成立相应的行业协会

英国的行业自律在 P2P 监管条例出台之前有效规范了整个 P2P 行业的行为,我们也可以借鉴这方面的经验,成立相关的 P2P(细分)行业协会,制定相应的行业自律规则,促进整个 P2P 行业的健康发展。P2P 行业的良性发展离不开对借款人和投资人的诚信教育。首先,是对借款人的诚信教育。虽然短期内依靠法律约束借款人的行为可能比较有效,但执法成本高;而从长期来看,只有整个行业有大批优质的借款人,且都有很好的自律能力,才能维持 P2P 平台健康良性的发展。其次,是对投资人的教育。在美国和英国,投资者拥有较强的风险意识,能够承担决策所带来的风险;相比较而言,中国很多 P2P 投资人风险意识薄弱,投资缺乏理性,因此需要政府部门、行业协会、媒体等在投资人教育方面共同努力。

4. 完善消费者投诉处理机制

为了更好地保护自身权益,消费者要知道能够通过什么方式和途径寻求帮助。建议在金融消费权益保护局内部设立专门的投诉受理机构,明晰投诉处理程序,建立信息记录及反馈机制,建立严密的内部工作程序、高效的操作流程和报告路径,严格实行责任追究制度,从而保证消费者的投诉得到及时有效的处理。同时,我们可以学习美国消费者金融保护局(CFPB)的良好做法,定期针对一项专题内容征集消费者意见,协助进行集体投诉,并为相关部门改善金融管理和服务提供决策。

什么决定了互联网金融的发展方向？[①]

　　什么是互联网金融？这个词汇很新，对它的概念、定义也不尽相同，今天最被普遍接受的关于"互联网金融"的定义就是以互联网思维、互联网技术、互联网手段以及方法来做金融。金融是资金的融通，所以金融有三个功能：第一是支付，例如支付宝；第二是理财，互联网理财就是通过互联网这一渠道来卖理财产品，例如余额宝；第三是融资，例如网贷或者众筹。现在大家"炒"的概念也主要就是这三类：支付类、理财类和融资类。

　　互联网金融并非中国原创，很早的时候在西方就出现了。全世界第一家完全不需要营业点的网络银行是1991年荷兰国际集团的直销银行。当时荷兰国际集团由于要去澳大利亚和英国发展但开不起网点，所以采用了新技术，开创了直销银行的先河。1995年，美国出现了安全第一网络银行，是全球第一家全网络的银行，但这家银行在1998年因为经营不善被加拿大一家银行收购了。

　　互联网支付起源于1998年的美国，截至2012年，支付结算金额大约为

　　① 本篇为作者在2014年首届浙江互联网金融创新发展论坛上的发言。

1450 亿美元。国内"宝类产品"的兴起大约是从 2013 年开始。追本溯源，第一个尝试这种模式的产品诞生在美国，也是采用了有剩余资金就存入货币基金账户的模式，但在 2011 年，这个基金就关闭了。网贷也是兴起于国外，2005 年在英国出现了第一家网贷平台 Zopa，由一个牛津毕业生创立，中国紧随其后，在 2007 年诞生了第一家网贷平台。为什么世界上第一家网贷平台会出现在英国而不是美国呢？这与英国特有的金融格局分不开。英国银行业与中国类似，大银行和我国五大行一样多少带有一点垄断的性质，以致很多个人享受不到良好的金融服务，而创立 Zopa 的这群年轻人恰恰是看到了潜在的市场需求。美国也在 2006 年开始大量出现网贷平台，我国国内更是有超过 2000 家的网贷平台，可见我们学习的速度之快。世界上第一家众筹平台出现在 2009 年的美国，中国在 2011 年诞生了名为"点名时间网"的第一家众筹平台。

奇怪的是，互联网金融已经在发达国家出现了很长时间，似乎也没那么火，网上几乎没有"互联网金融"这个英文词汇，即便有，也是从中文硬译的。这是因为西方盛行的是"网络银行"，而非"互联网金融"的概念。十几年前，花旗银行就已经开始推行网络银行了。那么为什么互联网金融在中国能有这么高的热度？我觉得主要有四个方面的原因：第一是政策性红利和监管套利。银行是受监管最严格的行业之一，业务开展几乎没有自由度，监管部门对资本金、贷款指标等都有严格要求，相反，互联网企业面对的行业监管几乎是"一马平川"，限制政策相对较少，监管不对称，因此在开展业务时成本较低。对于这点，传统银行往往认为很不公平，但这不是主要原因。第二是互联网企业的相对高效率。互联网企业技术好，效率高，成本低，大多应用大数据、云计算等高新技术，客户体验更佳。例如，大家可以想象，在很多传统银行存款时，用户没有途径了解每天的存款利息是多少，是 99 块钱还是 33 块钱。传统银行做数据那么多年，仍缺乏技术和思维，在这一点上劣势明显。所以互联网金融这么火是因为它的成本优势、客户体验优势以及思维创新优势。第三是金融压抑或是金融压迫。什么叫金融压迫？这是斯坦福大学的一位教授在 20 世纪 80 年代提出的一个名词。所谓的金融压迫就是用户的需求没有得到满足，或者金融产品成本过高，流转、价格等有所限制的现象。试想，如果存款利率没有被压抑住，我们的"宝类产品"还能这么火吗？所以互联网金融在这一点上实际让我们的金融更自由化、民主化，让以前没有享受到金融服务的人享受到金融服务。有一句话叫作"哪里有压迫，哪里就有反抗"，互联网金融的火爆实际上是对金融压抑的一个反弹。第四是互联网和金融的相似性。为什么互联网金融火爆，而互联网钢铁、互联网石油没有那么火呢？这跟互联网与金融之间有很多相似之处有关。互联网是虚拟的，充满了无限性，杠杆效应很大且可以无限放大，这些特点与金融非常相似。金融也是虚拟的(现在很少用真正的现金)，金融(银行)也在利用高杠杆，金融也可以说有无限的可能性。比方说，银行今天批贷款 10 亿元或是 100 亿元，用时几乎相同，但如果做实业例如钢铁，交易 100 万吨和 1000 万吨钢铁之间的差别就相当大了，需要牵涉物流等各个方面。互联网和金融都是虚拟的，具有无限性，这两者就像干柴与烈火，相遇后便发生了剧烈的反应。

过去几年，传统金融受到了很多监管压力，效率也不高，而金融压抑使得很多老百姓没有得到例如质量、价格等方面的完善的金融服务，甚至没有得到服务。当互联网企业进入金融领域时，传统金融没有想象的那么强大，这才会让互联网金融在中国如此之火。而在西方的成熟市场，传统金融相对较成熟，多通过电子银行、网络银行等渠道开展业务，本来就足够市场化。因此，在西方强大的传统金融机构面前，互联网企业反而没能取得那么大的成功，这就是互联网金融在中国很热，在西方相对冷的原因之一。从这个角度来看，互联网金融在中国星火燎原既让我们感到高兴，又让我们感到悲哀,因为只有中国的这几个特定条件,才让互联网金融在中国起飞,协助中国"弯道超车"。

对于未来互联网金融的趋势的判断,我们首先要了解互联网金融解决了什么问题。首先,互联网金融解决了效率问题、成本问题。比如,很多以前做小微金融的企业审批成本过高,但当大规模业务上线时,其成本大大降低。同时,如余额宝等基金管理类产品,在以前只服务于大型企业、超级富豪,但是互联网金融的高效率使其拥有了很强的普惠性,惠及小微企业和百姓。第二是服务体验。第三是互联网金融在一定程度上缓解了信息不对称的问题,这也倒逼传统银行反思其信息的利用效率。传统银行坐拥数据的"金山银山",但有很多数据没有被利用、解析。

当然,互联网金融也存在一些问题。首先是风险控制问题。金融行业最重要的不是销售,而是销售管控,互联网金融用大数据等各方面技术缓和了信息不对称的问题,但是如信用风险、流通风险等问题可能还没有得到很好的解决,甚至不可能得到解决。其次,互联网金融目前并未有产品上的创新和突破,大部分仅仅是代销或是支付。

正因如此,四大因素的变动将决定未来互联网金融的方向。第一,未来政策红利、监管套利的机会会慢慢减少。第二,技术和效率问题。互联网企业会在现有技术上进一步提升效率,但同时传统银行也会奋起追赶,提升效率,两边都在提升,所以影响将是中性的。第三,随着金融市场化、自由化、开放化程度越来越高,金融压抑的程度会降低,这是大势所趋,互联网金融在此方面的独特优势将会逐渐减弱。第四,互联网和金融共同的特点会一直存在。因此从总体来看,互联网金融将会有很好的发展前景,但在未来,可能会经历相对理性的降温,并与传统金融携手发展。有一个词叫作"亦敌亦友",传统金融与互联网金融便是这样的状态。

"互联网＋"时代的"金融＋"

2015 年的全国"两会"上,李克强总理首次提出"互联网＋"行动计划,提倡不同行业与互联网的融合。互联网与金融虽具有各自不同的特质,但"互联网＋"与"金融＋"的结合就如两扇翅膀,让科技与资本齐飞,共同带来金融的新常态。

"互联网＋金融"的优势

金融的目的是优化投融资结构、服务实体经济、服务社会,而实现这一目的不能仅仅依赖传统的间接金融,还需大力发展新金融以适应社会发展的需求。"互联网＋金融"的模式虽然没有改变金融的本质,却大大降低了金融的成本,提高了金融的效率,让金融更加民主化、公平化和自由化。

1. "互联网＋金融"降低了金融的成本

金融的主要成本有三:资金成本、风险成本和运营成本。首先,"互联网＋金融"的模式可改变部分资金成本,例如余额宝的出现在一定程度上使得银行的资金成本上升。其次，互联网使信息更加透明化、对称化，使风险成本随之降低。再者，"互联网＋金融"的模式可有效地降低运营成本，使得传统银行难以实现的小额理财和普惠金融成为可能。

2. "互联网＋金融"提高了金融的效率

互联网金融凭借着互联网的强大互通性，引发了一场对传统金融的"渠道革命"，使其可以提供更加简单化、标准化的产品以服务更大众的群体。比如，人们不再需要因为一笔存款而去银行取号排队，只需在手机或电脑上简单操作。再比如，余额宝使得人们无论有多少钱都可以购买理财产品，等，这都大大地提高了金融的效率。与此同时，互联网金融还使得金融的社会属性更加显著，使得越来越多的人可以平等地享受金融服务。

如何更好地实现"互联网＋金融"？

不同的产业和行业对应着不同的资本市场层级，也需要不同的金融模式，而"互联网＋金融"模式的出现给了我们更多的机会将直接金融、间接金融与自金融有效地协同，以建立一个更合理的金融结构。具体来说，对于成长性较差但是稳定性较好的传统企业，可更多采用银行贷款以及债券、主板等融资方式；对于成立时间较短、规模较小的创新企业，中小板、创业板、新三板和新四板(区域性股权市场、私募等)可能更为合适；对于初创型企业，天使投资和股权众筹可为其提供更有针对性的融资需求。"互联网＋金融"模式将会更有效地将不同企业对接到各自适合的资本市场层级中去，从而大大提高各层级金融市场的效率。

未来金融的发展

金融本身是技术，是信息，是数据，是信用，是法律，是监管，是商业模式。而未来的金融，是数据化的，是互联网化的，也是融合的。大众创业、万众创新无法从传统金融得到最有效的金融支撑，未来十年金融的发展，很大一部分还要依赖于制度、契约精神等方面的完善和提升，也需要更多的金融家出现，使得"互联网＋"与"金融＋"的结合更富有创造性，更好地为经济服务。

众创时代的"互联网＋"①

"互联网＋"与"金融＋"：服务时代需求

1. 众创时代惠及大众

在今天这个时代,和"互联网＋""金融＋"相关的信息供大于求,而我们依然难以回答我们到底需要怎样的创新、创业,难以回答我们需要怎样的"互联网＋"或"金融＋"。有声音质疑"大众创业"不过是无本之木,然而在这个时代,创新和创业可能有更全面和广泛的意义——大众创业并不一定是指让每个人都自己办企业。从社会层面上看,大型企业内部管理创新,大学教师在教学方法上的创新创造;从政府层面上看,政府搭建创业平台、打造良好创业环境、简化审批手续等,都是众创时代的体现。从这个意义上来看创新与创业,我们的众创时代并不完全是商业化或营利性的,也不局限于

---

① 本篇由作者在 2015 年浙江大学管理学院和 FT 中文网共同举办的"互联网＋:创新改变世界"论坛上发布。

某一社会群体;相反,它更加广泛和深刻,全方位惠及社会各个阶层。

2. 开环系统:在高度连接中增加社会财富

互联网和金融有一个共同的特征,就是与其他产业的高度连接性。因此仅仅"互联网+互联网",只是闭环系统内部的自娱自乐。互联网不仅要和很多行业对接,更要与实体经济对接,与实际需求对接,与健康的、正面的、阳光的东西对接。

同样,"金融+"不能只加金融。金融的使命是服务实体经济,服务产业,服务人类真实的需求。金融不应该停留在财富转移层面,而应着重于新财富的创造和累积;它不只是"金融+金融",还要服务社会。金融的最高理想是共赢,单纯的财富转移只是一个经济学中的零和博弈,而我们要做的是将创造的新财富更大范围地和更多人分享。所以"金融+""互联网+",这个"+"必须是全社会的财富或福利的增加。

3. 星星之火

互联网金融在中国的发展远远超过在发达国家的发展,这片星火之势之所以如此迅猛,至少有两个原因,这也是互联网和金融的两个共性。

第一,虚拟性。互联网是虚拟的,金融也是虚拟的。比如曾经流通的金银实物,现在已经被取代。

第二,无限性,即极强的可扩张性。巨大的可能性使得互联网的边际成本接近于零,杠杆融资基于资本的逐利性使得资本金在不受太多限制的情况下得以无限扩大。虽然杠杆性本身对资本市场有利,但过度扩张也带来了泡沫。

和产能过剩的钢铁产业不同,互联网和金融的无限性带来了无限的可能。互联网可以对接任何行业,而金融也可以对接任何行业。正因为这个特点,它得以覆盖社会、经济、生活的方方面面,这也是所谓的金融是现代经济中心的体现。

然而,互联网代表的技术支持与现代金融是一把双刃剑,它们如载舟之水,可以带动经济的迅猛增长,但水亦能覆舟,泡沫的破灭可能更加令人恐惧。

众创时代的政府角色调整与社会责任

1. 互联网金融改变社会权力结构,政府需调整角色

正是因为"互联网＋"或者"金融＋"带来的无限变化,世界才随之改变。它的改变包括我们的权力结构正在发生一些深刻的变化。各种互联网金融的""宝类产品""借助互联网,使得金融更加大众化、民主化、自由化。政府手中的权力逐渐流向市场,从大型国有企业流向民营企业,从政府、大企业流向个人、消费者;这一权力结构的变革带来了巨大影响,更需要政府调整自身角色。互联网作为社会的基础设施,具有公众性和社会性,支撑着整个社会经济的正常运作,同时其巨大的外部性要求政府进行适度监督。

我们也要看到,不光政府的权力要慎用,企业权力也需慎用。比如有一些市场垄断性企业,如微软、谷歌。因为市场形成的自然垄断可能对社会的总体创新创业不利,即便是在市场成熟的西方,政府也需要有所干预。

2. 从金融有害性到风险与收益的对称

我们需要认识到金融的可能有害性。有太多的金融是有害的,特别是当金融体系和结构发展不平衡时,更让我们不得不思考如何让金融支撑大众创业、万众创新。高频交易、闪电交易等金融活动对我们可能有害无利。

钢铁行业的产能过剩,是因为我们采用了非常传统的融资方式,即以银行来支撑所有的抵押贷款。很多人希望传统的银行给创业、创新的企业贷款,这样的融资方法也许是不恰当的、不正确的。许多创业型企业发展历史短、财务数据不齐全、不能提供贷款抵押。金融不是不支持,而是应该解决如何支持的问题,要更加强调风险与收益的对称。

而如风险投资即创业投资等股权性投资,也就是风险与收益更加对称的一些金融手段,更加适合我们的创新、创业企业,而且也与我们的实体经济结合得更紧密。

3. 众创时代企业的社会责任

在中国,许多法律规章制度存在滞后现象,没有违法并不意味着合法;即便在西方,也经常如此。不少人关注、推崇对冲基金,对他们的英雄索罗斯等做过的丰功伟绩佩服之至,我却想,他们为社会做了什么?他们为自己赚了很多钱,但是给社会带来了什么?他们的行为或许不违法,却不一定真正合法。

基于此,我们需要好好思考企业的社会责任问题。难道每个企业、每个个人都只用最低标准要求自己吗?我们要钻现有法律不完美的漏洞吗?我们需要问问自己:你对社会做出贡献了吗?

争做众创时代的参与者

我们都知道人才最重要,创投投资的就是人。我们要什么?我们要推动的是全社会的进步,我们需要的是鼓励大智慧,不鼓励小聪明、钻空子;我们不应该鼓励纯粹地维持"现有秩序",我们需要反思,需要健康、向上的标杆。

今天我们生活在一个激动人心的时代，虽然我们有着各种各样的问题。国际上先进的经济体很早就进入了新经济时代，1996 年美国就提出并开启了新经济，中国现在也正在进入新经济时代。同样，新金融方面，20 世纪 70 年代的美国就兴起了新的金融形态，以风险投资、创业投资为主，而中国的新金融方兴未艾。我们正处在这样伟大的时期，生活在"互联网＋""众创＋""金融＋"的时代，见证市场化的各项改革与创新：改革开放、制度创新、全球化、技术创新、信息化等。这就是我们把当下叫作"众创时代"的原因，这就是"互联网＋""金融＋"等现象对中国正在产生的影响。

无论是对民族还是对个人而言，当下都是难得的引领未来、引领世界的机遇时代。我们期待引领新经济的发展，但要做到引领，我们需要什么？我们需要真正的创业、有为的政府、有效的市场、负责任的市场主体。我们需要的是"＋"，需要做增量，让全社会的财富、全社会的福祉增加。

互联网金融发展的基石是什么?

近年来,我国互联网金融发展迅速、总体态势良好,尤其在互联网支付、互联网金融理财等领域取得了可圈可点的成绩,我国互联网金融龙头企业呈现领军全球的良好态势。互联网金融在提高我国金融活动效率、降低金融成本、拓展客户范围等诸多方面发挥了积极作用,使得金融服务领域"人生而平等"的愿景比任何时候离我们都近。然而,仍不可忽视的是,我国互联网金融各领域发展参差不齐的现象愈发明显,如网贷行业就因平台同质化严重、问题平台数量持续上升、"跑路"事件频现而成为我国互联网金融发展的问题"重灾区"和制约行业发展的瓶颈。

"橘生淮南则为橘,生于淮北则为枳,水土异也。"同样的,目前我国互联网金融发展受阻,归根结底与我国社会现阶段信用土壤贫瘠有莫大关系。这不仅是我国互联网金融面临的难题,也是传统金融急需解决的棘手问题。信用环境和信用生态建设,既是互联网金融业发展的基石,也是整个金融行业乃至整个社会经济发展的基础与前提。

问道互联网金融信用生态环境特性

完善的互联网金融信用生态环境应具备以下特性：

第一，信用服务机构自身的公信力与独立性。信用的"公共性"特质决定了信用服务机构应具有更强的公众性和社会性，而这又反过来要求信用服务机构具有更强的公信力。国际上，信用服务机构（如信用评级机构）多具有颇高的社会公信力甚至一定的垄断性，以保证信用评价结果公正，信用行业运行有序。反观国内信用评级市场群雄割据，标准不一，评级区分度不高，缺乏公信力。另外，信用服务机构自身独立性也是保证其公信力的必要条件。我国信用服务机构或可采用设立独立董事等治理方式加强对自身信用和独立性的管理。例如，芝麻信用首度引入独立董事机制，旨在确保公司的第三方独立性。

第二，信用信息采集的合规性与及时性。信用数据往往涉及个人隐私和公司机密，敏感性高，因而采集流程及采集标的等环节的合规合法尤为重要。此外，信用数据的时效性极强，用已过时效的信息判断主体的信用如刻舟求剑，会严重影响判断结果的准确性，这对信用信息采集的及时性提出了很高的要求。

第三，信用信息选用的恰当性与适用性。在信息爆炸的大数据时代，信息质量良莠不齐，因而更需进行有效甄别。2016 年 6 月中国人民银行征信管理局下发《征信业务管理办法(草稿)》征求意见稿，对信息采集、整理、保存、加工均进行了原则层面的规范。这是我国为加快完善信息采集及选用规范所迈出的重要一步，信用服务机构(如征信机构)需据其建立数据校验规则，在信息选用时严格甄别、审核、验证，剔除无用、错误的信息，保证数据的恰当、适用、准确。

第四,信用评价标准的科学性与统一性。首先,信用评价标准的科学性要求信用标准设定合理,既不能过高,将"良币"驱逐;也不能过低,让"劣币"混入。其次,信用评价标准的统一性要求信用评价标准一致可比。然而,我国现有的信用评级机构各自拥有一套资信评价体系,自主评级,指标不一,致使评级结果千差万别,缺乏一致性和可比性。

第五,信用系统使用的便利性与快捷性。加强使用的便利性是提高社会信用信息系统整体运行效率的重要手段,而提高信用系统的协同共享更是提高系统便利性的关键点。目前我国信用系统因各方博弈而割据严重,各平台及系统多数尚未联通,造成了资源的极大浪费。总体而言,对用户体验的考虑仍然欠周全,交互界面操作比较烦琐,友好度偏低,一定程度上制约了信用系统的推广使用。

指路互联网金融信用生态建设

1. 加强信用监管

目前我国互联网金融行业在"一行三会"的监管下,已然步入健康发展的轨道。但监管体系不健全、违信惩戒威慑力不足等制度缺陷依然存在,致使不少投机者在低违信成本、高风险回报的巨大诱惑下不惜以身犯险,屡屡试探法律红线。

为加强信用监管,首先可依据互联网金融业态的不同特性,确立不同业态各自内部统一的信用标准,增强信用信息可比性。其次,强调评级机构自身的合法性,严厉查惩无资质机构的评级行为,做到无资质不评级。再者,充分发挥互联网金融联盟、互联网金融协会等行业自律组织的作用,促进互联网金融行业监管多元化发展;同时增强行业内信息共享,提高行业活力和透明度。

2. 完善征信系统

当前我国征信体系在独立性、合规性、协同性方面均有所欠缺，致使公信力不足且效率低下，突出表现在我国各征信系统各自独立运行，信息并未联通共享，致使互联网金融企业在采集、提取、调用信用数据上有诸多不便。

因此，在推进征信体系建设时应加快推进信用信息一体化进程，促进大数据信息共享，尽早将割裂的数据库纳入统一的管理系统，在保证合规性与独立性的同时提高系统整体运行效率。此外，可积极尝试利用创新技术完善征信体系建设，例如目前方兴未艾的金融科技区块链技术。去中心化的区块链技术可以创造出一条牢不可破的信任链，保证所记录信息的不可篡改和可追溯，而这种特质给信用信息记录应用带来了巨大的想象空间，为信用数据质量提升创造了广阔的发展前景。

3. 培育信用文化

信任是金融的基石，而互联网金融自身的虚拟性和目前的制度缺陷使其违规成本明显低于传统金融行业，巨大的利益诱惑与相对小的失信惩戒力度之间的反差，致使互联网金融部分领域在信用文化缺失的当下成了我国的信用洼地。部分不法分子更是打着互联网金融的旗号，利用网络平台大行金融诈骗之道，"跑路""失联"现象频现，因此，互联网金融这一新兴行业亟须树立良好的信用形象。

培育社会信用文化，提升市场参与者的诚信和责任意识刻不容缓。宣传普及信用文化，保护投资者权益，引导建立正确的价值观，多管齐下共同改善市场信用环境。同时，各级互联网金融自律组织可积极承担起对企业和投资者的宣传、教育、培训任务，发挥上传下达的作用。

4. 善用社会资本

在传统金融领域,社会资本通过缓解信息不对称、增加违规成本来降低贷款不良率的作用已得到普遍验证。金融机构不仅可以通过企业的社交圈获得如企业主个人品行、处事作风等财务以外的软信息,提升对企业的了解程度,而且可以以企业主在其社交圈的信用为约束来防范企业主道德风险。同样的,利用社会资本缓解信息不对称、推动信用约束机制形成可能会成为互联网金融发展提速的突破口。

总而言之,我国互联网金融的健康、可持续发展离不开金融基础设施建设的完善,而信用生态建设更是重中之重。只有建设完善的信用生态圈,才能为我国互联网金融的成长提供肥沃的土壤,为其前行铺好稳固的基石。

两岸互联网金融发展对比 [①]

随着"十三五"规划的推出,中国进入经济改革转型升级的关键时期,两岸经济合作与创新也不断深化。中国的角色不容忽视,我们应拥抱新经济,适应新常态,走向世界舞台的中心,担当起引领世界和未来的重任。

两岸互联网金融发展比较

1. 大陆互联网金融发展现状

从银行业务的网络化经营到电商平台的金融创新,互联网金融在发展的过程中衍生出了丰富多样的发展模式,包括 P2P 网贷平台、众筹平台、第三方支付、互联网银行、互联网保险、互联网信托、电商小贷、互联网基金、互联网证券、互联网征信等。

---

① 本文为作者在 2015 海峡两岸小微金融发展论坛暨普惠金融(台州)发展研讨会上的发言。

(1) P2P 网贷

2007 年,中国首家 P2P 网贷平台在上海成立。而后,国内 P2P 网贷平台步入飞速发展阶段,截至 2014 年年底,我国 P2P 网贷平台数已达 1575 家,2015 年 9 月末更是攀升到了 2189 家。其中,广东、浙江、上海等东部沿海发达省市在我国 P2P 网贷平台发展过程中居突出地位。具体来说,2014 年广东省 P2P 网贷平台共 442 家,注册资本达到 249.1 亿元,成交量高达 846.44 亿元,位居首位;浙江、北京、上海、江苏分居 2 至 5 位。

然而,我国 P2P 网贷在快速发展的同时,也引发了诸多问题。目前行业整体风险仍然较大,亟待风控体系和征信体系的完善。浙江大学互联网金融研究院(AIF)数据显示,截至 2015 年 9 月,全国 P2P 网贷问题平台占比为 39.8%,其中,海南省平台问题率 83% 暂列首位,山东、广西 64% 紧随其后,浙江 41% 位列十一。值得一提的是,从全国各省市的 P2P 网贷平台风险控制上来看,北京的风控管理相对比较完善,其"冒烟指数"等预警指标的设置功不可没。截至目前,北京共 249 家 P2P 网贷平台,其中有问题平台 50 家,占比仅为 20%。

(2) 众筹

相比 P2P 网贷,我国众筹的融资规模相对较小,但发展同样迅速,目前主要可分为股权众筹、奖励众筹和公益众筹等三种典型模式。艾瑞咨询数据显示,2014 年全国有 178 家众筹平台,而这个数字到 2015 年 6 月就增加到了 235 家。其中股权类众筹平台数量最多,占比 46.45%,同时股权众筹以 27.58% 的项目数量筹集到 60.59% 的资金,项目融资效率也位居首位。

(3) 第三方支付

以支付宝为首的第三方支付交易规模呈现井喷式增长。2014 年全年中国互联网第三方支付交易规模达 8 万亿元,同比增长 50% 以上,其中支付宝市场占有率达 49.6%。与此同时,随着移动支付的迅速发展,客户端软件的开发成为新的热点，而其中，支付宝钱包在所有与手机支付、网络银行、金融证券管理相关的手机应用软件下载中占比超过 58％，市场份额近六成。

2. 台湾地区互联网金融发展现状

20 世纪 90 年代"亚洲四小龙"之一的台湾地区自 60 年代以来推行出口导向型战略，重点发展劳动密集型的加工产业，在较短时间内实现了经济的快速发展，同时也建立了较为完善的传统金融体系，传统金融市场发展十分成熟。而互联网金融发展起步相对较晚，发展进程较缓，目前存在的互联网金融模式主要为 P2P 网贷和第三方支付。

（1）台湾地区发达的传统金融市场

自 2000 年金融自由化改革后，台湾地区通过修正有关规定放宽了银行经营业务的范围，并制定了针对金融控股公司的规定，放开金融控股公司的成立。2002 年和 2004 年的金融改革，强化了银行的监督管理机制，对于银行逾期放款建构了有效的处理机制，营造了良好的法治及整并环境，鼓励整并和外资入股台湾地区金融机构。

截至 2014 年，台湾地区共有银行 39 家，金融控股公司 16 家，外商银行在台分行 27 家，信用合作社 23 家，同时有 16 家外资金融机构投资持股台湾地区的 11 家金融机构，银行机构的网点密度和服务远远超过大陆地区。

同时，与大陆四大银行垄断的情况不同，台湾地区银行业处于过度竞争状态，银行数目较多而市场集中度较低，前三大银行的市场集中度仅为 23.34％，银行间同质性过高，激烈的银行竞争使得贷款利率较低，小微企业融资成本相对较低。

在支付方面，截至 2014 年，台湾地区流通信用卡数为 3412 万张，有效卡数达 2168 万张，有效卡率 63.54％，基本实现一人一卡。而大陆平均 7 个人才有一张开通的信用卡；相比大陆，台湾地区的信用支付环境更为成熟。

在移动支付方面,台湾地区主要有手机信用卡/行动金融卡,手机刷卡器(mPOS, mobile point of sale),行动 X 卡和 QR Code(二维码)等四种移动支付模式。自 2015 年起,台湾地区金融监管机构开始降低银行办理行动支付服务的试办期要求,希望进一步推动银行提供移动支付服务。发达的移动支付和信用卡支付服务使得台湾地区人民享受着便利的移动支付环境,这在一定程度上降低了其对于第三方支付的市场需求。

(2) 台湾地区第三方支付现状

近年来,台湾的电子商务发展态势较好,其市场规模从 2008 年的 2750 亿元新台币发展至 2014 年的 9000 亿元新台币,增长了 227%。电子商务的快速发展为台湾第三方支付的发展创造了机遇,第三方支付提供的代收代付货款、交易确认等服务有利于解决网络交易中买卖双方信任不足的问题,有效满足了电子商务从业者寻求以合法手段获得第三方支付服务的需求。

然而,台湾地区对于第三方支付的相关法规制定仍有待完善。过去第三方支付只能提供有实质交易基础的代收转付服务,非金融机构不具有基础的资金转移和储值等业务功能。2013 年 3 月,台湾地区金融监管机构正式开放"第三方网络交易代收/代付服务业者"政策,使拍卖平台和商店街平台的商家可以接收消费者信用卡付款,这是台湾地区第三方支付发展的一大进展。2013 年《电子支付机构管理条例(草案)》在台湾行政机构通过,2015 年 5 月《电子支付机构管理条例》及其附属条例正式实施,以鼓励业务创新与发展,适度金融监管,维护市场秩序与公平竞争为原则,对专营、兼营的境内外电子支付机构进行规范。

与大陆不同的是,台湾地区对于电子支付机构等非银行机构中涉及储值业务的机构施行缴存准备金的制度。《非银行支付机构储值款项准备金缴存及查核办法》修正后于 2015 年 5 月正式施行,适用对象包括非银行电子票证发行机构及专营电子支付机构。同时,与大陆地区余额宝等机构为用户的资金提供较高回报不同,台湾地区的第三方支付机构不为储值用户提供利息。

案例:台湾地区第三方支付——欧付宝

台湾地区目前主要的第三方支付平台有欧付宝、支付连以及红阳、蓝新科技等。其中,欧付宝于 2011 年成立,实收资本为 5.7 亿元新台币,是台湾规模较大的最早从事第三方支付(含并购绿界科技)的支付平台。2013 年 9 月,欧付宝获得支付宝正式授权,消费者可以通过欧付宝享受大陆淘宝网、天猫商城等网购平台的储值服务。2015 年 8 月,欧付宝取得电子支付机构的营业许可函并申请执照。

目前,欧付宝与包括台湾玉山银行、台湾银行、上海商业储蓄银行等 26 家银行建立了合作,合作方式包括红利折抵、信用卡分期等。同时,欧付宝支持包括银联卡、支付宝、财付通在内的 15 种收付款方式,非常便捷。

除此之外,欧付宝为会员和特约商店之间的交易制定了一系列包括"交易争议处理原则"的规范条约,对特约商店的经营范围、交易流程、物流和收款服务等都进行了规定,在一定程度上起到了电商平台的作用。

(3) 台湾地区 P2P 网贷现状

台湾地区(截至 2014 年)只有一家 P2P 网贷平台:乔美国际。

乔美国际成立于 2000 年,是台湾地区成立最早的一家 P2P 网贷平台。2000 年 12 月,乔美国际启动"乔美标会网"业务,借鉴台湾地区民间的"标会"概念,结合互联网技术建立民间借贷平台。2002 年 12 月,标会网营业额达 7.8 亿元新台币。2003 年,由于政府不支持和市场原因,乔美国际暂停互联网金融业务。2005 年,乔美国际与台湾永丰银行签订"浮动利率资金交易平台"合约,同期乔美国际成功申请了大量金融电子商务专利,为其以后的发展奠定了坚实的基础。2008 年,乔美国际与永丰银行合作成立"MMA 标会理财网",由永丰银行作资金托管,乔美国际转型信息中介。截至 2014 年

3 月,"MMA 标会理财网"累计贷款金额达 62 亿元新台币。而后,乔美国际开发出新一代平台"资金交易所",通过去中介化让使用者自主决定利息,将金融服务与网络社群结合,发展速度进一步加快。

3. 两岸 P2P 网贷比较

与大陆 P2P 网贷的爆发式发展不同,台湾地区的 P2P 网贷平台仅有乔美国际一家,究其原因,是台湾传统金融较为发达,初创企业又相对较少,对融资的需求不大,使得 P2P 网贷平台的服务范围相对狭窄。反观大陆,"大众创业、万众创新"的号召使得小微企业、初创企业如雨后春笋般出现,而大陆传统金融体系的不完善又使得小微企业的融资需求庞大,这为 P2P 网贷平台的发展提供了肥沃的土壤。

然而,台湾地区 P2P 网贷的发展模式中仍有很多值得大陆参考和学习的地方。首先,在发展过程中将金融服务与互联网技术结合,并申请大量金融电子商务专利,在不断突破创新的同时维护自身的利益,为以后的发展打下坚实的基础。

其次,乔美国际与银行展开了广泛的合作:乔美国际委托永丰银行作为资金托管机构,同时乔美国际可以利用台湾地区银行的风控征信系统(台湾联合征信中心)获取用户信用资料,银行对乔美国际提供审核借款人信用和对部分借款进行担保的服务。P2P 网贷平台与传统银行的风控系统相结合,有效降低了 P2P 网贷的风险,使得乔美国际的坏账率始终维持在 2% 左右的水平。

而在大陆地区,P2P 网贷平台与传统银行合作业务相对较少,缺少资金托管机构,未接入传统的央行征信系统,银行也不对 P2P 网贷平台提供担保或审核借款人的服务。征信体系不完备和风控能力不足严重限制了大陆地区众多 P2P 网贷平台的持续发展。

如何运用互联网思维构建金融体系？

　　早在 2003 年,淘宝就设立了支付宝业务部,推行"担保交易"的服务;2010 年,在线金融产品余额宝更是引发了互联网金融的热潮。央行发布的《中国金融稳定报告(2014)》指出:"P2P 网络借贷平台快速发展,众筹融资平台开始起步;第一家专业网络保险公司获批;一些银行、券商也以互联网为依托,对业务模式进行重组改造。"以此为标志,中国的互联网金融进入新的发展阶段。2015 年,各大互联网公司又相继推出"红包"功能。反观传统银行,亦没有"隔岸观火",而是积极推出线上电子商务平台等服务,但也出现了存款业务下降等情况。在互联网的浪潮下,互联网金融是与传统银行"共荣共生",还是与传统银行尖峰对决?

　　随着社会经济的持续发展,以互联网为代表的现代信息技术,特别是移动支付、社交网络、搜索引擎和云计算等,进入人们的日常生活之中,甚至从根本上改变着人类的金融模式。随着移动通信设备的渗透率超过正规金融机构的网点或自助设备,以及移动通信、互联网和金融的结合,2011 年,全球移动支付交易总金额已达到 1059 亿美元。互联网技术的出现,开始改变支付的渠道,同时严重冲击着商业银行支付的中介地位。以互联网为代表的现代信息技术的发展使得传统的金融模式发生了改变,传统银行业深受影响。

首先,互联网金融影响了传统的物理银行概念和时空的概念,它将原先的物理渠道延伸至虚拟渠道,使得人们的支付交易渠道发生了改变。人们足不出户就可以进行网上购物、水电费缴纳、转账汇款等,对银行物理网点以及支付中介的需求下降。

其次,互联网金融改变了人们的消费和理财模式,从而在一定程度上对传统银行部分业务需求产生了影响。而传统金融机构以往忽视的一些服务"应运而生",这些服务具有小额、零碎和普惠的特点。具体来说,互联网理财产品的出现(比如余额宝),使得消费者将钱从银行的理财业务或者储蓄里搬运到网上的理财产品中;打车软件的出现,利用场景化的金融模式将银行和消费者分离;而P2P的出现,则使大众有了更方便、更直接的投融资方式;等。

再者,思维方式和商业模式的转换也是传统银行面临的非常大的挑战。传统银行之所以能够成为较好的中介而在金融交易中长期存在,主要靠的是长期以来的信息不对称所产生的服务需求,而如今互联网将信息公开化、透明化,加快了信息的流动和匹配,例如贷款需求者和供给者可借助大数据等手段大大简化对交易的审核评估,使得金融交易逐渐脱离了中介,提高效率的同时也降低了成本,这对传统银行服务模式是一个极大的挑战。

面对互联网的冲击,商业银行开始转向以中间人的身份承办收付和其他委托事项,提供各种金融服务业务并据此收取手续费。传统银行所谓的转型,仅仅是传统意义上的转型,即大力发展中间业务,其中银行卡支付、支付结算、投行业务、理财产品、代理业务等是重点种类。在进军互联网金融方面,商业银行面临许多问题。

我们看到,现在很多的传统银行都已经认识到互联网在其发展过程中的重要性，并且开始主动求变，布局互联网金融。对于传统银行业来说，技术层面的改变相对不难，银行有很好的资源基础和客户基础，包括详细的客户信息及大量的交易数据，只要加大科技投入，就能在强化传统电子银行优势的基础上，积极介入互联网金融领域。但是，银行业长期以来面对较为严格的监管，逐渐形成了严谨审慎甚至分外保守的经营理念和文化氛围，这一点使得传统银行在发展互联网金融时面临诸多限制。所以传统银行在进军互联网金融时面临的最核心的问题就是观念和意识问题。在互联网时代，如何突破思维的边界，如何发扬互联网的精神，如何用互联网的思维去思考客户需求、研发产品，从而提供更简洁、高效的服务，如何转变传统的理念和思路，改变旧习，更好地进行金融创新和金融变革，是值得每个银行从业人员思考的问题。

早在 2003 年 10 月，淘宝就设立支付宝业务部，推行"担保交易"；10 年后，在线金融业务产品余额宝从中脱胎。这个集支付、转账、基金理财于一身的"新生儿"上线仅半年，就吸纳了 1853 亿元资金。截至 2014 年，余额宝已坐拥 1.24 亿名用户，基于其平台的天弘基金也达到近 6000 亿元的资金规模，位列全球前十。

对于传统银行而言，如何运用互联网思维方法构建金融体系来提升用户体验至关重要。目前很多银行也陆续推出了各类"宝"产品，比如中信银行的"薪金宝"，将货币基金和银行储蓄卡绑定，甚至提供比余额宝更高的收益率。这是很多银行从业人员以前不敢想也不敢做，甚至不愿意去做的事情。但是现在，他们迈出了这一步。另一方面，用户体验的提升是以用户的需求为基础的，而在互联网时代，用户的需求又是多元化的，这就需要构建一个多元化的服务平台，提供简洁、高效、快速、方便、全面的服务。

运用互联网，首先就要借助互联网平台，将线下的业务线上化，拓宽业务渠道；其次要借助互联网思维，不断探索、不断创新，才能提高效率，不断进步；

最后还要借助互联网的运营模式。传统的业务运作模式是基于资金流而设计的,是在银行体系内的自循环,更多是被动满足客户需求。而互联网企业的运作模式是基于客户的交易行为而设计的,可以挖掘客户的潜在需求,从而更贴近市场、贴近客户。在金融产品日益多元化的未来,创新的速度将会越来越快,只有积极而良好的运营模式,才能保证长久稳定的发展。

经历了互联网金融冲击的小微企业,在坚守固有市场的同时,也积极尝试互联网化。市场上一些大型的担保、小额贷款、典当机构与 P2P 平台等互联网金融企业开展业务合作,机构之间出现了以参股、换股或者收购等形式交叉布局的现象。对于小微企业而言,在与互联网金融的合作之间到底该怎样解决诸多实际存在的问题,如何在满足双方根本需求的同时寻求一个双赢的战略决策,是目前最值得思考的问题。

互联网金融应是这样的:从产品定位的角度来讲,应该是简单的、标准化的、小额的产品;对客户而言,应该更多的是小微金融、零售金融。互联网金融存在和发展的目的,从一定程度上来说,就是为小微企业提供服务。小微企业的发展在某种意义上也促进了互联网金融的发展。现在看来,互联网金融的出现确实在一定程度上给小微企业解决了一些融资方面的问题,至少是给他们的发展提供了更多的选择。

但是我们也应注意到,相比于传统金融,互联网金融缺乏严格的监管和风险防范机制,小微企业与互联网金融的合作存在着很多风险。这其中不仅包括平台众多难以识别造成的平台风险和道德风险,还包括诸如资金风险、项目控制风险甚至法律风险等。互联网金融本身就是建立在信用的基础上的,其良好的发展离不开对双方信用的监管和约束。小微企业应当理性运用互联网金融工具,采取各类风险管理和防范手段。而作为互联网金融平台,也应当加强对平台自身的风险控制,同时积极革新以提供更适应投资人和消费者需求的产品。

新形势、新机遇——互联网金融的转型发展之路①

互联网金融的发展与安全问题

2017 年 4 月，习近平总书记在谈到目前金融形势的时候，特别将"金融安全"作为关键词。6 月，中国互联网金融协会秘书长陆书春在"金融科技发展与安全"论坛上就总书记讲话精神在互联网金融领域的表现形式做了系统的阐释。她指出，要正确处理金融科技发展与安全的关系，需要从以下几方面着手。

第一是"穿透表象，金融为本"。这是"我是谁"的问题。互联网金融本质上是金融。

第二是"服务实体，普惠大众"。这是"为谁服务"的问题。不论传统金融还是互联网金融，都必须为实体经济服务，互联网金融还要服务大众，普惠大众。

---

① 本文原是作者在人民日报《环球人物》和中国人民大学货币研究所联合主办、浙江大学互联网金融研究院协办的"金融科技二十讲"公开课上发表的演讲。

第三是"保障安全,防控风险"。这是"生存之道"。首先要在国家层面防止金融风险。而面对经营风险的金融企业,给风险定价,进而有效防控风险是其生存的关键点。

第四是"良性竞争,共促发展"。互联网金融由于其独特的生态,会在一定阶段存在一些垄断的倾向。为了促进整个行业的共同发展,必须建设一个良性的竞争环境。

第五是"面向国际,引领未来"。这是"如何发展"的问题。互联网金融的发展不仅要面向未来,还必须引领未来,面向国际。

那么互联网金融究竟是什么? 金融科技是什么? 它们之间有什么关系? 实际上,我们认为,互联网金融是指在互联网(包括移动互联网)平台上,由从业机构(包括传统金融机构或 IT 及互联网企业)进行的涵盖资金融通、支付、投资和信息中介服务的新型金融业务模式或业态。而与之相对应的,金融科技是指技术带来的金融创新及其所能创造的新的业务模式、应用、流程或产品,从而对金融市场、金融机构或金融服务的提供方式造成重大影响。金融科技与互联网金融二者之间有关联,但是不完全一致。互联网金融的概念和实践从全球范围来看,是金融科技发展的一个阶段;从传统金融到互联网金融的变革的核心必然是互联网。

互联网金融的发展现状

总体来说,互联网金融在中国的发展速度非常迅速。

首先是我国第三方支付交易规模及增长率的快速发展。2016 年,我国移动支付规模已经超过 38.6 万亿元人民币,年增长率高达 216%。而伴随着第三方支付的飞速发展,以银联为代表的传统支付机构却面临着重大挑战。

其次是互联网理财规模的快速增长。以余额宝为例,目前余额宝已成为全球最大的货币市场基金。中国市场的特殊性和技术的快速进步是余额宝在短期内迅速扩张的重要推动力量。

第三是互联网保险的崛起。从2012年开始，在短短的几年间，中国的互联网保险保费规模已经超过2347亿元人民币。以消费保险为代表的互联网保险正在改变着现有产品的生产和销售。

最后是网贷的迅速发展。我国的网贷规模和平台数量是全世界最大的。就发展阶段来说，2011年之前基本上属于网贷平台的萌芽探索期，2012年开始爆发式增长，2015年正常运营的网贷平台达到3124家。而从2016年开始，中国的网贷平台开始走向规范发展的阶段，网贷平台数量下降至2400余家。

互联网金融转型的战略定位

互联网金融发展到今天，如何转型才能实现可持续发展、健康发展？具体来说，应从三个维度来进行战略定位。

首先，用户维度。近年来，"中小企业融资难、融资贵"一直是困扰我国经济发展的重要问题之一，而要解决这一问题不仅需要技术的支持，更重要的是，要建立起合理有效的规则和机制。从这一角度来说，以小微客户以及高净值客户的零散需求为主是互联网金融最重要的客户定位。

其次，产品维度。考虑到互联网金融的客户群体，在产品的定位上应该更多提供一般大众容易接受的，结构较为简单的，同时满足用户风控需求的产品。

第三，场景维度。目前基本上可以说是全场景化，尤其是支付。全国很多城市正在发展为无现金城市。在这一点上，中国的互联网金融必须深入挖掘中国的市场需求，深入了解中国的核心场景。

互联网金融升级的三大驱动力

在互联网金融发展的过程中,厘清互联网金融转型发展的动力是什么,是另一个重要的问题。驱动互联网金融转型发展的重要动因主要是以下三个方面。

首先是价值驱动。当前互联网金融转型升级的动力首先是价值。无论是一般客户还是"长尾客户",他们接受服务的前提是互联网金融所提供的产品为他们创造了价值。

其次是技术驱动。技术是互联网金融的核心。互联网金融的未来发展依赖于技术的革新和进步。

第三是规则驱动。未来中国的互联网金融要健康稳定地发展,必须依靠规范的制度规则和合理有效的监管体系。

总的来说,当前的互联网金融以价值驱动为主,而未来的互联网金融将是技术、价值、规则等多轮驱动协同发展的结果。

互联网金融转型发展需要处理好的五大关系

虽然中国的互联网金融发展取得了非常耀眼的成绩,但在其发展过程中,依然存在着许多有待解决的问题。在中国互联网转型发展的过程中,我们应着力解决好以下五个方面的关系。

一是互联网金融企业一定要处理好与政府、监管机构之间的关系。互联网金融企业要时刻不忘服务实体经济、普惠大众的初心,主动拥抱监管,正确处理自身与政府和监管机构之间的关系。

二是互联网金融企业一定要处理好与传统金融的关系。一方面,互联网金融要协助四大行拥抱互联网，盘活存量，提升服务质量；另一方面，互联网金融应该着重从用户、产品、场景三个维度创造增量，补充现有金融服务的不足。

三是互联网金融企业一定要处理好规范与发展的关系。互联网金融企业在转型发展过程中要主动拥抱未来，拥抱监管，拥抱规则，同时内部一定要制度化、流程化、高效化。只有这样，才能在未来依然保持健康稳定的发展态势。

四是互联网金融企业一定要处理好市场需求、技术能力和规则政策之间的关系。互联网金融有着其特殊的业务模式，用传统的监管思路和监管手段是无法有效地监管互联网金融的。从这个意义上讲，无论是互联网金融联合会的形式，还是"一行三会"的监管体制，都需要优化。

五是互联网金融企业一定要处理好国内与国际的关系。能否"走出去"，把中国的成功经验和模式输入到别的国家？这是一种责任，同时也会提供重大的机遇。

总之，互联网金融既有经济属性，也有社会属性，关系着行业的战略导向、生存与发展，必须对这些问题有统一认识，以标准化促进规范化发展。

互联网金融如何才能行稳致远？[①]

短短几年间，中国互联网金融行业后发先动，在应用场景、用户数量和交易规模方面均处于世界领先水平，但其全球的知名度和影响力明显与之不相匹配。只有认清发展短板，把握导向使命，走好群众路线，才能延续目前中国互联网金融领先全球的态势，增进全世界对中国互联网金融发展的认识，推动和引领全球互联网金融的发展。

中国互联网金融行业生态系统的短板在何处？

近日，德勤会计师事务所发布了 2017 年全球金融科技中心（FinTech Hub）报告。在全球金融科技中心的排名中，伦敦位列第一。我不得其解。

无独有偶，英国财政部和安永会计师事务所近期也发布了中英金融科技研究报告，对中英双方金融科技行业的发展进行了对比和分析。报告提

---

① 本篇为作者在 2017 年 5 月杭州召开的"新金融如何站得正、行得稳、走得远"主题论坛上的演讲。

出，一个国家在金融科技领域优势的建立通常与其金融科技行业所处的生态系统(eco-system)、生态系统的属性以及所包含的各种因素息息相关。所谓生态系统，其四个核心属性分别是：人才(talent)、资本(capital)、政策(policy)和需求(demand)。同时，互联网金融生态系统具有多个赋能因素(enablers)，包括宏观经济指标，具体指人口、GDP总量、企业税率等，市场渗透率与接受度，金融科技行业规模以及传统金融服务业环境。

在对上述赋能因素的全面对比中，中国市场在数据方面远超英国。数据对比显示，中国的人口数量约是英国的20倍，中国的GDP总量约是英国的4倍(人均GDP则是英国的1/5左右)，中国移动互联网银行渗透率是英国的两倍多，中国金融科技接受度和金融科技应用普及度也是英国的两倍。从行业规模(FinTech Sector)来看，中国网络借贷市场规模是英国的30倍，中国行业独角兽数量是英国的4倍，中国的金融科技投资也是英国的4倍多，中国的金融业从业人员是英国的6倍，中国唯一处于劣势的是世界排名前100的高校的数量。

在各自社会的舆论关注度和社会认知度方面，中国似乎也遥遥领先。两年前，在谷歌检索"internet finance"(互联网金融)关键词，几乎查找不到检索结果。反观今日，谷歌"internet finance"的检索记录达到6500万条，而"FinTech"(金融科技)则在2200万条左右；通过百度进行"互联网金融"检索，结果是3300万条，"金融科技"结果是1100万条。如果把中国的"互联网金融"和西方的"金融科技"理解中外针对该行业的不同称呼，那么起始于中国的"互联网金融"一词和源于西方的"金融科技"一词在大众关注度上的差异也在3倍左右。中国在金融科技行业的迅速崛起有目共睹，在上述报告中提及的人才、资本和需求方面都相当强大，而被上述报告忽略的技术因素，中国也颇具优势，因为世界100强的金融科技巨头中，前五位有四位都来自于中国。

但是安永报告的结论显示,英国拥有世界一流(world-class)的金融科技生态系统,而中国仍是新兴的或崛起中的世界一流(emerging world-class)金融科技生态圈。

那么,中国排名落后的问题出在哪里?是否在所谓的政策方面?中国金融科技行业的政策环境一直相对开放。而广义的政策范畴即整个金融制度供给不足,包括监管政策和体系、法治透明性、金融体系成熟度、金融市场化程度、行业自律度、征信体系、收益率曲线等金融基础设施方面,与发达市场相比仍然存在差距。

安永报告对英国政策进行分析并指出,英国有着世界领先的针对金融科技的监管环境,因其简化(simplicity)、透明(transparency)和行业牵头(industry-led)的监管办法而闻名。在监管方法上,英国首先提出了"沙盒监管",划定安全地带,使企业能在(安全地带内)无监管的条件下自由测试其产品和服务。相比而言,我国政府部门没有及时提供简单、透明、统一的监管方法这一公共产品,未能为引领行业发展提供清晰的方向和规则。

问题不止于此。在政策之外,更重要的是,有一些社会问题和文化原因也在严重影响着中国互联网金融的生态系统和行业发展。比如当前我国的信用基础脆弱,信用文化、信用制度、诚信意识、规则意识都存在较多不足。而在文化价值导向上,互联网金融原本是普惠性的,是金融民主化、大众化的体现。互联网金融应该服务大众,服务微利,但目前我国互联网金融业务实践和这种文化价值导向并没有达成一致。

在对商业和企业环境的分析研究中,学术界经常使用商业环境分析或者企业环境分析(business-environment analysis)的框架从多个维度来观察一个行业发展的机会、优势、不足和风险。这方面有许多模型,PESTLEI 模型是其中之一,这几个字母分别代表政治(political)、经济(economical)、社会文化(social-cultural)、技术(technological)、法制监管(legal)、生态环境

(ecological)、行业(industry)等。

应用该模型分析，我们会发现，在与英国的对比中，我国在经济、技术、行业规模等"硬指标"上遥遥领先，制约我国互联网金融发展的短板则是在社会文化、法治监管、生态系统等行业"软环境"和"软实力"上，包括金融基础设施的相对薄弱。不过，这些短板也恰恰是我们未来发展的机会。

互联网金融企业应如何做？

中国互联网金融应用场景多，产品丰富，交易量大，但全球的知名度和影响力明显与之不相匹配。作为互联网金融实践主体的企业，首先要把握导向和使命，树立社会责任和责任金融的意识。

第一，服务实体经济。要明确金融的功能是服务实体经济，要服务实体经济里的健康需求。

第二，创造社会财富。金融要创造社会财富，不是简单地分配现有财富，或者从一个兜里装到另外一个兜里。经济学"帕累托最优"原理应该是无论监管机构、政府还是负责任企业应有的发展互联网金融的意识导向。

在这样的意识导向下，互联网金融企业应该如何"站得正、行得稳、走得远"？

首先，互联网金融需要夯实群众基础和大众基础。

令人遗憾的是，目前金融行业的群众基础非常薄弱，全球出现了"占领华尔街"和"脱实向虚"的问题。金融业服务大众、服务实体经济的使命和初心没有得到很好的履行。这意味着传统金融业面临危险甚至危机重重。

在中国，传统银行业利润逐年走低，但这恰恰是互联网金融和金融科技发展的机遇。广大群众的金融需求还未得到有效满足。在广大的农村、小微企业，消费金融是目前传统金融服务体系里最薄弱的环节，也是传统金融相对不擅长、未有效覆盖的领域。"农村包围城市"应当成为互联网金融行业的战略导向,在业务中具体应用。

在大众眼里,金融是复杂的。客观地讲,相比其他行业,金融行业的期货性远期交易特征显著,需要用时间来证明交易是否合适,是否有利可图,未来的通货膨胀水平、市场参与者的道德风险等客观因素更是放大了金融交易的不确定性。然而,金融又可以说是简单的,因为大众对于金融服务的日常需求就是投资理财、支付借款等所谓"资金在路上"的相对简单的服务。

那么,如何让金融真正简单?除了政府需要提供信用体系建设等公共产品之外,作为互联网金融企业,特别需要擅长使用新的技术。因为技术是互联网金融的压舱石,没有技术含量的互联网金融是虚假的,不可持续的。而技术可以让复杂的问题变得透明化、简单化、标准化。

除了树立正确的导向和积极拥抱技术,作为投资者、借款人、银行、互联网金融平台等各个市场参与主体,能不能做到不作假?不提供假账、虚假陈述等金融"假货"?

党纪严于国法,道德严于法律。同样,一个真正优秀的企业,对自己的要求一定要高于监管机构的要求和法律的要求。"三严三实"的学习也给了我们一些启示。

1. "三严"对互联网金融规范提出了新的要求

严以修身,防止投机取巧。作为互联网金融的从业者,必须要重视修身,提升自身素质。在互联网金融风险事件频出的背景下,从业者必须严格遵守法律法规,不忘初心,提升风险控制水平。

严以用权,金融的社会属性非常强,必须有强烈的社会责任感,才能对社会和可能的外在溢出后果负责,必须对金融有敬畏之心。

严以律己,要通过行业自律,减少道德风险和隐私信息泄露。互联网金融的规范必须依靠行业自律。

2. "三实"为互联网金融服务稳定发展指明方向

谋事要实。互联网金融定位一定要准确,传统金融的薄弱环节是广大的农村、小微金融、大众金融,在这方面,互联网金融要做实。互联网金融应不改服务实体经济的初衷,以实为本,提高服务实体经济的能力和水平。从业者应实事求是落实互联网金融服务功能,为企业和居民提供更好的互联网金融服务和产品。

创业要实。要通过增强能力和竞争力更好地提升金融服务效率。坚持以人为本、服务民生,发扬求真务实作风,创造经得起检验的实绩。互联网金融蓬勃发展的群众基础由被传统金融机构忽视的中小企业、民间借贷群体以及个人用户构成,走的是群众路线,集聚的是民间资产,赚取的是不被传统金融机构看好的"蝇头小利"。

做人要实。谋事也好,创业也罢,做人才是根本。不图虚名,不务虚工,有责任,有担当,恪尽金融人的本职。

共同打造一个健康的互联网金融生态环境是互联网金融发展的重要一环。当前对互联网金融行业开展的专项整治,目的就是打造互联网金融行业的绿水青山。互联网金融只有在正确的价值导向和战略方向引领下,充分运用现代技术手段,才能走好群众路线,才能在大众化、民主化的道路上走得更远;互联网金融也才能够行稳致远,保持并扩大业已初步引领全球的态势和优势。

数字绿色金融——互联网金融与绿色发展的共生共荣

发展互联网金融和绿色金融,是未来我国金融改革与发展的重要方向,也是金融供给侧改革的重要突破口。互联网金融本身具有绿色属性,而绿色金融需要互联网技术的支撑,才能进一步普惠化和大众化。事实上,当前我国在互联网金融和绿色金融领域的发展,特别是市场规模,已经呈现领先于世界的态势。相信基于数字化技术的互联网金融在拥抱绿色发展后,其领先优势会得到保持并有望继续扩大。

互联网金融与绿色发展相互促进

首先,互联网金融的绿色属性强。互联网金融或者称数字金融行业本身就是绿色的,通过数字支付可以减少现金的使用,通过网络银行服务可以大大降低去银行柜台办理业务的频率,互联网金融的效率也大量减少了原有的交易成本和可能产生的浪费。互联网金融通过数字技术使大众参与金融服务成为可能,大幅提升和扩大了金融服务的效率和范围。从这个意义上来讲,互联网金融属于绿色发展友好型的创新金融服务方式。

从广义上来讲，共享经济等与互联网金融相关的行业不仅是绿色的，还是深绿色的。以产品众筹为例，即在产品创意期就对未来可能的市场反应以及消费者需求开展测试，判断产品是否有市场。对于没有市场的产品，就不需要浪费建设产能和社会资源。

第二，互联网金融的社会属性强。与绿色发展聚焦的环境一样，互联网和金融都具有较强的社会性，呈现经济学中所说的"外部性"特征。两者的融合——互联网金融具有更强的社会性和外部性。环境问题的外部性需要内在化，要将没有付费或补偿的外部影响通过适当的政策和定价机制进行调节，这是绿色金融的核心，也是实现绿色发展的关键。同样，互联网金融的外部性也需要内在化。互联网金融体系中如支付、交易所和征信体系等还可以被认为是广义的社会基础设施的重要组成部分，这些基础设施的建设者和运营者、市场参与者、行业和企业必须具有非常强烈的社会责任感。

第三，中国互联网金融的先进性可以赋能绿色发展。在互联网金融领域，中国领先于全球，无论是交易速度、市场规模，还是参与人群、产品丰富性以及投资规模方面，中国互联网金融的发展都处于全球领先地位。在世界前五强的金融科技巨头中，有四位来自于中国。中国不仅在互联网金融现有的服务与能力方面呈现领先态势，在对未来的投资方面也同样领先：2016年，中国金融科技领域的风险投资额达65亿美元，占全球投资额的近一半，跃居全球首位。保持全球领先趋势，推动绿色发展，是中国互联网金融行业的重大机遇和崇高使命。

中国在绿色金融领域呈现后发先至的态势

2016年被认为是中国绿色金融发展元年。在短短的一年中，我国绿色债券市场从无到有，一跃成为全球最大的绿色债券市场，2016年累计发行规模超 2000 亿元人民币。其中以兴业银行、浦发银行、交通银行为代表的绿色金融债券在境内绿色债券市场中占比达 66％。与此同时,政策性银行也逐渐跟上,四大行中的中国银行发挥自身优势,在全球发行了多币种绿色债券,通过卢森堡分行、纽约分行发行了 30 亿等值美元的多币种多期限绿色债券,通过伦敦分行发行了 5 亿美元"绿色资产担保债券"。中资发行人在境外发行绿色债券是中国绿色金融概念加盟全球绿色发展潮流的具体体现。

从地域分布来看,在中国相对发达的东南沿海地区,绿色发展理念较为深入,绿色金融体系的建设处于全国领先地位。上述雄霸中国绿色债券市场的三家银行的总部分别在福州和上海。在企业方面,浙江吉利控股集团发行了 4 亿美元离岸绿色债券,同处浙江的盾安控股集团也发行了人民币绿色债券。而从全球范围来看,发达国家绿色金融起步较早。目前国际上比较流行的绿色自愿原则主要包括赤道原则(Equator Principles)和联合国责任投资原则(PRI, Principles for Responsible Investment)。中国的兴业银行于 2008 年加入赤道原则,成为中国第一家加入的商业银行。而发起于 2006 年的 PRI,目前签署机构超过 1500 家,管理资产超过 65 万亿美元,主要以发达国家的机构为多。

从绿色债券的市场规模看,中国已经开始领跑全球绿色金融发展,大有后发先至的态势。汇丰银行(HSBC)委托气候债券倡议组织(CBI, Climate Bonds Initiative)撰写的《债券与气候变化:市场现状报告 2016》显示,作为全球三大经济体之一,在绿色债券存量规模上,中国以 2460 亿美元的规模名列第一,超过西欧 1950 亿美元和美国 1113 亿美元。

在全球大约 7000 亿美元存量规模的绿色债券市场中,70％的债券期限为 10 年期或以上,60％以上的债券存量来自政府部门,包括地方政府、多边开发银行、铁路运输部门等。其中,低碳运输主题占比显著,占 67％的市场份额。此外,气候相关市场中有 78％为投资级债券。幸运的是,35％的债券以人民币计价，其中绝大多数为中国境内市场债券，说明人民币债券市场在全球绿色债券市场中的分量。

不过，值得注意的是，目前全球绿色债券7000亿美元的存量，占全球90万亿美元总债券市场存量的比重不足1%，这说明绿色债券的规模仍然很小，发展空间巨大。

中国互联网金融和绿色金融强强联合，引领世界绿色发展

如上所述，我国在互联网金融和绿色金融领域的发展均领先全球。如果强强联合，数字绿色金融令人期待。未来，如果没有数字技术，没有互联网助推，绿色金融的参与度将无法提高，绿色金融的发展将后劲乏力。通过互联网金融或数字技术，可让绿色化变成普惠化、大众化，帮助绿色金融理念深入人心。

具体来讲，国内绿色债券发行主体集中在大型企业，而小微企业由于发行规模小，很难通过传统的绿色债券方式融资。小微企业可以尝试中小企业集合债的方式解决这个问题，但集合债的协调成本高，且可能面临集合成员之间较大的道德风险。另一个解决问题的方式，则是运用数字技术，通过互联网金融平台发行"微绿色债券"。

无论通过谷歌还是百度搜索"互联网金融"和"绿色金融"，与中国相关的搜索结果占有相当大的比重。这与中国在这两个领域的"江湖地位"和发展程度密不可分。但是，中国的引领态势仍然存在诸多挑战。比如，对于绿色金融，全球仍未有统一的定义，互联网金融、数字金融亦是如此。而在全球金融科技中心排名中，尽管中国在各项指标方面远远走在前列，但排名仍然不高。这说明在话语权、行业标准制定上，中国金融科技行业和绿色金融在全球版图中的地位和影响力仍有较大的提升空间。

数字绿色金融需要你我的共同努力

为了保证中国在"数字＋绿色金融"领域保持领先趋势,我们需要做什么? 银行业要尽量信守绿色信贷的指导原则;投资机构要真正践行责任投资;交易所要履行对上市公司环境信息披露的监督职责,提供更丰富的绿色指数产品;媒体也要发挥宣传和监督作用,形成良好的社会舆论环境,监督绿色资金的投放去向。我们每一个人,其实都有责任,在共享经济下践行绿色发展、绿色生态理念,拥抱数字化等先进技术,推动中国绿色金融更快更好地发展。

绿色发展是人类发展的共同目标,环境友好型社会是我们共同的未来。环境友好型的金融制度、金融技术是经济发展的手段和强大推动力,也是供给侧改革的重要突破口。中国已经在互联网金融、数字金融以及绿色金融领域呈现全球领先的态势。如果说绿色发展是导航仪,那么数字技术就是发动机,互联网金融可以让绿色金融插上翅膀翱翔蓝天,"数字＋绿色金融"的深度融合必将为绿色发展提供源源不断的强大推动力。如何进一步利用前沿技术引领全球绿色发展,打造数字绿色金融、数字绿色经济,需要每个人的参与。我们有理由相信,在强大的技术引领和中国独特的制度优势支持下,中国在数字绿色金融领域的优势一定会得到保持并扩大。

金融科技化的大陆实践与全球机遇[①]

全球互联网金融起源于英、美，但在金融科技全球化的过程中，中国大陆互联网金融发展实现了从"中国模仿"（copy to China）到"模仿中国"（copy from China）的跨越。几年前中国互联网金融的星星之火如今已经发展为熊熊火光照亮全球。未来，借鉴成熟监管和科技力量，以绿色发展为导向，以服务实体为本分，以金融科技为手段，金融科技在中国的继续发展令人满怀期待。

金融科技（FinTech）发展的三个阶段

没有一次金融创新的背后不是科技在推动。金融科技发展至今，时间界限上并没有明确的划分，不过大概可以分为三个阶段。

FinTech 1.0 阶段（20 世纪 50 年代—20 世纪 90 年代），本阶段的标志性

---

① 本文根据作者在 2017 年 9 月 9 日北京举办的京台金融合作论坛上发表的演讲整理而成。

事件包括：50 年代第一张信用卡出现；60 年代第一台 ATM 机诞生；信用打分模型、SWIFT 系统、POS 机等技术服务在 70 年代出现；80 年代，随着金融衍生品逐渐丰富，大量计算模型的使用，金融工程概念在英国被提出；到了 90 年代，也就是金融科技 1.0 阶段后期，以银行客户管理系统（CRMS, Customer Relationship Management System）为代表的银行内部管理信息化、集中化技术在互联网上得以实现。

在 FinTech 2.0 阶段（20 世纪 90 年代至 2015 年）二十多年的发展历程中，移动终端、互联网金融兴起，进入了以网贷、第三方支付、众筹、互联网保险为标志的新的金融发展阶段。

FinTech 3.0 阶段（2015 年至今），以人工智能（AI）、区块链（blockchain）、云计算（cloud computing）、大数据（big data）为代表的技术正在引领我们进入金融科技的第三个阶段。

全球互联网金融起源于英、美。1993 年，"financial technology"（金融科技）一词首先被提出；1995 年，全球第一家纯网络银行美国安全第一网络银行（SFNB, Security First Network Bank）正式上线；1998 年，被称为支付宝的"师父"的 PayPal 在美国成立；2005 年，全球首家网贷公司 Zopa 在英国成立；2009 年，美国最大网络众筹公司成立，同年，比特币概念出现，其底层技术区块链被发掘；2012 年，美国《创业企业融资法案》通过，确定了众筹的法律地位。

中国大陆的互联网金融虽然起步较晚，却实现了弯道超车。"互联网金融"一词在中国大陆是于 2012 年被提出的，也就是在金融科技 2.0 时代，中国大陆掌握了全球互联网金融的话语权。这时候国际上不得不再度搬出"financial technology"并将其缩写为"FinTech"来与中国的"互联网金融"进行"对决"。

2003 年，淘宝推出支付宝；2007 年，首家 P2P 网贷平台拍拍贷成立；

2011 年,中国人民银行开始发放第三方支付牌照;2012 年,互联网金融概念首次被提出;2013 年是公认的互联网金融元年,这一年,余额宝上线 3 个月,规模近 600 亿元,首家互联网保险公司众安在线财产保险股份有限公司在上海开业;2014 年,"互联网金融"一词首次被写入政府工作报告。

从"中国模仿"到"模仿中国"

尽管全球互联网金融在 FinTech 1.0 和 2.0 时代均起源于英、美,但中国大陆的互联网金融发展已经实现了从"中国模仿"(copy to China)到"模仿中国"(copy from China)的跨越。

如今,支付宝用户总量是 PayPal 的 1.7 倍,日交易量是 PayPal 的 40 倍;世界 100 强金融科技巨头中的前五位有四位都来自于中国,其中蚂蚁金服位居首位;余额宝上线至今规模已经达到 1.5 万亿元,超过招商银行个人活期存款总额;众安保险短短 3 年内服务 5 亿名用户,开出了 72 亿张保单。互联网银行方面,微众银行服务用户 1500 万人次或小微企业,浙江网商银行服务 271 万中小企业客户,为解决小微企业融资难这样的世界性难题提供了新的方案。

不仅在互联网金融领域,绿色金融发展领域也逐渐显现出从"中国模仿"到"模仿中国"的趋势。

在全球大约 7000 亿美元存量规模的绿色债券市场中,中国的绿色债券市场规模达 2500 亿美元,占全球市场规模的 35%,是全球最大的绿色债券市场。中国的兴业银行于 2008 年加入"赤道原则",成为国内首家加入"赤道原则"的商业银行,在推行联合国责任投资原则(PRI)方面做了很多有益的尝试。当然,绿色金融发展之路还很长。目前全球以绿色为导向的绿色债券存量占全球总债券市场存量的比重不足 1%,说明绿色债券的发展空间巨大。

中国金融科技的发展仍然面临挑战

无论是绿色金融发展还是金融科技 2.0 时代,中国大陆都实现了从模仿到引领的跨越,但也面临一些挑战,需要吸取全球先进经验。

比如,中国台湾地区传统金融发达、监管严格,但对创新型金融门槛较高。中国大陆互联网金融的发展应该借鉴成熟监管和科技力量,抓住金融科技发展的机遇。

利用金融科技 2.0 阶段的机会,中国大陆的互联网金融发生了跨越式的发展,实现了弯道超车,领先全球。原动力之一是中国仍然处在利率市场化改革进程中,金融抑制仍然存在,金融服务覆盖范围有限;二是中国的互联网应用技术强。客户价值、市场驱动以及赋能因素技术亦为中国互联网金融发展提供了原动力。

但是,中国互联网金融发展仍然面临一定的挑战。在规则和制度方面,如何对行业进行监管,如何令金融科技有序发展,还有很多需要学习的地方。

在走向世界的过程中,无论是人民币国际化还是支付宝在全球的推广,都代表了金融科技逐渐全球化的过程。

几年前,我曾经以"互联网金融的星星之火可以燎原"为题在沃顿商学院发表演讲,那时西方并没有"互联网金融"这个词。而当时的星星之火如今已经发展为熊熊大火,照亮全球。只要把握好"以绿色发展为导向,以服务实体为本分,以金融科技为手段"的发展理念,我们就能迎来更加光明的可持续发展的明天。

普惠共享,触及未来——2017 年金融科技中心指数

　　近些年来,金融科技在逐渐成为世界焦点的同时重塑着全球金融业的版图,而中国的金融科技在金融压抑、技术进步、市场呼唤、用户拥抱、政府支持、监管包容等因素的综合推动下,取得了爆发式的发展,逐渐成为全球金融体系中一股推动性的力量。可以说,从未有一个金融业态,让人们离"人人生而平等"的金融普惠愿景如此之近;从未有一个金融业态,让中国离世界之巅如此之近。正因如此,了解中国金融科技现状,找准未来发展道路,总结中国金融科技实践,引领世界金融科技发展,才显得尤为重要。

　　浙江大学互联网金融研究院联合浙江互联网金融联合会/联盟在杭州共同发布 2017 中国金融科技中心指数(FinTech Hub Index,简称 FHI),以城市为单元描绘我国金融科技发展之全貌,彰显金融科技发展的区域特色,把脉金融科技中心的崛起之势。

FHI 编制

FHI 从企业、用户和政府这三大市场参与主体出发,以金融科技产业、金融科技体验、金融科技生态等 3 个一级指标,五大金融科技行业、五类金融科技体验、宏观商业环境、基础设施、科研实力、政策环境、监管环境、社会关注度等 16 个二级指标,以及企业数量、市场体量、资本实力、人才供给、借贷线上化、募资线上化、人均 GDP、百度热点等 39 个三级指标构建指标体系。一、二级指标具体如下表所示:

表 1　FHI 一级、二级指标

金融科技产业 (企业视角)	金融科技体验 (用户视角)	金融科技生态 (政府视角)
网贷行业	网贷体验	宏观商业环境
众筹行业	众筹体验	基础设施
第三方支付行业	第三方支付体验	科研实力
大数据征信行业	大数据征信体验	政策环境
区块链行业	区块链体验	监管环境
		社会关注度

在行业选择上,由于金融科技尚处于发展初级阶段,业态发展尚不均衡,业务模式尚不稳定,数据质量参差不齐,因此本指数目前仅挑选了网贷、众筹、第三方支付、大数据征信、区块链这五大行业,对未被纳入指标体系的互联网银行、互联网保险、互联网证券等业态将会在报告中进行简要分析。在城市选择上,我们以全国 37 个直辖市、计划单列市、副省级城市和省会城市为样本对象进行数据采集和指数计算,并基于指数结果最终选取了排名前 20 的城市进行数据呈现和报告分析。在指数计算上,我们通过逐级、分层、加权的方式计算指数,具体包括数据标准化、指标赋权、指数分层计算、

指数更新等步骤。在数据采集上,我们结合了传统统计数据与大数据技术,从多渠道广泛采集的数据覆盖了全国 2953 家金融科技企业,以及以上企业的 3 万余条招聘信息、700 余条风投记录、2500 余份调查问卷和网贷、众筹平台的 20 多万条项目等。

崛起中的金融科技中心

在 FHI 排名中,浙江省、广东省各有两城跻身前 20 名,金融科技实力雄厚;长三角地区作为全国金融科技高地,共有五城上榜,表现抢眼。根据 FHI 排名的不同,我们将上榜的 20 个城市划分为全国性金融科技中心、区域性金融科技中心和金融科技特色城市三大类。具体而言:

◆ 全国性金融科技中心:北京、上海、深圳、杭州、广州

北京:北京虽在金融科技体验方面稍显欠缺,但综合实力依旧强劲。全国顶尖的大学和科研机构、良好的政策环境、主要金融机构总部的聚集以及以中关村为代表的全国科技创新中心的建设使得北京在金融科技产业和生态领域快速发展,并不断谋求金融科技全球话语权的提升。

上海:清晰的国际金融中心发展定位、众多的全国性金融交易市场、强大的国企外企资源、量质兼优的高等学府和充沛的专业人才储备均为上海的金融科技发展提供了强有力的支撑。不过,大量国企外企的聚集也在一定程度上掩盖了上海创新的活力,使得其在金融科技体验上相对不足。

深圳:作为中国改革开放的窗口,深圳在金融科技、创新等方面具有显著优势,但大学资源的薄弱使其金融科技生态分值略低。近两年各项前瞻性的努力,如全球著名大学及科研机构的大力引进、国际化金融创新中心的建设与粤港澳大湾区的战略规划等,有助于深圳金融科技的腾飞与升级。

杭州：尽管杭州传统金融相对较弱，著名院校/科研所较少，人才相对缺乏，但活跃的民营经济、浓厚的创新氛围以及出色的互联网龙头企业带动了杭州金融科技尤其是体验的高速发展。在没有全国性交易市场和主要金融机构的情况下，杭州逐渐成为中国市场化程度最高、最具活力的金融科技中心。积极推动浙商银行、浙商证券、杭州银行的成功上市等补短板行为，以及全国互联网金融创新中心、财富管理中心、钱塘江金融港湾、城西科创大走廊等的建设，也对杭州金融科技发展产生了持续的推动作用。

广州：相比前四个城市而言，稍有些差距。但近年来，广州致力于推进国家创新中心城市和国际科技创新枢纽建设，为其金融科技发展提供了良好的基础。现阶段，广州应抓住新金融发展的机遇，结合自身优势，实现其在金融科技领域"立足华南，走向全国"的进一步突破。

◆ 区域性金融科技中心：成都、武汉、南京、天津、西安

成都、武汉、南京、天津、西安分列第六至十位，金融科技发展态势良好，各具特色，有望逐步承担起我国西南、华中、华东、华北和西北地区区域性金融科技中心的时代重任。其中，成都、武汉、西安的中西部区域核心地位优势明显，且科研实力雄厚，金融科技发展潜力巨大。南京、天津的民营经济相对薄弱，金融科技领域的发展动力相对不足，但良好的经济金融和科研基础将使其未来潜力不容小觑。

◆ 金融科技特色城市：青岛、济南、重庆、郑州、长沙、宁波、合肥、厦门、大连、贵阳

青岛、济南、重庆、郑州、长沙、宁波、合肥、厦门、大连、贵阳分列第十一至二十位，拥有较大的提升空间和发展潜力。其中，青岛作为全国首批科技金融试点城市，正在积极引入各类院所和科研平台以增强其金融科技生态基础；而被誉为"大数据之都"的贵阳，正在通过差异化发展战略跻身金融科技全国前20强，并有望实现大数据、云计算领域的进一步突破。

金融科技产业、体验及生态分指数

　　FHI 由金融科技产业、金融科技体验和金融科技生态三大分指数构成。金融科技产业是城市金融科技发展的核心动力，金融科技体验是城市金融科技发展的重要纽带，金融科技生态是城市金融科技发展的深厚土壤，三者构成了城市金融科技发展的统一整体，相互依存，相互促进。

　　◆ 北京、上海、深圳、杭州金融科技产业及生态表现优异，推动城市金融科技不断向前

　　得益于良好的宏观商业环境、金融及信息基础设施建设、较好的科研人才支撑、包容的政策监管环境和高度的社会关注，北京、上海、深圳、杭州在金融科技产业及生态上表现出色，为城市金融科技的可持续发展打下了良好的基础。从企业数量和市场体量来看，北京、上海、深圳和杭州位列前四；从资本实力来看，北京金融科技企业最受风投青睐，上海、深圳、杭州亦融资活跃；从人才供给来看，上海金融科技人才薪酬最高，北京高学历员工占比最大。

　　◆ 杭州摘得金融科技体验桂冠，将普惠金融落到实处

　　金融科技打开了新金融的大门，并以达成普惠金融为愿景，惠及每一个乐于尝试的用户。甚至可以说，用户拥抱成就了中国的金融科技，也是未来中国金融科技持续创新发展的原动力，因而其用户体验至关重要。杭州摘得金融科技体验桂冠，成为全国唯一一个体验分在 90 分以上的城市，网贷、众筹、第三方支付、大数据征信和区块链等五大行业体验均排名全国前列，真正将普惠金融从理念逐步落实到人们生活的方方面面。如杭州以 6.54% 的免押金信用服务人数占比（免押金信用服务人数 58.94 万人）在大数据征信体验中拔得头筹。在杭州，用户仅凭信用即可入住酒店、乘坐公交车、借

用共享单车和充电宝,信用逐步成为押金的替代品,用户的出行体验和效率得到了大幅提升。

FHI 价值

FHI核心价值体现在:

◆ 评估城市金融科技发展水平,直观反映区域金融科技现状

作为全国首个覆盖国内主要城市的金融科技类指数,金融科技中心指数可以动态记录各城市金融科技发展的历史轨迹,直观反映城市金融科技的发展水平及全国地位,挖掘金融科技中心城市。同时,对不同城市之间金融科技发展差异的有效衡量和评价,有利于城市间的相互借鉴和学习。

◆ 明晰金融科技发展努力方向,有的放矢攻克薄弱环节

本指数在经济学理论指导下,分别从企业、用户和政府三大视角出发构建指标体系并相应地设立分指数,以完整地涵盖和评价城市的每类参与主体,有助于城市通过各项指标按图索骥寻找其在金融科技发展中的薄弱环节,揭示发展机遇和努力方向,以便其更加有的放矢地推进金融科技发展工作。

◆ 推广中国优秀实践成果,助力人类社会普惠发展

在各国均大力发展金融科技的背景下,我国虽已在金融科技领域取得了举世瞩目的成绩,但在国际上话语权弱、发声频率低且质量不高等问题仍普遍存在。金融科技中心指数的编制和发布有利于未来将中国的优秀实践成果及评价标准从国内城市推向全球,为金融科技发展的国际对比增加有力的依据,更为人类社会的普惠发展做出重要的贡献。

网贷行业在中国：现在与未来①

当前,世界进入新格局,中国进入新常态。向外看,新工业革命将世界引入"新经济"时代,并引发了新的国际分工和国际格局。向内看,在"一带一路"倡议和亚洲基础设施投资银行落地进一步激发经济发展活力的背景下,中国经济持续转型升级,进入"大众创业、万众创新"时代。

中国经济转型升级需要拥抱新经济,中国企业创新发展需要适应新常态,而新常态则呼唤新金融。互联网金融作为新金融的代表,正是新常态下的新机遇,近年来在中国取得长足发展,网贷、众筹、第三方支付等模式呈爆发式增长态势。

而在众多互联网金融模式中,网贷当前在中国平台数最多、增长最迅速、风险暴露最多。因此可以说,网贷是整个互联网金融发展的"风向标"和"晴雨表",值得特别关注和专门研究。

---

① 本文根据作者在 2015 年 10 月 30 日于上海中国金融信息中心举行的移动互联网时代中国 P2P 行业发展论坛上的主题演讲整理而成。

网贷行业在中国的现状

1. 网贷全国版图

浙江大学互联网金融研究院大数据团队统计数据显示,在全国的网贷平台中,有85%的平台集中于广东、北京、山东、浙江、上海五大省市区,地域集中度高,西部等偏远省份的发展相对落后。与此同时,出现"跑路"和提现困难的问题平台比例较高,海南、山东、广西成为问题平台的"重灾区"。特别值得注意的是,由于"冒烟指数"和其他监控手段的有效实施,北京网贷行业的总体风险控制实现得较好。这提醒我们,只要合理监管、有效防范,网贷行业的总体风险是可控的。网贷行业在促进社会经济发展的同时,其带来的系统性风险也能够逐步地释放与降低。

2. 网贷年龄结构

截至2015年9月,全国1363家正常运营的网贷平台的平均上线时间为1.39年,其中成立于2007年的拍拍贷"年纪最大",成立至今已有8.37年,红岭创投、诺诺镑客等知名平台的运营时间也超过5年。而绝大多数的平台则较为年轻,目前全国有超过1000家平台的上线时间短于两年。管理经验和风控能力的相对缺乏也逐渐成为这些平台运营中面临的问题。

3. 网贷吸金地图

在吸金能力方面,广东省独占鳌头。截至2015年9月,广东省内网贷平台总注册资本超过249亿元人民币。在全国范围内,共有900多亿元的资本涌入网贷行业,数量庞大。但单个平台的注册资本主要集中在500万元以下,资金分布较为分散。截至 2015 年 9 月,已"跑路"平台总注册资本超过 215 亿元,风险呈现扩大化的态势。如何把握资金质量,将资金集中在安全稳定的平台上仍是需要关注的重点。就各省情况来看,广东省"吸金质量"最高,单个平台平均注册资本超过 5600 万元;而山东省的网贷发展趋势虽猛,平台数量多,但是单个平台注册资金较少,平均仅为 2100 万元。大量问题平台的出现,让网贷行业显示出鱼龙混杂的局面。如何净化行业环境,集中资金规范发展,成为未来的一大挑战。

4. 网贷社交圈

在"互联网＋"的时代背景下,全国目前 1363 家正常运行的平台中,有 67％与其他各类机构达成了战略合作伙伴关系,而合作伙伴的类型主要包括第三方支付平台、金融机构、风投机构、媒体企业等。通过与这些机构的合作,网贷平台企业打开了新的发展空间,拓宽了原有的业务范围与种类。不同的合作模式的出现,可能成为未来网贷平台新商业模式演化和发展的触发点,增加网贷行业的多样性;同时引入战略合作伙伴也可以加强平台的透明度,促进互相监督,有益于网贷行业整体的健康发展。

在浙江省的全部网贷借款主体中,有 51.3％是小微企业,20.6％是个体商。用于创业活动或小微企业相关活动的借款占资金总量的 90％以上。总体来看,网贷仍是普惠金融的一种主要形式,服务于大众创业、万众创新。网贷的借贷需求主要来自于小微企业,传统金融服务在一定程度上难以满足小微企业的融资需求,而网贷的出现一方面很好地满足了小微企业的融资需求,激活了创业;另一方面也增强了投资的多样性和经济发展的多样化。网贷企业与小微企业应当高效沟通,合理配置资金,达成进一步的服务与伙伴关系。

5. 网贷诚信度

最后,诚信度也是衡量一个平台好坏与否的重要标准,是网贷平台发展的基石和根本。目前,只有 1/5 的网贷平台有风险准备金,1/4 的平台有资金托管,不到 50％的平台能够提供保障。这就说明我们的金融业、银行业还有更多机会提供更多服务,以能更好地促进网贷行业发展。

网贷行业未来的发展路径

1. 规范化稳健化,平台收益率未来将持续走低

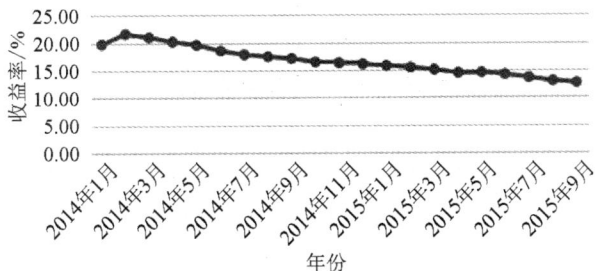

图 1 网贷平台收益率持续走低

从 2014 年 2 月至今,全国范围内的网贷平台综合收益率持续走低,2015年 9 月平均收益率仅为 12％左右。未来一段时间内,网贷平台收益率将会呈现缓慢下降的趋势。首先,央行将继续推行稳健的货币政策,市场货币供应量总体充足,因此借贷利率会呈逐步下降趋势;其次,在新常态的经济环境下,国内经济由高速发展转变为中高速发展,实体经济不断转型升级,金融市场环境更加成熟与开放,且利率市场化程度不断加深,也会促进行业借贷利率水平的下降。

2. 政策导向明确，去担保化加剧行业洗牌

在"野蛮生长"时期，众多网贷平台把提供第三方担保或平台自担保承诺本金垫付作为吸引消费者的手段。而中国人民银行等十部门发布的《关于促进互联网金融健康发展的指导意见》要求网贷平台定位于信息中介，不得提供增信服务。同时，最高人民法院出台的《关于审理民间借贷案件适用法律若干问题的规定》再次提出，网贷平台仅提供媒介服务，不承担担保责任。这意味着，网贷平台未来将彻底从信用中介转向信息中介。而在行业监管加强、平台违约风险不断暴露的背景下，网贷行业将面临快速洗牌，客户和资源争夺将更加激烈，有实力、有效益、有较强风险控制能力的平台将会在市场竞争中发展壮大，中小平台的生存空间被压缩，而实力不足、效益不够、风险控制能力不足的平台将被淘汰出局。

3. 手机网民规模扩大，移动化发展趋势明显

一方面，随着手机 App 的普及和功能的衍生，互联网用户将进一步从 PC 端转向移动端。据中国互联网络信息中心数据，截至 2014 年 12 月，中国网民规模达 6.49 亿，其中，手机网民规模 5.57 亿，占比 85.8％。如此庞大的用户群体使得网贷业务在手机上落地大有可为。将来谁抓住移动端的用户，谁就抓住了发展先机。另一方面，移动支付不仅是网贷平台开展业务的现实需求，也是消费者网上理财的最佳选项。随着手机 App 功能和用户体验的改善，移动金融的应用形式将更加丰富。因此，移动端也逐渐成为网贷平台积极布局和开展激烈争夺战的新领域，移动端将为网贷行业增添新活力，拓展新空间。

4. 大数据,风控新武器

平台"跑路"问题仍是目前制约网贷行业发展的"心头之患",一些高风险平台的坏账率高达 20％以上。随着网贷行业的不断完善,信用体系和风险控制将成为行业发展的重要一环。未来,利用大数据进行信用管理和风控防范将成趋势。一方面,未来网贷平台将日趋成熟,平台将改变如今盲目放贷的高风险模式,通过企业呆坏账和个人信用数据等金融数据量化征信体系,掌握借款人还款意愿和能力指标,提前进行风险防范,同时也可以实现有目的有规划的规模调整和风控准备。另一方面,对于投资人来说,大数据也将帮助他们掌握行业指标和平台信息,通过大数据进行分析和筛选,优化投资组合,规避投资风险。在可行性方面,网贷和大数据之间有着良好的接口和技术支持,目前发展已经处于雏形阶段,有待第三方监管机构的进一步参与、指导和规范。

5. 强化专业分工,做熟悉的事

近年来,网贷行业的专业化分工趋势正在逐渐增强,行业形式逐步细分,之前平台同质化严重的问题正在逐渐得到解决。因为许多领域并不能通过扩大资本来达到效果,例如汽车抵押行业有较多的非资本因素,在对行业模式的熟悉度、组织管理能力、评估能力等方面都有非常高的要求,微贷网的发展便是个值得细想的例子。未来网贷行业应做精做透,充分结合目前其在行业知识、销售、管理、成本等方面的优势,深度介入具体细分领域,进行差异化发展。

6. 投资人趋于理性,从关注收益向关注风险转变

首先,随着网贷、众筹等互联网金融模式越来越被广大投资者所熟悉,

投资者对于该行业的知识以及风险意识都会有显著的了解和提升,投资者会从一开始重点关注收益逐渐转变成更加重视风险;其次,投资者对于借款方或者标的的信息披露的要求会越来越高。投资者的风险偏好的转变,会使得资金流朝更加优质、更加大型的平台转移,许多中小平台会逐渐被投资者所规避。

7. 行业集中度提高,平台数量下降

目前全国网贷平台总数仍然较多,同质化竞争激烈,质量参差不齐。未来随着全行业的不断发展与成熟,资源将逐渐向一些大型优质的平台转移,一些规模小、资质差的平台将会被逐步淘汰。全行业的整合将会成为主题,平台总数将逐步减少,行业集中度不断提高。

8. 依托人才和资本,地域集中度加强

互联网金融企业的发展离不开资金的供给与需求,同时人才也是十分重要的影响因素,因此未来全国网贷平台将会逐渐向资金与人才密集地区转移,地域集中度逐步加强。

9. 机构投资者参与更加积极

未来随着网贷行业的不断发展与成熟,行业监管不断规范与完善,网贷投资人也将呈现出多元化的趋势。比如机构投资者可以作为投资人,更加积极地参与到网贷业务中来,扩大其投资渠道,提高其投资收益。

砥砺前行，守得云开？
——中国网贷行业 2016 年度报告

金融压抑、技术进步、客户改变以及政策鼓励、监管包容等原因成就了互联网金融在中国的独特发展机遇，网贷、众筹、第三方支付等模式渐成我国金融体系中的一股颠覆性力量。而其中，网贷因平台数最多、受关注度最高等原因成为整个互联网金融发展的"风向标"和"晴雨表"。然而，近两年网贷平台提现困难、停业清盘，甚至诈骗、"跑路"事件多有发生，在引起舆论的强烈讨伐之余也造成了非常恶劣的社会影响，呼之欲出却又迟迟未能落地的政策监管不断挑动着投资人及从业人员的神经。

为促进网贷行业的健康发展，密切追踪其发展动向，浙江大学互联网金融研究院（Academy of Internet Finance，以下简称 AIF）作为第三方学术机构，充分发挥院下互联网与创新金融、互联网金融发展、互联网金融法律、互联网金融技术、数学与互联网金融等五个研究中心的学科交叉优势，进行全国网贷平台大数据挖掘，并对数据结果进行多维度分析。

全国网贷发展情况

据浙江大学互联网金融研究院(AIF)大数据团队统计,截至 2015 年 12 月底,全国共有网贷平台 3330 家,相比于 2010 年年底的 16 家增长了 200 多倍。

表1 2015 年全国及平台总数排名前列省市的网贷核心数据

	总平台（家）	正常平台（家）	问题平台（家）	问题率（%）	成交量TOP100平台（家）	总注册资本（亿元）	正常平台平均年龄（年）	问题平台平均寿命（年）
29 省市共计	3330	1880	1450	43.5	100	1303.4	1.38	0.70
广东	679	426	253	37.3	27	291.8	1.40	0.88
山东	406	130	276	68.0	2	87.4	1.18	0.54
北京	384	297	87	22.7	29	196.7	1.44	0.75
浙江	311	153	158	50.8	12	94.6	1.52	0.82
上海	309	190	119	38.5	18	159.8	1.54	0.56
江苏	132	52	80	60.6	3	27.5	1.51	0.80
湖北	125	84	41	32.8	0	36.4	1.31	0.80
安徽	123	58	65	52.8	1	49.5	1.10	0.55
四川	110	55	55	50.0	2	23.3	1.48	0.83
河北	88	44	44	50.0	0	74.7	1.14	0.62

注：(1)本文中的网贷指市场借贷,所有"借助网络平台联通借贷双方开展直接借贷业务"的平台均纳入本网贷平台统计范围;(2)"问题平台"包括所有出现提现困难、停业清盘、"跑路"、诈骗等非正常运营现象的平台;(3)"问题率"等于问题平台数除以总平台数;(4)"成交量 TOP 100 平台"为 2015 年 7 月起至 12 月的半年内月成交量排名前 100 的平台,根据网贷之家披露的网贷行业总成交量数据,2015 年下半年此 100 个平台成交量约占行业成交总量的 55%,以其作为行业的缩影较有代表性;(5)由于香港、澳门和台湾地区的数据可得性有限以及市场发展阶段、发展模式均与大陆地区有所差异,因此暂时不纳入本报告统计范围。

表 2 2015 年平台数排名前五省市的网贷核心数据

年份	全国			广东			山东		
	平台数（家）	问题率（%）	新增平均注册资本（万元/家）	平台数（家）	问题率（%）	新增平均注册资本（万元/家）	平台数（家）	问题率（%）	新增平均注册资本（万元/家）
2012	142	7.0	3312.6	31	0.0	3998.5	9	0.0	1650.0
2013	609	14.6	2787.1	139	7.9	2720.5	43	14.0	4656.5
2014	2245	17.3	3936.3	486	15.2	3853.0	213	23.5	1710.5
2015	3330	43.5	4430.1	679	37.3	6041.6	406	68.0	2130.3

年份	北京			浙江			上海		
	平台数（家）	问题率（%）	新增平均注册资本（万元/家）	平台数（家）	问题率（%）	新增平均注册资本（万元/家）	平台数（家）	问题率（%）	新增平均注册资本（万元/家）
2012	13	7.7	1666.7	22	4.5	1536.3	21	9.5	9878.8
2013	59	1.7	5178.4	96	18.8	2102.0	54	11.1	2942.9
2014	284	7.0	4255.1	235	26.4	3129.2	202	16.8	3888.7
2015	384	22.7	7206.2	311	50.8	4043.8	309	38.5	7390.2

注：本文中的"新增平均注册资本"指的是每年新上线的平台的平均注册资本额，需与"平台平均注册资本"区分开，后者指的是历年累计所有平台的平均注册资本。

基于全国网贷平台数量、注册资本、运营时长、股东背景、高管信息、战略伙伴以及问题平台等相关数据，得出全国网贷发展七个维度的核心结论。

◆ 全国版图

全国网贷平台总量持续上升但增速逐步放缓，2015 年恐为数量高点。截至 2015 年年底，我国累计有网贷平台 3330 家，相比 2014 年增长 48.3%，远低于 2007 年以来年均增速 188.6%，且 2015 年正常运营平台数与 2014 年几乎持平。数量分布上，我国网贷平台主要分布在广东、山东、北京、浙江、上海等东部沿海地区（五省市共占 62.7%），区域性特征明显，并逐年呈阶梯式向内陆地区扩展。规模分布上，成交量大的网贷平台绝大多数仍分布于东部沿海地区,北京、广东、上海和浙江四个省市的平台数量占据了近半年月均成交量 TOP100 平台总数的 86％。

◆ 注册资本

2015 年新增网贷平台平均注册资本为 4430.1 万元,连续三年稳步上升。目前全国累计网贷平台注册资本总额达 1303.4 亿元,2015 年新上线平台平均注册资本 4430.1 万元,高于 2014 年新上线平台的 3936.3 万元以及 2013 年的 2787.1 万元。省市分布上,广东累计平台注册资本总额排名第一,北京和上海分列二三,注册资本总额约占全国总额的 49.7％,这表明在传统金融领域处于全国领先地位的北上广,在网贷行业依旧引人瞩目。注册资本结构上,注册资本在 1000 万元到 5000 万元的平台约占一半,成为行业"标配";注册资本在 1000 万元以下和 1 亿元以上的平台比例相对偏少,整体呈倒 U 形分布。

◆ 年龄结构

全国平台平均年龄 1.1 岁,11 省市在平均水平之上。总体而言,全国所有平台较为年轻,运营时长 1—2 年的平台占比最多,北京、重庆、江西、广东、上海、浙江、新疆、福建、四川、湖北、辽宁等 11 个省市的平均运营时长在全国平均水平之上。同时,北上广浙等东部沿海地区网贷平台年纪较大,海南平均运营时长最短,仅为 0.5 年。网贷平台的运营时间长短可以成为衡量网贷平台安全性的重要参考。

◆ 股东背景

银行国资风投上市齐涌入,民营系仍占九成。尽管近两年网贷行业与传统行业的"联姻潮"不断,但在我国网贷行业中民营系仍具有压倒性优势,占平台总数 90％以上,国资系和风投系次之。此外,雄厚的"家室"背景对平台发展影响深远且特色明显。除上市公司系外的其他民营系平台两极分化特征较为突出,在红岭创投、人人贷等已成长为具有较大影响力平台的同时,众多草根平台发展参差不齐,"跑路"事件不断;风投系平台一般都为大中型平台,已具一定规模;上市公司系平台多深耕于垂直细分领域,与上市公司在资产端有紧密联系,供应链融资项目偏强;银行系平台在所有类型中占比最小,其对于风控的重视往往高于其他类型的平台且拥有较先进的风险控制体系,平台总体收益较低。

◆ 高管起底

男性高管人员占主导,高管"草根性"仍较强。我国网贷平台中男性高管占主导,女性高管仅占 15.9％,且即便是成交量 TOP 100 平台中也仍有四分之一高管没有(或者无从得知其是否至少)接受过本科教育,高管的"草根性"与行业发展不相适应。同时,在国内重点大学中(包含 985、211、中/社科院等知名院校),北京大学在我国网贷行业中拥有最为强大的校友资源,紧随其后的是清华大学、复旦大学、上海交通大学和中欧国际工商学院。此外,互联网人才金融化以及金融人才互联网化趋势明显,成交量 TOP 100 平台中,近八成高管有在金融和通信技术及计算机领域的工作经历。

◆ 朋友圈

通过战略合作提升平台实力已成共识,3～5 类战略合作伙伴为主流。从网贷平台战略合作伙伴来看,成交量 TOP 100 网贷平台中仅 3 家无战略伙伴,在 10 类战略合作伙伴中,超过半数平台拥有 3～5 类合作伙伴,由此可见,寻求战略合作,拓展自己的朋友圈已经成为网贷平台发展的普遍选择和一致共识。其中,成交量 TOP100 平台与第三方支付(75％)、传统金融机构(74％)和其他金融从业公司(74％)等金融企业合作最多,与《网络借贷信息中介机构业务活动管理暂行办法(征求意见稿)》中明确指出的对网贷平台资金需与银行合作进行存管的要求差距不大,且与金融信息门户(如网贷之家、网贷天眼等)、律师事务所以及技术支持机构(如大数据公司、技术研发企业、互联网公司等)的合作也越来越成为趋势。与此同时,行业自律作用日益凸显，截至 2015 年年底，全国成交量 TOP100 网贷平台中已有 66 家加入各类协会。

◆ 问题平台

我国网贷平台问题率逐年攀升，2015 年全国问题率 43.5％。全国目前共有问题平台 1450 家，占全国平台总数的 43.5％，而 2014 年我国平台问题率仅为 17.3％，2013 年问题率仅为 14.6％。省市上，山东已成问题平台"重灾区"。从数量来看，山东、广东和浙江分别以 276 家、253 家和 158 家问题平台位列前三；从占比来看，海南、山东、甘肃分别以 72.7％、68.0％和 66.7％的问题率排名前三。年龄上，问题平台平均寿命 0.7 年，仅为正常平台平均运营时间(1.4 年)的一半，各省问题平台平均寿命均在 1 年以下。趋势上，近一年 e 租宝涉嫌非法集资、陆金所 2.5 亿元坏账疑云、红岭创投"安徽 9 号"项目出现问题等事件频发，网贷平台的这场"瘟疫"已从小平台向中大平台蔓延，且随着未来网贷监管政策的正式落地，网贷行业将迎来业内大变局。除此之外，网贷诈骗平台近年来也呈愈演愈烈之势，现已占问题平台总数的 8.3％，"诈骗的互联网化"提醒我们，树立底线思维、明确网贷行业"负面清单"、规范发展互联网金融刻不容缓。

在鲜花与掌声齐飞、质疑和争议共舞的背景下，网贷作为一种创新金融模式并非生来就是错误的，就如将金融衍生产品认定为 2008 年"金融海啸"的罪魁祸首一样是不合理的。归根结底，只有政府实施有效监管和政策引导，投资者深刻认识到风险与收益的关系，社会联合各方力量集思广益，才能使网贷持续地发挥优势，以此稳步地推进我国金融市场化、自由化、民主化进程。

风云际变，谁主沉浮？
——中国网贷行业 2016 年第一季度简报

我国网贷行业在经过几年的发展后，已逐渐褪去"互联网金融领军者"的华丽外衣而转变成了"且行且珍惜的摸索者"，虽然能够在从未断绝的争议声中成长至此实属不易，但也不得不正视日趋严峻的发展现状。从市场环境来看，国内经济"三期叠加"阵痛持续、网贷问题事件不断升级、国内外网贷行业整体形象严重受损，均给"信息比黄金还重要"的网贷行业带来了非常严峻的挑战。从政府监管来看，《网络借贷信息中介机构业务活动管理暂行办法(征求意见稿)》的发布、互联网金融专项整治的实行以及中国互联网金融协会的正式成立，都表明了"规范整治"已逐渐成为监管主旋律。2016 年，注定是我国网贷行业大变局的一年。

当然，需要强调的是，政府对网贷行业的"规范整治"不等同于"打压"。与其说我国网贷行业已步入严冬，不如说，这一行业已经开始告别野蛮生长、问题频发、无序监管而走向规范健康。规范发展是每个行业持续前行的基础，也是焕发出新生机的必要条件。

全国网贷行业发展变化

据浙江大学互联网金融研究院(Academy of Internet Finance,以下简称 AIF)网贷研究组统计,截至 2016 年 3 月 31 日,全国共有网贷平台 3422 家,其中正常运营平台 1705 家,相比于 2015 年年底的 1742 家减少了 37 家,问题平台数 1717 家,相比 2015 年年底增加了 126 家。

表 1　2007 年至 2016 年第一季度全国网贷平台总数、正常运营平台数及问题平台数

	2007 年	2008 年	2009 年	2010 年	2011 年	2012 年	2013 年	2014 年	2015 年	2016 年 Q1
正常平台数(家)	1	2	6	15	45	133	518	1856	1742	1705
平台上线数(家)	1	1	4	9	33	95	464	1639	1087	89
问题平台数(家)	0	0	0	0	3	10	89	390	1591	1717
问题平台新增(家)	0	0	0	0	3	7	79	301	1201	126
总平台数(家)	1	2	6	15	48	143	607	2246	3333	3422
总平台增速(%)		100.0	200.0	150.0	220.0	197.9	324.5	270.0	48.4	2.7

注:(1) 本报告中的网贷指市场借贷,所有"借助网络平台联通借贷双方开展直接借贷业务"的平台均纳入本报告网贷平台统计范围;(2)"问题平台"包括所有出现提现困难、停业清盘、"跑路"、诈骗等非正常运营现象的平台;(3)"问题率"等于问题平台数除以总平台数;(4)"成交量 TOP 100 平台"为 2015 年 10 月起至 2016 年 3 月的半年内月均成交量排名前 100 的平台;(5) 当年正常平台数＝上一年正常平台数＋平台上线数－问题平台新增;当年问题平台数＝上一年问题平台数＋问题平台新增;(6) 在浙江大学 AIF 发布的《砥砺前行,守得云开? ——中国网贷行业 2016 年度报告》中,正常运营平台统计为 1880 家,与本期的 1742 家有所出入。主要由于平台"实际出现问题"到"被证实出现问题"之间有一定的时间差,由此造成的一系列数据微小变动也均进行了更正,敬请谅解。

表2　2016年第一季度和2015年全国各类指标排名前五省市

排名	平台总量(家)		问题平台数量(家)		问题率(%)		问题率变动(%)	
	2016年Q1	2015年	2016年Q1	2015年	2016年Q1	2015年	上升	下降
1	广东 693	广东 679	广东 323	山东 276	吉林 80.0	海南 72.7	吉林 20.0	宁夏 0.0
2	山东 412	山东 406	山东 313	广东 253	山东 76.0	山东 68.0	黑龙江 20.0	新疆 0.0
3	北京 401	北京 384	浙江 178	浙江 158	海南 72.7	甘肃 66.7	海南 18.2	甘肃 0.0
4	上海 328	浙江 311	上海 140	上海 119	甘肃 66.7	江苏 60.6	浙江 18.0	上海 −8.1
5	浙江 315	上海 309	北京 114	北京 87	江苏 65.0	吉林 60.0	湖北 11.0	内蒙古 −18.2
前五合计	2149	2089	1068	893	—	—	—	—
全国合计	3422	3333	1717	1591	50.2	47.7	—	—
前五占全国(%)	62.8	62.7	62.2	56.1				

注：由于香港、澳门和台湾地区的数据可得性有限以及市场发展阶段、发展模式均与大陆地区有所差异，因此暂时不纳入本报告统计范围。

在对2016年第一季度网贷行业发展现状、突出问题、监管政策进行数据整理与深入分析的基础上，对本季度网贷行业发展总结出了四大结论：

◆ 网贷行业总量变化：正常运营平台数持续下滑，行业洗牌不断加剧

从全国总量来看，2016年第一季度网贷平台延续了2015年的收缩趋势，全国平台总量增长近乎停滞，截至2016年3月31日，我国网贷平台总量达3422家。从正常运营平台来看，全国正常运营平台数已连续两期出现负增长，行业拐点已愈发明显。截至2016年3月底，正常运营平台共有1705家，相比于2015年年底的1742家减少了37家。从问题平台来看，2016年第一季度末问题平台高达1717家，占总体平台数量的50.2%，且首次超过正常运营平台数，行业洗牌加剧。

◆ 网贷行业格局分化：省市排名趋于固化,行业内部差距进一步扩大

省市分布上,一方面,全国各省市排名趋于稳定,29 个省市排名仅上海和海南两省市各上升一位。另一方面,仅有上海和内蒙古两个省市的问题率有所下降,其余省市均出现一定幅度的问题率上升,并以吉林、黑龙江、海南、浙江及湖北为最。山东依旧是网贷问题平台的"重灾区",且有不断恶化之势。

成交量 TOP 100 平台上,一是新 TOP 100 平台总成交量约占行业成交总量的 59％,相比旧 TOP 100 平台提高了 4 个百分点,行业集中度进一步提高。二是各大平台"你追我赶",9 家平台出局 TOP 100 名单,也仅有 9 家平台未发生排名变化。三是行业差距进一步扩大,TOP 100 平台平均注册资本均为行业正常运营平台的 2 倍,TOP 5—TOP 100 平台的平均运营时长与成交额也呈显著正相关,且明显优于行业平均水平。四是战略型股东逆势增长且逐渐向深度发展,平台合作伙伴也持续拓展,截至 2016 年 3 月底,新 TOP 100 网贷平台中无战略合作伙伴的仅有 1 家。五是全行业自律不断加强,不仅 2016 年第一季度中国互联网金融协会在上海成立,而且截至 2016 年 3 月底,全国新 TOP 100 网贷平台中已有 79 家公司加入各类协会,相比 2015 年年底增长了 13 家。

◆ 网贷行业问题演化：第一季度风险加速暴露,但行业规范发展机遇与挑战并存

一方面,我国网贷行业发展总体降温,正常运营平台数量不升反降,参与人数和交易金额呈现下滑态势,行业负面新闻不断曝光。同时,一些问题平台对自身问题的解释令人咋舌,凸显了行业发展的深层次矛盾。"草根"金融模式发展规模和效益快速增长的背后是这个行业众多"草根"的从业者,以及同样"草根"的风险意识、风险控制团队和风险控制水平。另一方面,多家平台主动清退,预示了行业理性发展的回归。2016 年第一季度,大

王理财、优微贷、八戒理财等越来越多平台的主动退出与并购整合,成为行业健康有序发展的良好开端。

◆ 网贷行业监管深化:从"开放包容"走向"规范整治","规范整治与分级监管同行"将成为未来监管趋势

从监管政策风向来看,国家层面上,2016年,政策关键词由"开放""包容"和"创新"逐渐转向了"规范"和"整治";地方性监管上,也存在较为明显的从"包容创新"到"规范整治"的阶段变迁,但相比全国性政策更为细化,力度较大,并存在一定的地域间跟风效应。行业自律上,全国各类自律组织逐渐成为网贷行业监管中不可或缺的重要角色。

从监管的未来动向看,一是进一步加强规范。未来针对网贷平台的监管从法规至政策,均将更加规范细化,各类监管的创新手段也将更加受到重视,网贷平台信息披露力度也将不断加强。同时,地方监管将在紧跟国家政策的基础上,因地制宜地推出地方性法规。二是进一步加大整治。不仅可能会对各平台的信息中介特性进行严格排查,也可能在不抑制优秀产品创新的同时,及时发现并严防产品异化("秒标""天标""净值标")。三是分级监管更加成形。在信息披露逐步深化后,建立网贷平台分级监管制度,并逐步加强与当地行业自律组织的合作与交流,形成协同效应。

大浪淘沙,始见真金
——中国网贷行业 2016 年第二季度简报

网贷行业总量变化

2016 年,随着监管政策的日益明朗、支付行业的格局突变,网贷行业发展"由热转冷",从"野蛮生长"逐步走向"规范发展"。第二季度,我国网贷行业延续了该年以来正常平台数不断减少、问题平台数持续攀升的趋势,行业风险进一步凸显。而在监管加强和市场竞争加剧的双重压力下,成交量前 100 的平台市场份额却逆势增长,行业集中度进一步提高,"优胜劣汰"法则在网贷行业中得到进一步体现。

1. 行业风险加速暴露,正常平台延续收缩趋势

2016 年第二季度网贷平台发展延续了第一季度的收缩趋势。从正常运营平台数来看,第一季度形成的负增长趋势加速,洗牌浪潮已经袭来。截至 6 月底,全国正常运营平台共计 1558 家,较 2016 年 3 月底减少 114 家,正常

平台增速为－6.82％①（见表1）。截至6月30日,我国网贷平台总量为3445家,较第一季度仅增长2.74％。然而,看似平静的总量变化下暗流涌动,流量变化揭示行业格局改变。

表1　2011年至2016年第二季度全国网贷平台总数、正常运营平台数及问题平台数②

	2011年	2012年	2013年	2014年	2015年	2016年Q1	2016年Q2
正常平台数（家）	43	126	500	1778	1719	1672	1558
平台上线新增（家）	31	90	454	1587	1086	90	92
问题平台数（家）	3	10	90	399	1544	1681	1887
问题平台新增（家）	3	7	80	309	1145	137	206
总平台数（家）	46	136	590	2177	3263	3353	3445
正常平台增速（％）	186.67	193.02	296.83	255.60	－3.32	－2.73	－6.82

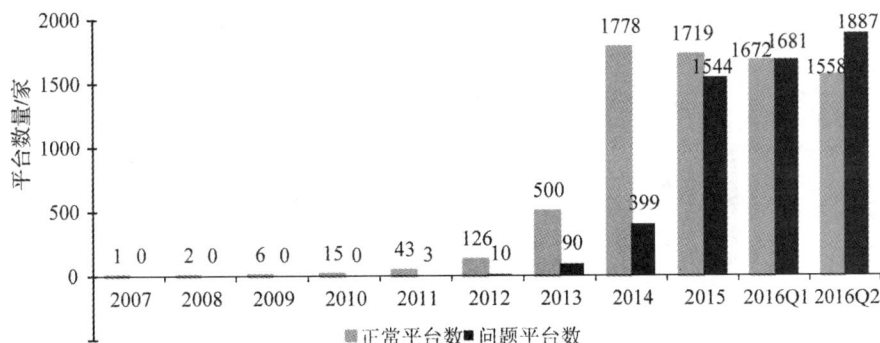

图1　2007年至2016年第二季度全国网贷正常运营平台数与问题平台数

从问题平台来看,各类问题集中爆发,行业风险加速暴露。全国可统计的出现提现困难、停业以及"跑路"、诈骗等情况的问题平台数飙升至1887

---

① 由于第二季度新平台上线92家,但问题平台新增出现了206家,因此正常运营平台共减少114家。

② 当年正常平台数＝上一年正常平台数＋平台上线新增－问题平台新增;当年问题平台数＝上一年问题平台数＋问题平台新增;当年总平台数＝正常平台数＋问题平台数。

家,较第一季度的1681家增长12.25％,新增问题平台数达206家,较第一季度新增问题平台数增长51.1％。此外,第二季度新增的92家平台中,已有20家成为问题平台,"倒在起跑线上"亦印证了网贷行业洗牌浪潮的愈演愈烈。

2. 各省市问题率攀升,前五省市浙江率先企稳

从省市分布来看,我国29个省市网贷平台数量"三个梯队"分布固化程度加深(见图2)。第二季度除湖南、江西、新疆、海南和甘肃五个省市排名各上升一位、河北省下降一位外,其余省市均无变化。网贷平台数量前五位仍然是广东(699家)、山东(406家)、北京(403家)、上海(347家)、浙江(325家),共占全国总量的63.3％,与第一季度①基本持平。

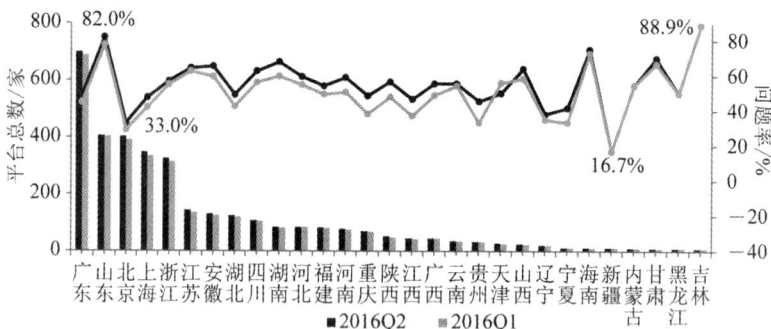

图2 截至2016年6月30日和2016年3月31日各省市网贷平台总数及问题率

在问题平台方面,除天津的平台问题率下降6％外,其余28省市平台问题率均有所上升(见表2)。截至第二季度末,吉林省以88.9％的平台问题率高居榜首,而山东省平台总量第二(406家)、平台问题率第二(82.0％),仍是问题平台"重灾区"。在平台总量排名前五省市中,浙江省虽平台问题率暂

———————————————

① 第一季度全国网贷平台数量前五位总量占比为63.29％。

居第二位,但 2016 年第二季度平台问题率增速最低(仅为 2％),且平台问题率全国排名连续两期下降一位,在前五省市中最先趋于稳定。其余四省市,广东问题率增速为 4.3％,山东为 4.4％,北京为 3.8％,上海为 5.6％。

表 2　截至 2016 年 6 月 30 日和 2016 年 3 月 31 日全国各类指标排名前五省市

排名	平台总量(家)		问题平台数量(家)		问题率(％)		问题率变动(％)	
	2016 年 Q2	2016 年 Q1	2016 年 Q2	2016 年 Q1	2016 年 Q2	2016 年 Q1	上升	下降
1	广东 699	广东 688	广东 343	山东 313	吉林 88.9	吉林 88.9	贵州 12.1	吉林 0.0
2	山东 406	山东 403	山东 333	广东 308	山东 82.0	山东 77.7	重庆 10.3	内蒙古 0.0
3	北京 403	北京 391	浙江 185	浙江 172	海南 75.0	海南 72.7	江西 9.5	黑龙江 0.0
4	上海 347	上海 334	上海 165	上海 140	甘肃 70.0	甘肃 66.7	陕西 8.7	新疆 0.0
5	浙江 325	浙江 313	北京 133	北京 114	湖南 67.9	江苏 62.5	宁夏河南 8.7	天津 －6.0
前五合计	2180	2129	1159	1047	—	—	—	—
全国合计	3445	3353	1887	1681	54.8	50.1	—	—

3. 战略型股东重要性凸显,银行系网贷平台格局受限

俗话说,背靠大树好乘凉。在网贷行业变局之下,虽正常平台总量下滑,但有战略型股东的平台数量却逆势增长,表现出色。从股东背景来看,除银行系不变外,上市公司系、风投系、国资系平台数量均有不同幅度增加,分别增长 39.29％、13.73％和 10.99％(见图 3)。战略型股东参与平台相对优质,一方面是因为战略型股东入股平台时带去了丰富资源,另一方面,只有优秀平台才能吸引战略股东入驻。

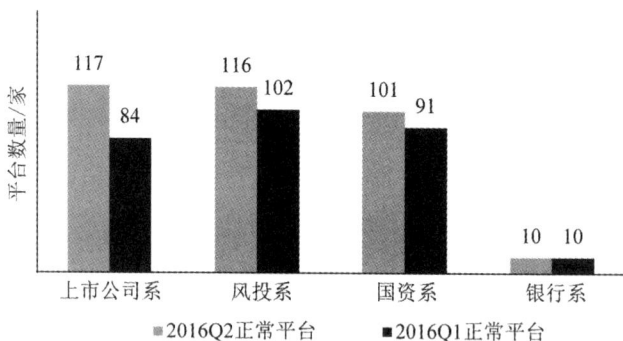

图 3　截至 2016 年 6 月 30 日和 2016 年 3 月 31 日正常运营平台股东背景分布

　　银行系网贷平台一直被认为是银行进军互联网金融最重要的试验田,体现了传统金融对互联网金融的尝试和布局,但似乎情况并不乐观。第二季度银行系网贷平台增长停滞,2016 年无新增平台,在平台数量、规模、增速上都逊色于上市公司系、国资系、风投系平台。17 家银行系网贷平台对应着 13 家银行股东,其中仅 3 家平台上线银行存管或签订银行存管协议,有 7 家已停止发标或运营,占总数的 41.18％,由银行直接设立并运营的正常网贷平台仅存两家[①]。虽然银行有着完备的信用数据、成熟的风控体系等天然优势,但在互联网金融时代,银行入场稍显仓促,稳健性定位导致的低收益率使其被高收益率的民营平台和高安全性的银行理财两头夹击,使得银行系网贷平台格局受限。

　　然而也要看到,银行系网贷平台在停止运营时均有序退出,未曾出现"跑路"、失联、提现困难等情况,战略型股东进驻平台对于行业良性发展的重要性正逐步凸显。

网贷行业前 100 平台变化

　　监管政策的逐步落地将整个网贷行业直接推向了"淘汰赛"。在此背景

---

　　①　即包商银行设立的有氧金融,由苏州银行运营的小苏帮客。

下,动机不纯、触犯法律红线的平台将被清扫出市场、受到法律制裁;模式不清、特点不明、风控能力不足的平台,其业务将难以为继。然而优秀平台现在正面临着良好的发展机遇,有望在政策的鼓励和市场的认可下脱颖而出,强者愈强。

截至 2016 年第二季度,我国成交量前 100 平台总成交量约占行业成交总量的 87％,相比第一季度大幅提高了 28 个百分点。其中,前 5 平台总成交量占前 100 平台的 39.49％,已牢牢占据行业龙头地位,行业正在大步走向集中化。与之相对应的是,业已掀起的并购之风将成为行业健康、有序发展的良好开端。目前行业内已出现多起并购事件,包括惠农宝被天壕普惠收购、米融网被绿谷贷融资收购、点银网与复祺在线合并等。行业整合浪潮已经来临,"大鱼吃小鱼""快鱼吃慢鱼"的现象进一步提升了行业集中度。

对比第一季度,第二季度前 100 平台①共替换 19 家②,包括一家停业平台。从行业格局来看,一方面,前 50 平台行业领跑地位已逐渐稳固,较上季度只变更 2 家,特别是前 5 平台未有变更③;另一方面,前 51—100 平台仍在行业变局中沉浮,排位竞争激烈,与第一季度形势形成了鲜明对比。前 50 平台仅变化 2 家,占 4％,比第一季度大幅下降 12 个百分点;前 100 平台变更 19 家,变化率达 19％,较第一季度上升 10 个百分点(见表 3)。

---

① 成交量作为网贷平台最核心的业务数据之一,不仅在一定程度上反映了平台的综合实力和投资者对其的认可度,还反映了平台的"系统重要性",因此我们基于平台成交量排出了行业前 100 名。

② 出局的 19 家平台分别是:小牛在线、财加、温州贷、e 速贷、晋商贷、爱贷网、雪山贷、永利宝、地标金融、浙财理财、银豆网、易九金融、安捷财富、腾邦创投、恒信易贷、中广核富盈、道口贷、迷你贷和短融网,其中小牛在线平台成交量数据不足,无法统计。

③ 前 5 家平台分别为:陆金所、红岭创投、PPmoney、鑫合汇、微贷网。六个月总成交量较上季度统计提升 3.7 个百分点。

表 3 截至 2016 年 6 月 30 日和 2016 年 3 月 31 日全国网贷行业成交量前 100 名单对比

	2016Q2 变化平台数(家)	2016Q2 变化率(%)	2016Q1 变化平台数(家)	2016Q1 变化率(%)
成交量前 100	19	19	9	9
成交量前 50	2	4	8	16
成交量前 20	1	5	2	10
成交量前 10	1	10	2	20
成交量前 5	0	0	0	0

另外,对比第一季度,仅 9 家平台[1]在第二季度前 100 名单中未发生排名变化。在其余平台中,金票通、新联在线、民贷天下、聚宝匯、银客网、新新贷和诺诺镑客(并列)获得"最佳进步奖",而财加、易九金融、永利宝和温州贷(并列)、晋商贷、银豆网则为退步最大的前五名(见表4)。

表 4 截至 2016 年 6 月 30 日和 2016 年 3 月 31 日全国网贷行业成交量前 100 平台排名变化[2]

排名	最佳进步奖		排名	排名下降前五名	
1	金票通	+44	1	财加	−285
2	新联在线	+14	2	易九金融	−199
3	民贷天下	+13	3	永利宝、温州贷	−40
4	聚宝匯	+7	4	晋商贷	−38
4	银客网	+6	5	银豆网	−35
5	新新贷、诺诺镑客	+5			

与此同时,前 100 平台在各级互联网金融协会中也扮演着重要的角色,凸显了行业领军梯队逐步提升的自律性。截至 2016 年 6 月底,全国新成交

---

[1] 第一、二季度前 100 名单中未发生排名变化的 9 家平台分别是：红岭创投、鑫合汇、翼龙贷、小牛在线、微贷网、爱投资、铜掌柜、e速贷、城城理财。

[2] 排名时将第二季度前 100 平台与第一季度前 100 平台取了并集。如某平台一季度排名 110,未能进入前 100,但是在第二季度名单中已进入前 100 并排到 90 名,则其名次变化为：110−90＝20。

量前 100 网贷平台中已有 76 家公司加入各类协会,相比 2016 年第一季度减少了 2 家[①]。

网贷行业资金安全保障情况

近年来,大量平台"跑路"的现象让人们将视线投向了网贷行业中广泛存在的"资金池"模式。这种模式造成投资者资金状况和流向的不透明,无疑不符合监管机构对网贷行业"信息中介"的行业定位。要保障投资者资金的安全,降低资金流转中的信息不对称风险,有两个环节尤其重要:一是由于网贷交易中充值、转账、提现等环节均需要支付机构介入,因此可靠的支付渠道是资金安全的重要保障;二是网贷行业监管新规"信息中介"的行业定位客观上要求行业改变现有资金管理模式,做到平台与资金相分离以满足监管要求,保证资金流向的透明和安全。

2016 年以来,规范成为网贷行业发展的主题词。在此背景下,一方面,监管机构相继出台措施对网贷行业资金管理模式做了更严格的要求,银监会在下发的《网络借贷资金存管业务指引(征求意见稿)》和《网络借贷信息中介机构业务活动管理暂行办法》中对网贷行业的资金存管和支付方式提出了更加规范化的监管要求。中国人民银行也从严把握《支付业务许可证》的续展审核工作,做好对支付机构的规范引导和风险化解。另一方面,在行业风控收紧的背景下,一些银行和第三方支付机构为防止 P2P"跑路"风险的波及,相继对网贷行业展开排查,并暂停了部分平台的交易接口,让这些网贷平台的业务难以为继。

上述政府及行业层面的系列举措将对网贷行业格局产生重大的影响。

---

① 减少 2 家是第二季度前 100 平台排名变动导致。

可以说，只有风险控制能力获得认可的网贷平台才能在新的监管要求下获得银行和第三方支付机构的服务而开展业务。截至 2016 年第二季度，网贷行业的支付环节和资金管理模式从以下两个角度略见一斑。

1. 支付环节：52.6％的网贷平台采用第三方支付服务

截至 2016 年第二季度末，52.6％的网贷平台通过第三方支付平台进行支付，表明第三方支付是网贷行业最为普遍的支付方式。依然有近一半的平台没有采用第三方支付服务的重要原因是近期第三方支付机构为防止 P2P"跑路"风险的波及，相继对网贷行业展开排查，拒绝为排查不合格的平台提供交易接口。只有风险控制能力获得认可的网贷平台才能在新的监管要求下获得第三方支付机构的服务而开展业务。值得注意的是，由于集团在 2016 年决定不继续涉足网贷行业，因此在消费支付领域独占鳌头的支付宝对接的网贷平台仅为 12 家，而汇付天下、宝付、连连支付等第三方支付机构均为超过 100 家网贷平台提供了支付服务（见图 4），在该领域充分竞争。

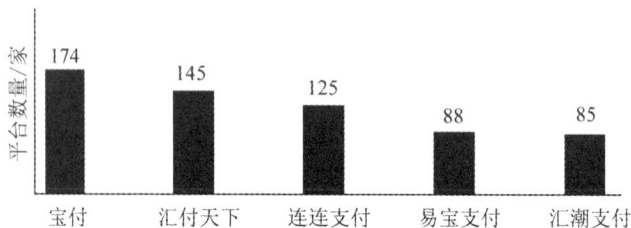

图 4　截至 2016 年 6 月 30 日全国排名前五的第三方支付机构服务网贷平台数量

除此之外，采用借记卡和线下支付的网贷平台分别占 48.3％和 11.1％（见表 5）。多元化的支付模式有利于适应网贷行业多样化的业务模式。

表 5　截至 2016 年 6 月 30 日全国网贷平台支付方式分布

支付方式	采用平台数(家)
第三方支付	812
借记卡支付	746
线下支付	172

2. 资金管理环节：7.7％的网贷平台采用银行资金存管

根据《网络借贷资金存管业务指引(征求意见稿)》的定义，银行资金存管要求银行为网贷平台开立资金存管汇总账户和平台自有资金账户，并为网贷机构的客户在资金存管汇总账户下分别单独开立客户交易结算资金账户，确保客户网络借贷资金和网贷机构自有资金分账管理，安全保管客户交易结算资金。随后发布的《网络借贷信息中介机构业务活动管理暂行办法》进一步明确规定网贷平台"选择符合条件的银行业金融机构作为出借人与借款人的资金存管机构"，这将资金存管放在了保障资金安全的核心位置。然而，2016 年第二季度末仅 7.7％的平台(119 家)采用银行资金存管，其中只有 105 家平台明确在官网上注明了具体的银行资金存管机构名称，这意味着大部分网贷平台都还没有达到开展资金存管的监管要求，它们的运营在未来将遭遇极大的挑战。值得注意的是，由于目前监管机构尚未对之前众多平台宣称采取的另一种"资金托管"模式进行官方定义，媒体也经常对"银行资金存管"和"资金托管"两个概念进行混用，造成大量平台在这个概念上"浑水摸鱼"。2016 年第二季度末，63.0％的网贷平台(972 家)宣称进行了资金托管，而且大部分宣称与第三方支付机构进行资金托管服务，其真实性和成效性有待进一步考证。

表6　2016年1—6月月均成交量前100平台名单

排名	平台名称	排名	平台名称	排名	平台名称	排名	平台名称
1	陆金所	26	银客网	51	众信金融	76	和信贷
2	红岭创投	27	金票通	52	诺诺镑客	77	小诺理财
3	PPmoney	28	好贷宝	53	鹏金所	78	金融圈
4	鑫合汇	29	投米网	54	汇盈金服	79	财富中国
5	微贷网	30	友金所	55	金联储	80	云钱袋
6	易贷网	31	开鑫贷	56	信融财富	81	有融网
7	聚宝匯	32	向上金服	57	网利宝	82	诚信贷
8	链家理财	33	金融工场	58	新联在线	83	口贷网
9	团贷网	34	民贷天下	59	融金宝	84	隆金宝
10	翼龙贷	35	铜掌柜	60	理财范	85	理想宝
11	你我贷	36	人人贷	61	共信赢	86	石投金融
12	金信网	37	麻袋理财	62	合拍在线	87	多赢
13	冠e通	38	有利网	63	博金贷	88	大麦理财
14	宜人贷	39	恒易融	64	钱多多	89	城城理财
15	爱钱进	40	懒投资	65	91旺财	90	信用宝
16	搜易贷	41	信和大金融	66	金银猫	91	抱财网
17	小赢理财	42	十六铺金融	67	e路同心	92	宝象金融
18	人人聚财	43	汇泉贷	68	付融宝	93	银湖网
19	紫马财行	44	泰和网	69	钜宝盆	94	聚有财
20	东方汇	45	钱爸爸	70	招商贷	95	投融家
21	投哪网	46	温商贷	71	千壹理财	96	金宝保
22	点融网	47	新新贷	72	合时代	97	淘淘金
23	积木盒子	48	钱保姆	73	银票网	98	皮城金融
24	拍拍贷	49	365易贷	74	珠宝贷	99	福银票号
25	爱投资	50	融金所	75	一起好	100	壹佰金融

洗牌加剧,转型求生——监管新常态下网贷行业再观察

2016 年,是网贷行业加剧洗牌的一年,也注定是网贷行业从野蛮生长走向规范发展的一年。面对行业发展过程中呈现出的各种问题,银监会、工信部、公安部、国家互联网信息办公室等部门于 2016 年 8 月发布了《网络借贷信息中介机构业务活动管理暂行办法》(以下简称《暂行办法》),明确了网贷行业监管细则,结束了行业长期监管缺位的状态。面对步步趋严的监管政策和持续开展的互联网金融专项整治,网贷行业竞争格局、业务模式和运营思路都正发生着翻天覆地的变化,开启了行业发展的新常态。

监管趋严,行业分化态势日趋明显

《暂行办法》中明确规定网贷平台"选择符合条件的银行业金融机构作为出借人与借款人的资金存管机构",要求网贷平台开立资金存管汇总账户和平台自有资金账户,并为网贷机构的客户在资金存管汇总账户下分别单独开立客户交易结算资金账户,确保客户网络借贷资金和网贷机构自有资金分账管理,安全保管客户交易结算资金。目前,绝大部分网贷平台还未实

现银行资金存管，一方面是由于银行出于自身风控和名誉的考虑，在选择合作伙伴的时候非常谨慎，不愿意为那些业务模式不清、风控能力不强、盈利能力不持续的网贷平台提供资金存管服务。另一方面，监管新规对银行开展资金存管业务的资质也做了详细规定，比如要求银行设立一级部门负责资金存管业务，同时具有自主开发、自主运营信息技术系统的能力等，使得目前开展资金存管业务的银行也较为有限。这意味着，银行资金存管目前面临着明显的"僧多粥少"的局面，只有品牌价值、运营能力、风控能力等均获得市场普遍认可的网贷平台才能在新的监管要求下获得银行存管支持而达到开展业务的门槛。同时，近日发布的《网络借贷信息中介机构备案登记管理指引》对网贷平台备案登记的全流程做了详细规定，要求网贷平台在规定时间内先后完成备案、办理 ICP/EDI 证照、银行资金存管等流程，否则将被要求整改甚至取缔。

可以说，"满足监管要求"成为网贷行业一张隐性的营业执照，模式不清、特点不明、风控不足的平台越来越难以为继，优质的资金及客户资源加速流向能快速达到规定要求的平台。据调查统计，2016 年 11 月网贷行业整体交易量稳中有升，单月交易量突破 2000 亿元[①]。而与之形成对比的是，网贷行业内部分化趋势愈发明显，超过一半的网贷平台交易量出现明显下滑，但在规模靠前的 100 家平台中，大部分平台成交量环比不减反增[②]。由此说明，网贷监管新规的陆续落地并没有对行业的资金交易规模造成负面影响，而是改变了网贷行业格局和市场结构，使得行业内部集中度进一步提高：有实力和知名度的大平台进一步实现"赢家通吃"，而小平台由于生存环境恶化，市场份额被极大压缩，问题平台加速暴露。

---

① 数据来自网贷之家研究院发布的《中国 P2P 网贷行业 2016 年 11 月月报》。
② 详见网贷之家研究院发布的《中国 P2P 网贷行业 2016 年 9 月月报》。

此外,网贷行业整合并购之风盛行,"大吃小"逐渐成为趋势。2016 年 10 月末,多赢金融与骑士贷合并;随后,掌众金融宣布获得中国先锋金融集团有限公司战略并购。加上前期包括惠农宝被天壕普惠收购、米融网被绿谷贷融资收购、点银网与复祺在线合并等事件,可以说网贷行业的并购整合将业内"淘汰赛"推向了高潮。平台间的合并有利于整合行业资源,使平台通过优势互补渡过难关,进而实现转型升级。

红线划出,平台转型成效初显

新规不仅加快形成了优胜劣汰的市场格局,也改变了行业中"幸存者"的经营思路与业务模式。在《暂行办法》中,单笔借贷的额度受到限制,这意味着房贷、企业贷款等额度较大的借贷业务将不被监管所允许。同时,《暂行办法》将网贷平台定位为信息中介,明确禁止网贷平台进行债权转让,即平台不得从事开展资产证券化业务或实现以打包资产、证券化资产、信托资产、基金份额等为形式的债权转让行为。这些举措迫使原本运作模式不合规的网贷平台转型,以满足监管要求。目前较为常见的转型模式主要有以下两种。

第一类转型模式是追求"小而美",发挥自身在细分领域的优势,从房贷、企业贷等不符合监管新规的大额信贷中抽身,主攻某一特定类型的消费金融,如汽车抵押借贷、电商借贷等,回归普惠金融"小额分散"的业务特点。其中,由于车贷业务具有流程标准化程度高、风险较为可控等优势,较多平台将其作为转型的主攻方向。

第二类转型模式是发展"大而全",整合原有业务,提供多层次的互联网金融服务,以最终实现集团化经营。目前,一些在大额融资方面具有优势的平台相继推出私募基金、融资理财等业务板块,希望打造全方位的互联网金融服务。比如,近期不少网贷平台将战略合作的目光投向了金交所,通过入股或成为会员的方式与金融资产交易所、金融资产交易中心、互联网金融资产交易中心等类型的交易所开展合作,利用金交所的牌照和交易渠道灵活处置大额借贷标的。

这两种模式看似思路截然相反,但本质上都是为了满足监管要求,可以说是"殊途同归"。网贷行业通过转型有望打造一批合规的优质互联网金融平台。然而,我们仍需密切注意的是,由于当前网贷平台转型路径较为相似,是否会在新的领域再一次产生泡沫或聚集风险还有待进一步观察。

除此之外,监管新规带来的行业转型不仅体现在网贷行业内部,也体现在为网贷行业提供服务的周边技术产业中。正常运营的网贷平台数量的不增反降,以及新增平台数的锐减,造成其对技术服务需求的急剧萎缩,迫使一大批系统服务商、技术提供商等技术类企业重新将经营重点放回到传统金融或消费金融中。由此可见,网贷行业作为互联网金融最具代表性的业态之一,其发展对整个互联网金融生态有着非常重大的影响。

面向未来,行业监管依然任重道远

《网络借贷信息中介机构业务活动管理暂行办法》以及随后发布的《网络借贷信息中介机构备案登记管理指引》等监管规定结束了网贷行业长期以来无章可依的局面,推动行业进入规范发展的时代。然而,网贷行业发展日新月异,各种新业务模式层出不穷,可能会在化解行业旧风险的同时产生新风险,仍需监管部门密切关注。

第一,针对《暂行办法》对网贷额度的限制,一些平台"上有政策,下有对策",采用一家平台带头,其他平台联合为同一借款人标的进行"拆标"的模式完成大额贷款。这种做法虽然在表面上并没有违反现行监管要求,但由于各家平台风控标准不同,行动也难以保证一致性,或会为行业带来新的风险。

第二,近期网贷行业不良资产问题受到越来越多的关注。在监管新规进一步缩小了网贷平台灰色经营空间的背景下,如不能合理处置行业前期积累的大量不良资产,同样会对行业造成巨大的灾难。因此,如何有制度、有节奏地处理行业不良资产成为监管部门的一个新问题。

远求骐骥,吐故纳新——中国网贷行业的现状与动向

我国网贷行业在经过几年的发展后,已逐渐褪去"互联网金融领军者"的华丽外衣,而转变成了"且行且珍惜的摸索者"。从政府监管来看,"监管"成为主旋律,对网贷行业的监管政策已经逐步细化并有了较为明确的监管体系,为网贷行业持续前行奠定了基础;从平台发展来看,战略转型和品牌升级成为发展之道,积极布局综合理财平台、研发大数据风控、联手网络小贷及金交所、深耕行业细分领域等转型模式层出不穷,为网贷行业持续前行提供了动力。如果说2016年我国网贷的关键词是"监管、洗牌、分化",那么2017年的关键词将是"规范、创新、转型"。行业巨变之下,更多关注我国网贷发展质量而不仅是数量,更深聚焦行业技术及模式创新而不再是监管套利,已是大势所趋。

网贷行业发展现状:监管、洗牌、分化

据浙江大学互联网金融研究院(Academy of Internet Finance,以下简称AIF)网贷工作室统计(见图1),截至2016年12月,全国共有正常运营平台2411家,较2015年年底减少了713家;问题平台2811家,较2015年年底增

加了 1258 家,其中当年上线当年便出现问题的平台达到 138 家,占全年新上线平台的 25.3%,可以看出,平台无法"满周岁"的现象相比 2015 年已有明显缓解(2015 年出现问题的平台数占比 47.7%)。

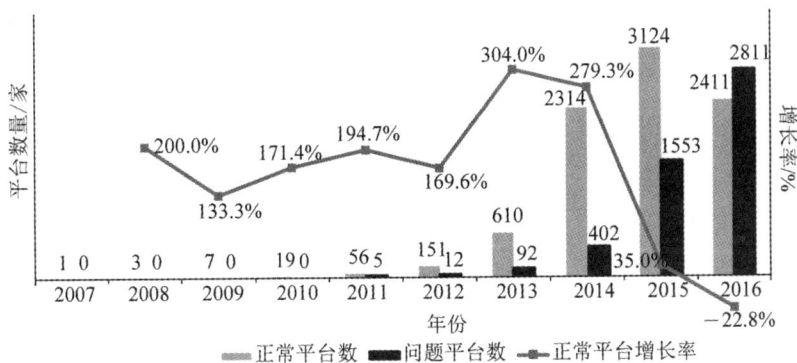

图 1 2007—2016 年全国网贷平台数及平台增长率

注:(1)本文中的网贷指市场借贷,所有"借助网络平台联通借贷双方开展直接借贷业务"的平台均纳入本网贷平台统计范围;(2)"问题平台"包括所有出现提现困难、停业清盘、"跑路"、诈骗等非正常运营现象的平台;(3)当年正常平台数=上一年正常平台数+平台上线数—问题平台新增;当年问题平台数=上一年问题平台数+问题平台新增。

◆ 行业总量变化:正常运营平台数首次下降,地域集中度进一步提升

从正常平台数总量来看,全国正常运营平台增长率在连续两年大幅下滑后,于 2016 年首次由正转负,正常平台数量首次下降标志着行业转折点的到来。从省市分布来看,我国各省市正常平台数排名已趋稳定,排名前五的省市与 2015 年相同,仍为广东(482 家)、北京(467 家)、上海(354 家)、浙江(250 家)、山东(109 家),共占全国正常平台总数的 68.9%,相比 2015 年年底提高了 2 个百分点。

◆ 行业问题演化:问题平台数首超正常平台,行业规范发展机遇与挑战并存

经济下行压力、行业同质竞争、监管力度加大致使行业洗牌加剧,截至

2016 年年底,我国可统计的问题平台数已高达 2811 家,较 2015 年年底增长 20.6 个百分点,我国网贷行业发展十年来问题平台数首次超过正常运营平台。地域分布上,我国 30 个省市平台问题率均上升 10％以上,广东以 515 家问题平台的数量超过山东成为问题平台最多的省份。具体业态上,校园贷、现金贷等细分业态的异化也使网贷行业屡屡卷入舆论漩涡。但随着 2016 年一系列监管政策的出台及具体监管行动的跟进,行业发展已逐渐回归理性,平台选择主动退出或进行并购整合已渐成趋势。正在经历的阵痛也正是为前期野蛮无序生长过程中积累的问题"还债",各类风险的暴露或将成为我国网贷行业一次"刮骨疗伤"以及"转危为机"的重大机遇。

◆ 行业格局分化:市场集中度大幅提升,成交量前 100 平台北上广占 75％

2016 年网贷行业格局分化,一年间成交量前 100 平台榜单中已有 29 家平台更替,"大鱼吃小鱼""快鱼吃慢鱼"的并购整合使得行业集中度进一步提高。就市场集中度而言,截至 2016 年年底,成交量前 100 平台总成交量约占行业成交总量的 65％,相比 2015 年年底的成交量提高了 10 个百分点;成交量前 5 平台总成交量占前 100 平台的 43.4％,占行业成交总量的 28.1％。就省市集中度而言,2016 年年底前 100 平台仅分布在 10 省市(2015 年年底为 13 省市),且共有 75 家平台分布在北上广。

◆ 行业合作泛化:成交量前 100 平台仍受风投青睐,朋友圈持续拓展

从风险投资来看,2016 年资本圈对网贷行业的热度仍高,成交量前 100 平台中共有 37 家平台获得投资,实现融资 84 次,且相比前两年而言,B 轮、C 轮占比更大,资金量更高,充分体现参与资本逐步集中于其中一部分优质平台。从合作伙伴来看,成交量前 100 平台中无战略合作伙伴的仅有 1 家,在战略合作中与相关细分行业公司的合作增加最多(由 2015 年年底的 26％上升到了 2016 年年底的 48％),体现了监管逐步落地后许多平

台谋求向"小而美"方向的转型。从行业自律组织来看,成交量前 100 平台中有 85 家加入各类协会,协会组织在行业内部、政府和媒体之间的桥梁作用日益凸显。

◆ 行业规范深化:全行业银行存管不足一成,成交量前 100 平台显优势

由于银行态度谨慎、存管费用高昂、符合存管资质的银行数量有限等,截至 2016 年年底,我国仅有 150 家左右平台宣布与银行签订资金存管协议,但成交量前 100 平台中已有近半数的平台(46 家)与银行正式签立存管合同,充分体现了成交量前 100 平台作为网贷行业领先力量的综合优势。

网贷行业未来动向:规范、创新、转型

◆ 行业监管现状:政府监管与行业自律结合,"满足监管要求"成行业隐性营业执照

从监管政策风向来看,我国正在逐渐完善政府监管和行业自律相结合的混合监管模式,在国家层面把握风向、集中整治,地方层面紧跟风向,落实细化,同时行业自律组织协助监管,团结互助。从监管方式来看,监管层一方面鼓励包容金融创新,为行业发展保留足够创新空间;另一方面对行业中暴露的新风险进行动态灵活的处理,避免风险的进一步扩散。从监管成效来看,网贷监管新规的陆续落地并没有对行业的资金交易规模造成负面影响,而是改变了网贷行业格局和市场结构,"满足监管要求"成为网贷行业一张隐性的营业执照,模式不清、特点不明、风控不足的平台越来越难以为继,优质的资金及客户资源加速流向能快速达到合规要求的平台。

◆ 行业监管动向:鼓励创新同时严控风险,防止金融创新异化

从监管方向来看,未来监管将更多围绕"协同、细化、量化、创新"四大关

键词展开，尤其可能借鉴正在多国兴起的"沙盒监管"模式，对网贷行业实施软法治理、柔性监管，扫清网贷平台对创新业务探索的后顾之忧。从监管动向来看，行业发展日新月异，极易在化解旧风险的同时产生新风险，这或将成为监管部门未来密切关注的重点。一是针对现有政策对网贷多维度的限制，一些平台"上有政策，下有对策"，需严防金融产品创新变为产品"异化"；二是在监管政策压缩行业灰色经营空间的背景下，需关注对行业前期积累的大量不良资产的处置方式的有效性和规范性。

◆ 行业转型探索：仍处灰色地带，亟待政策细化

从转型方向来看，网贷平台目前主要的转型模式包括与金融资产交易所及小贷公司合作、获取互联网小贷牌照、获取基金销售牌照等。然而，在北京监管部门2017年2月发布的新规《网络借贷信息中介机构事实认定及整改要求》中，以上转型方式除获取基金销售及网络小贷牌照外均被认为违规，究其本质是以上转型方式以通道业务为主，并未降低甚至提高了网贷产品的综合风险。行业对转型的探索一方面需要从业者的不断创新，另一方面也需要细化政策的加快落地。

◆ 行业未来展望：监管规范化、行业结构合理化、技术成熟化、发展国际化

在规范发展的新常态下，未来网贷行业将朝着监管规范化、行业结构合理化、技术成熟化、发展国际化的方向迈进。在监管规范方面，柔性监管、系统监管或将成为未来的主要方向；在行业结构方面，业务结构、资产配置乃至竞争格局的优化将会逐步实现；在技术应用方面，区块链、大数据征信、网络支付等技术深化将成为网贷平台核心竞争力的重要组成部分；在国际化方面，行业将尝试提供跨境电商中的配套金融服务，发展物流金融，开设海外投资平台等多种渠道，走向世界舞台。

第二篇
|国际金融|

人民币,世界人民的货币①

　　自从 2009 年中国国务院批准开展跨境贸易人民币结算试点以来,人民币国际化在国内外都成了热门话题。从 2012 年起,中国人民大学国际货币研究所(IMI, International Monetary Institute)每年都发布《人民币国际化报告》,追踪人民币国际化发展趋势、重大进步以及在国际社会中获得更多承认这一过程中要面对的障碍;同时我们也在国内,主要是北京,举办了很多关于人民币国际化的论坛。我们一开始便意识到,人民币国际化不仅仅是中国的事情,它对于整个国际社会而言,也是一个机遇。所以人民币国际化需要在全球范围内得到理解、接受和认可,即人民币要成为现存国际货币体系的补充。正是基于此,我们在北京、香港等城市多次举办人民币国际化主题论坛,同时也走出国门,在世界其他国家举办人民币"路演"。2014 年,IMI 与交通银行、货币金融机构官方论坛(OMFIF)、歌德大学合作,在伦敦和法兰克福进行了路演,IMI 的代表也被邀请在拉美和非洲等国家和地区的

---

　　①　本文为作者在《人民币国际化报告 2015》发布会暨"人民币国际化:机遇与挑战"研讨会上的致辞。

论坛上发表演讲。2015 年 9 月，IMI 与中国央行合作，在哈萨克斯坦阿拉木图举行了发布会。今天，IMI 来到纽约这个世界金融之都和美元全球中心，讨论人民币国际化这一重要话题。

我们想要达到的目标是什么？即使我们在人民币国际化的话题上多了解一些，也并非为了教导他人而来；我们也不是为人民币国际化或者中国在这方面的观点辩护。首先，我们和各位分享关于人民币国际化这个话题，我们已知和未知的；其次，我们聆听你们关于人民币国际化的观点、建议和担忧；最后，我们将尽可能回答你们所关心的问题。

中国崛起的现实与背后的问题

为什么中国要实施所谓的"人民币国际化"战略？对于这个话题背后真实的动机，越来越多的人开始关注并给出不同的观点。有趣的是，大多数人会开始把实力不断增长的中国和财力可能下降的美国做比较，似乎以为人民币国际化只是中美双边的问题，似乎认为这是两国货币之间的零和博弈，似乎认为人民币国际化必然有利于中国而不可避免地对美元产生不利影响。

我并不知道该如何回答或解释上述情况，但毫无疑问，中国正越来越快地走在世界的前端。

中国在许多行业领先于世界，比如钢铁、水泥、铜、汽车、电视机、微波炉、空调、冰箱、洗衣机、鞋等，这个名单在不断增加。在任何生产"有形"或"可触"产品的行业，中国几乎都占据无人能及的领导地位。

中国也是全球最大的贸易国。如今的中国是全球 43 个国家的第一大出口市场；而 1994 年时，仅有两个国家以中国为最大出口国。作为对比，美国现在是 32 个国家的第一大出口市场；而在 1994 年，这个数字是 44 个。

中国还同时拥有最大的外汇储备,并且正在积极探索更好的使用途径。就国内生产总值(GDP)而言,有些基于购买力平价理论的报告认为中国已成为世界第一大经济体,占据全球 GDP 的 17%,领先于占比 16% 的美国。然而以通行的市场汇率来计算,中国其实仅占全球经济规模的 14%,仍大幅落后于美国的 23%。

这也解释了为什么在美国有一些人对中国的崛起和人民币国际化有所担忧,甚至视为严重威胁。但请允许我来分享这个故事的另外一面。根据《经济学人》(*The Economist*)近期的一项调查,美国在众多领域拥有领先地位,从而描绘了完全不同的一幅画面。

其一,在全球排名前 20 的大学中,美国占 15 所。

其二,好莱坞和硅谷统治了全球的票房和风投市场。

其三,在今天我们所处的以"云"、电子商务、社交媒体和共享经济为标志的所谓"新纪元"中,美国公司掌握全球 61% 的社交媒体用户资源,处理着全球 91% 的搜索内容,发明了 99% 智能手机用户的操作系统。

其四,美国在全球金融和国际货币体系中的领导地位也在不断加强。比如华尔街投行的全球市场份额升至今天已达到 50%。美国的基金公司管理着全球 55% 的资产,而 10 年前,这一数字仅为 44%。

美元霸主地位仍难撼动

基于 IMI 编制的货币国际化指数(CII),美元仍然保持世界主要货币的霸主地位。与此相比,尽管人民币在过去几年取得了令人欣喜的进步,但其在世界贸易、金融和储备货币等方面的综合份额仍然不到 3%。

为什么中国在传统实体经济方面占据领先优势,但在金融和新经济方面却相当落后?难道是因为不公平的现行国际体制?与此同时,西方人士也在问：人民币国际化是否是中国为主宰全球金融体系而建立人民币类似美元的地位所做出的努力？人民币国际化是否一定意味着美元作为国际货币的地位下降？是否对美国不利？如何保证人民币的崛起是对现有的全球体系的一种补充？人民币国际化能走多远？

对以上这些问题，我们邀请了很多著名的意见领袖、政策顾问和制定者，以及有关行业的专家，希望他们能够帮助我们得到一些答案，消除部分误解，减少一些疑虑。

在这之前，请允许我简要介绍一下中国人民大学国际货币研究所（IMI）。就像中国人民银行是中国的央行，人民币是中国人民的货币一样，中国人民大学字面含义为中国人民的大学。而 IMI 是专注于全球金融体系和人民币国际化领域的领先的中国学术机构，成立于 2009 年，首场圆桌会议可追溯到 2007 年。

中国人民大学和 IMI 的创立都基于某种理想主义精神，可以说人民币国际化也是如此。但作为非常复杂的课题，人民币国际化不仅是中国单边的愿望，也不仅是中美双边问题，而是涉及更多的利益相关国家，超越了中国和美国两国的范围。人民币国际化也不仅仅是货币、金融或者经济问题，还涉及技术、政治、外交以及法律、全球治理等诸多领域。所以人民币国际化还需要经历漫漫长途。但正如中国的一句谚语"千里之行，始于足下"，我们有理由相信，过去和现在正在做的努力，是千里之行的第一步。10 年前，中国境外很少有人听说过人民币，或者知道人民币意指人民的货币。而在今天，许多人不仅开始了解人民币，并且开始使用人民币进行货币兑换、贸易结算和金融交易。也许有一天，人民币不仅仅是中国人民的货币，还会成为世界人民的货币。

国际金融体系治理：人民币国际化必须直面的问题^①

英镑和美元的国际化经验

近代以来英镑和美元是货币国际化成功的典型案例。第二次世界大战结束之后，随着布雷顿森林体系的建立和美元金本位制度的确立，美元取代了英镑的国际货币地位，以美元为主导的国际金融和国际货币体系由此建立。但自1971年美元与黄金脱钩，美元的国际货币地位岌岌可危。时任美国总统国家安全事务助理基辛格博士说服沙特阿拉伯政府在石油出口贸易中只接受美元支付，条件是沙特阿拉伯将得到美国的政治、军事保护和经济援助，这最终促使欧佩克（OPEC，石油输出国组织）成员国加入，从而建立美元在石油等大宗商品贸易中的地位。

历史经验证明，国际金融体系的建立肯定不是单纯的金融和经济问题，而往往伴随政治和军事问题。

---

① 本文为作者在2015年2月"人民币时代"主题论坛上的演讲。

是否自由兑换、资本项目是否完全开放已不是决定货币国际化的主要问题

在人民币国际化不断发展的道路上，国际货币基金组织（IMF，International Monetary Fund）2015 年 11 月重新审核特别提款权（SDR，Special Drawing Right）。据外媒报道，G20 成员国可能会对人民币加入 SDR 一篮子货币展开积极讨论。若 SDR 将人民币纳入，会大大提升人民币的地位。

人民币要在 2015 年加入 SDR 货币篮子面临不少阻力和困难，其中一个技术性问题便是人民币目前尚未实现自由兑换。SDR 设计之初纳入的 16 种货币和后来曾一度纳入的沙特阿拉伯及伊朗的里亚尔当时也未全部实现严格意义上的自由兑换。相比之下，如今人民币在经常项目下已经完全放开，在资本项目下已实现大部分开放。而在当今互联网金融时代，即使资本项目下没有完全开放，人民币的跨境流动也较 20 世纪 70 年代明显加快。

因此，一国货币是否自由兑换、资本项目是否完全开放不应是决定一国货币国际化的最主要问题。

互联网金融将挑战中央银行垄断发行货币权的现状

人民币要想走国际化之路，成为真正的可持续的国际性货币，必须依靠优越的制度、有效的规则、完善的金融市场体系、高效的清算等基础设施的建设和中国综合国力的提升。

以中央银行的货币发行和调控垄断权为基础的所谓的现代银行体系在

全球范围内的表现颇受争议,各国(央行)以多种形式超发货币,上演一场场"量化宽松"的节目,而美元在国际货币体系中的垄断地位也让美联储在世界范围内扮演了世界央行的类似角色。

在互联网时代,去中介化使全球实体经济信息不对称,交易成本大大降低,对传统银行体系的需求降低,而伴随互联网经济产生的互联网金融可能会与中央银行垄断发行货币权形成一种竞争关系,并可能在全球范围内对美联储垄断国际货币形成一种挑战。

人民币国际化需要继续推进,但我们必须在面对国际金融体系现有治理问题的同时,认清我们在基础设施、国家综合实力等方面的不足,同时关注互联网金融可能对国际货币体系带来的挑战与机遇,只有这样,我们才能在更广阔的视野里探寻并不断调整人民币国际化的最佳战略目标和最优可行路径。

人民币国际化　路漫漫其修远兮[①]

跨境人民币业务开展 5 年后，人民币国际化在 2015 年又踏上了新的征程。"一带一路"倡议实施，亚洲基础设施投资银行筹建，人民币首次超过日元成为全球第四大支付货币……人民币国际化翻开新的篇章。

人民币国际化的阻碍

2015 年国际货币基金组织(IMF, International Monetary Fund)特别提款权(SDR, Special Drawing Right)的定值检查引发了世界范围内对人民币加入 SDR 一篮子货币的讨论，使人民币国际化的问题愈加火热。尽管人民币国际化顺应了中国经济深化开放与持续发展的国家趋势，但其进程的推进仍然面临多方挑战。

---

① 本文原载于意大利《24 小时太阳报》。浙江大学博士研究生吕佳敏也对此文做出贡献。

1. 国际货币体系的"囚徒困境"

人民币要排除万难,成为国际化的货币,需要对当前的国际货币体系有所研究,并向现行国际货币的发展借鉴经验。而现行国际货币体系的"囚徒困境"对人民币国际化的推进形成了一定的障碍。

其一,美元、英镑、欧元等目前世界通行的国际货币大多受历史因素影响成为世界主导货币,在现行国际货币体系中形成了一种"类自然的垄断"地位。货币的网络效应与正外部性特征使先发优势在国际货币地位的奠定中起到了决定性的作用,正如英语之于世界语言,微软之于操作系统,现有几种国际货币的广泛使用促使交易成本降低,而交易便利性的提高反过来又利于它们巩固垄断地位。

其二,国际货币治理结构有违公平和民主的精神。美联储制度虽然对美国是一个好制度,但对全球而言,却是一个有失公平和民主的机制。美联储主要考虑美国自身利益,但他们所做的决定往往会对全球经济产生重大影响。人为(较)低美元利率可能是当今世界经济生活中的最大扭曲,其实质是国家之间、群体之间的一种财富转移。比方说,1‰的美元利率差距会使中国外汇储备每年利息收入减少300多亿美元;而美国联邦政府17万亿美元的国债总额大约每年节省1700亿美元利息成本。所以说,不合理的国际货币治理结构极有可能导致热钱泛滥、资产泡沫、资源错配等严重后果。

其三,国际社会对"人民币国际化"仍然存在不必要的误解与敌意。2015年中国人民银行针对人民币加入 SDR 所做的一系列加快人民币汇率改革的举措被国际社会广泛误读,称其为中国开启了全球竞争性贬值的货币战争。正如世界各国担心美国在美元货币政策制定中会"随心所欲"一样,美国也担忧别国对美元的现有地位"强取豪夺"。而"人民币国际化"这个词冲击力略强,往往给外界造成人民币强势占据国际货币市场的错觉。

2. 国内金融环境的基本限制

改革开放 40 年,促成了中国金融的极大发展。尽管如此,国内经济与金融环境的不成熟与不完善仍然对人民币国际化产生了一定限制。

首先,国内经济步入新常态后,对产业转型升级的需求日益迫切。我国经济从超高速增长阶段进入到中高速增长阶段;2014 年,中国对外投资规模总计约为 1160 亿美元,与吸引外资规模首次接近平衡;与此同时,以互联网金融为重要代表的新金融凸显出大众创业、万众创新的基本就业格局。总而言之,经济增速的放缓、城市化进程的推进、对外开放格局的变迁均对中国未来产业转型提出了新的要求,中国的实业与金融均面临较大压力。

其次,中国金融体系存在明显"大而不强,大而不均"的特点。从资本市场来看,多层次、有深度的资本市场仍未建立,债券与股票市场的不平衡发展、股市中投机因素的主导地位以及衍生品市场的缓慢应用均反映出国内资本市场的薄弱。从金融机构数目与体量分布来看,中国金融机构体量分化明显,国有控股类金融机构规模巨大但实际竞争能力不强,小型金融机构生存环境恶劣,尚未形成气候。从金融机构行业格局来看,银行业(尤其以五大商业银行为主)占据了整个金融体系绝大部分资产比例。据 2014 年 6 月的数据,我国银行业规模约占银行、证券、期货、保险四类金融机构总资产规模的 90%,金融行业格局极不平衡。

最后,中国社会一直经历着金融压抑之苦,在小微金融领域尤甚。此外,国际化、市场化、互联网化的不足同时存在,使中国金融服务内容、对象、效率等存在极大缺失,也正是由此,才有了中国互联网金融的大爆发。

3. 人才不足带来的巨大挑战

面对复杂的国际环境也好,受限于亟待转型的国内经济也罢,所有的困难终会得到解决,但人才是前提。

人民币国际化的大力推进、净资本输出国的成功转型、"一带一路"倡议的着重发展,其实都反映了我国对外开放与国际化不足的基本现状。而这一现状所导致的直接后果(同时也是原因)便是在开放环境中成长与历练的人才太过稀缺,不足以满足人民币国际化对金融人才的大量需求。人民币国际化是一个系统的概念,涉及多方面金融体系的构建与运行管理,需要具有开放视野与国际化思维的金融人才,而目前来看,中国能够理解和驾驭全球金融体系的人才,能够熟悉和掌控国际化与全球化金融机构的人才,能够设计全球领先的、开放的金融体系的人才,能够监管开放、动态的金融体系的人才都十分短缺,这才是当前人民币国际化面临的最大挑战。

人民币国际化的突破口

人民币要走国际化之路,成为真正的可持续的国际性货币,必须依靠国际金融话语权的提升、有效的规则、完善的金融市场体系、高效的清算系统等基础设施的建设,中国综合国力的提升以及互联网金融等新金融的助力来实现。

1. 争取世界对人民币的支持和理解

国际社会对人民币国际化仍然存在不必要的误解和担忧,纠正上述误解确有必要,但更需要反思我国在国际金融体系中话语权的薄弱现状。

因此,首先亟须提高我国在国际金融体系中发声的频率和质量,重视传播效率,增强公共沟通。在推动人民币国际化进程的发展中需要正确引导和宣传人民币"国际化"的内涵,它实际上只是让人民币在国际上作为一种正常使用的货币,即人民币成为现存国际货币体系的有效补充。

其次,加大力量办好金砖银行和亚洲基础设施投资银行,两者相互借鉴,加强合作,积极发挥其强有力的作用,增强中国于世界舞台上的分量,促进全球基础设施建设,增强多边体系的整体力量,推动国际经济治理的改革。具体来说,既要吸收国际上现有多边开发银行的经验,也要结合实际在制度、政策、工具、程序等方面加强创新,实现与现有多边金融机构的优势互补。

2. 完善人民币基础设施

毫无疑问,在一国货币国际化的进程中,离岸中心的角色举足轻重。加快建立更加发达且有效的全球人民币离岸市场机制,特别是境外人民币离岸中心,能为人民币国际化提供重要的技术支持。我们需要丰富人民币的投融资功能,增加离岸市场人民币规模和流动性,使得更多的非中国企业、机构、个人可以享受到人民币国际化的红利,提高其使用人民币的积极性。

与此同时,应完善全球范围内的以人民币全球支付清算为主要功能的人民币跨境支付系统(China International Payment System,简称 CIPS 系统),用心打造这一条"支付高速公路",并不断优化其用户体验。

3. 强化国内经济转型升级,健全金融市场体系

当前中国经济面临较大的下行压力,在传统粗放的经济发展模式弊端不断显现之时,唯有不断加快我国产业转型升级,促进实体经济发展,才能为我国经济在新常态下注入新的发展活力,才能真正为人民币国际化打造坚实的后盾。

除此之外,为实现我国企业转型目标、支持实体经济发展,必须健全国内金融体系。除了以常说的利率市场化加快、自由浮动汇率、人民币资本项目可兑换等来支撑人民币国际化之外,建立多层次的金融结构以及创新金

融形式也尤为重要。具体来说,对于成长性较差但是稳定性较高的传统(成熟型)企业来说,可更多采用银行贷款以及债券、主板等融资方式;对于成立时间较短、规模较小的成长型企业来说,中小板、创业板、新三板和新四板(区域性股权市场、私募等)这几类直接融资方式更为合适;而对于初创型企业来说,天使投资、创业投资以及股权众筹等股权型融资方式更加适合其发展。

4. 积极拥抱互联网,抢占新金融高地

金融压抑、技术进步、客户改变及监管包容等原因成就了互联网金融在中国的独特发展机遇。在当今互联网金融时代,即使资本项目没有完全开放,人民币的跨境流动也较20世纪70年代明显加快。因此为了更好地推动人民币国际化,应牢牢把握中国目前在互联网金融领域的先发优势,大力发展跨境电商和互联网金融,重视区块链技术在金融体系以及信用建设中可能发挥的巨大甚至颠覆性作用,让千千万万人民有可能享受到更加简单、便利、高效率的新金融体系及其提供的优质服务,同时,以此作为占领全球互联网金融高地,占领全球金融高地,争取全球金融话语权的一个重要突破口,实现可以燎原的星火之势。

如何破解国际货币体系的"囚徒困境"?

现行国际货币体系的"囚徒困境"

目前,国际货币体系存在一定困局。首先,不对称的美元利率决策机制有违公平和民主的精神。美联储主要考虑美国自身利益,但他们所做的决定往往会对全球经济产生重大影响,例如人为(较)低美元利率可能是当今世界经济生活中的最大扭曲现象,会造成热钱泛滥、资产泡沫、资源错配等严重后果。其次,美元低利率政策是国家之间、群体之间的一种财富转移手段,这严重影响了我国外汇储备收益。与中国的存款利率政策一样,美国的低利率政策也是金融压抑的一种表现形式,区别只是美元利率压低披上了"市场化"的合法"外衣"。第三,应正确理解人民币国际化。人民币国际化实质是使人民币在国际上成为可被正常使用的一种货币,但"人民币国际化"这个词冲击力稍强,可能会使外界形成不必要的误解,影响人民币跨境使用的前进步伐。

现行的国际货币体系所面临的困局是经济学中典型的"囚徒困境":美国担忧其他货币取代美元的地位,从而丧失自己作为国际货币——美元拥有者的一些特权;而世界其他各国包括中国则担心美国在美元货币政策制定中没有充分考虑其他各国的利益,有以邻为壑之嫌疑。这是博弈论中的经典情形,反映了美国和世界其他国家在争夺国际货币体系制定权和话语权的博弈过程中互信不足的情况。众所周知,破解囚徒困境的办法是建立战略互信机制。

改进美联储体制,破解"囚徒困境"

建立于 1913 年的美联储体制经过百年考验,其独立与制衡机制原则在许多制度安排中得到充分体现,包括按照经济区设立的 12 个联邦储备银行和 7 个理事的提名任命过程及其独立记名投票等。今天的世界在经历全球化浪潮之后与 100 年前的美国有许多相似之处：地区间发展不平衡、多个区域经济体并存等。我们可以考虑在现有美联储制度的基础上稍作调整,使有投票权的非美国理事加入美联储理事会,代表世界其他国家和地区的利益诉求。在目前的国际治理框架中,联合国安理会或者 G20 (20 国集团)都是可以考虑的、可加入美联储理事会并代表世界其他国家和地区利益的国际代表。

这种制度调整可以依靠现有的美联储体系,不需要推倒重来,可操作性强,而且可能遇到的各方面阻力也是最小的。因为对美国而言,虽然丧失了部分美元的货币政策主权,但改革后的美联储还将由美国强势主导;对世界其他国家而言,其利益则通过美联储理事会得到部分代理,而且不必担心美国的这种制度改革或者美联储国际化安排有什么不可告人的企图,这将有效提升国家之间的互信程度。

或许有人认为这个制度改革不是最优的方案,不够理想。但在现实生活中,往往没有最优方案,只有次优方案。这就像语言一样,全世界通行英语并非最优情形,许多理想主义者提出各种建议试图改变这一情况。最具理想主义色彩的是 1888 年波兰籍犹太人柴门霍夫博士创立的世界语,虽然它具有"语法严谨,语言优美,逻辑性强,表现力丰富"等优点,且 1954 年联合国教科文组织也给予支持,承认它的官方语言身份,但直至今天只有圣马力诺在 2012 年承认它是官方用语,世界范围内使用世界语的场合少之又少。语言和货币有不少类似之处,都有网络效应和正外部性特征,其中英语和美元在各自领域内具有降低交流成本、提供交流便利等先发优势,建立了各自的领先地位,成为事实性的垄断。而 1968 年发明的特别提款权制度(SDR),似乎颇有世界语的味道,其境遇发展到今天也可想而知。

建立战略互信,加强国际合作

国际货币体系看似是一个货币问题,但它显然不只是货币问题,也不只是金融问题或者经济问题,它更是一个政治问题,是一个牵涉国际治理结构的问题,因此更多地需要政治家们加强国际合作与协调的意愿,提高国际合作与协调的领导力。

由此,我们需要做到以下方面。

第一,美国需要放弃或者分享部分货币政策制定权力,承担一个大国和世界领袖的责任,只有这样才有可能赢得世界的尊敬。

第二,其他国家包括中国,则需要接受、承认和尊重美元的霸主地位和美国在未来美元货币政策制定过程中持续的主导地位。虽然这或许不是最优安排,但却可能是这个世界在现有环境下最为可行的次优方案。

第三,国际货币体系面临很多动荡和不稳定因素,每个国家追求各自利益的"理性行为"可能最终造成"囚徒困境"中人人皆输的最坏结局,因此所有国家需要一起行动。

沪港通开启——迈向国际化的中国资本市场创新与展望①

最近,政府部门和国内外学术界对国家对外资产负债表有很多关注与讨论,其中最吸引眼球的是中国4万亿美元对外投资的回报率。国内外机构对这个问题做了不少研究,得出的数字各不相同,但有一个共同的结论:我们的对外投资回报率较低。

国际清算银行的一项研究认为,中国对外净资产投资回报率年均值为－3％。与此形成对比的是,同样对外净资产较多的德国,年均投资回报率在6％～7％之间。两个数据一正一负,对比不能说不强烈,这种差距究竟是什么造成的呢?

究其原因,最主要的是中国对外净资产投资主体过于集中。其次则是我国在对外投资的资产配置方面多元化不足,产品、地域的集中度较高,目前基本上以买收益率低的发达国家(特别是美国)国债为多。

要改变现状,首先要从改变投资主体出发,加快从以政府为投资主体过渡到以企业、个人为投资主体。我国虽然拥有世界上最大的外汇储备,但人

---

① 本文为作者在2014年第十一届中国国际金融论坛上发表的闭幕演讲。

均对外资产只有 3 万美元左右,低于目前规定的中国公民每人每年可以换汇的 5 万美元额度,所以政府在这方面的推进速度确实需要全面考虑、综合平衡。

其次,需要解决我国资产配置多元化不足的问题。如果我国对外投资仅购买美国国债,其所要承担的风险和所需的技术含量都较低,解决不了收益率低的问题。在投资活动中,投资美国国债风险最低,投资国外公司债券需要考虑信用风险,投资国际资本市场股票风险与收益相对更高。对外直接投资由于经营及流动性风险,对投资者的管理能力要求甚高。如果把上述金融投资活动建成一个"投资价值链",我国目前即处于投资价值链的底端,虽然拥有对外净资产,但投资收益不尽如人意。要占据投资价值链的高端需要补足我国目前最缺乏的专业能力,比如投资国外公司债券需要信用风险分析和定价能力,投资股票需要分析公司股票及所在行业、国家与地区的能力,对外直接投资需要拥有核心技术能力、市场整合能力、产品营销能力、品牌综合实力等,即全球范围内配置、管理资源的能力。中国在跨国投资与管理方面目前存在巨大的"能力赤字""人才赤字"。

购买美国国债几乎是零收益,股权投资年收益率一般在 15％到 20％之间,收益落差是由于能力差异。从套利交易的角度看全球金融投资价值链,美国做了基于其较强能力的较好的"套利交易",即借进低成本的美元资金,到中国(或其他国家)做高收益的证券和直接投资。

沪港通是中国金融对外开放和"走出去"战略的重要一步。全球经济一体化在金融方面是金融市场一体化,沪港通就是推进上海和香港两地股市朝着一体化方向迈进的重要举措。目前,上海股市与境外市场是割裂的,上海股市与美国标准普尔 500 指数过去 10 年的相关系数只有 0.37,欧洲富时 300 指数与标普 500 指数间的相关系数则在 0.8～0.9 之间,我国股市与全球市场一体化还有很大差距。沪港通既是对我国证券投资分析、风险管理与定价等能力的考验,也是我国解决金融投资能力赤字、人才赤字的机遇。

首先,金融开放应当以中国资金"走出去"为主,以境外资金"走进来"为辅。人民币国际化需要培植离岸市场,境外资金也必须适当地有出有入,但是就中国的现状,"走出去"的必要性大于"走进来"。仅基金行业的全世界总资产规模就达 87 万亿美元,这些都是逐利性和流动性很强的"热钱"。我国两年期国债年收益率是 3.5%,美国两年期国债年收益率是 0.35%,差别达 300 多个基点,有较好的套利机会,所以 2014 年前 9 个月外资持有中国债券量已经增加了 59%。

其次,金融开放必须考虑国内金融风险。目前中国上市银行市净率(PB)平均值在 5 以下,十多年前我国银行业被认为技术性破产时,市净率估值是 1 或 1 以下。在目前国内金融潜在风险较大的情况下,过度、过早开放可能会影响金融市场的稳定性,因此金融开放一定要注意节奏。

金融开放也会推动我国的金融创新。第一,金融创新是产品创新,特别是中小微企业融资类产品。带有普惠金融性质的一些投资产品也需要创新,比如满足了老百姓小额理财方面切实需求的余额宝。

第二,金融创新是市场创新。多层次的金融市场体系可以大致分为一级市场、二级市场和三级市场(金融衍生品)。创新重点应该是大力发展一级市场,因为一级市场与实体经济真实的需求有更加直接的关联。二级和三级市场要健康有序地发展,二级市场和三级市场有些所谓的创新对整个社会和金融市场是有害的,比如二级市场的闪电交易,也就是高频交易。

第三,金融创新是渠道创新。为什么余额宝在短时间内能够吸引如此多的账户与资金？因为它让老百姓享受到了金融市场民主化、金融理财平民化的好处。互联网的高效率让老百姓们也能够享受到较好的理财投资机会。无论是在商业银行，还是在资本市场，互联网所引发的渠道创新与革命都会产生非常深远的影响。最重要的是，我们一定要以服务实体经济、服务客户真实的投融资需求作为一切金融创新的主要出发点。

亚投行：新金融秩序时代的新发展机构

最近几十年中最受瞩目的国际金融创新举措,当属新开发机构的设立,例如亚洲基础设施投资银行(亚投行)和金砖国家发起的新开发银行。

2013 年 10 月,中国国家主席习近平正式提出了创建亚投行的建议。它经历了一个相对缓慢的开始阶段,因为很多国家需要时间来了解这一提议,并根据各自面临的国内和全球态势来评估是否加入。在此期间,美国没有介入,因为它认为(或者外界感觉它认为)亚投行是亚洲开发银行(亚行)和世界银行(世行)等现有机构的直接竞争对手,而并非巧合的是,后两者一直由西方国家主导。2015 年年初,英国决定加入亚投行,这被视为一个里程碑,许多其他西方国家随即跟进,不再与美国为伴。亚投行已吸引了全球各个国家和地区的关注,并获得广泛支持,截至 2015 年 3 月,已有 57 个国家和地区申请成为创始成员,从而使亚投行成为世界上首个由发展中国家发起的最具多边特征的机构。

亚投行的独特角色：填补空白

亚投行将是首个将总部设在中国首都北京的多边开发机构。虽然它的总部办公室可能靠近中国的国内政策性银行——中国国家开发银行(国开行)，但亚投行在多个方面与国开行有着显著区别，比如它的多边性质、使命和工作重点，及其治理和管理结构。当然，这些仍有待扩大后的股东共同商定。

表1　亚投行与现有的国内外开发性金融机构对比表

金融机构	注册资本	资产规模	贷款余额
亚洲基础设施投资银行	1000 亿美元		
世界银行	100 亿美元		2,900 亿美元
亚洲开发银行	实缴 169 亿美元	1156.6 亿美元	558.9 亿美元
中国国家开发银行	3067 亿元人民币	103170 亿元人民币	79,416 亿元人民币

注：亚洲开发银行的资本为实收资本和准备金。所有数据均截至 2014 年年末。

相比于亚行，亚投行更侧重于基础设施项目。鉴于中国在这方面的成功，亚投行将为此类项目带来新的经验和更多资金，以填补亚洲发展中国家和地区巨大的基础建设投资缺口。据估计，至少在 2020 年前，亚洲每年将需要 8000 亿美元的基础设施投资。亚行的资产负债表总规模为 1600 亿美元，世行为 2900 亿美元，而两者可用于亚洲新基础设施融资的部分远少于其总资产规模，与融资需求相比更是远远不足。

因此亚行的定位应该是明确的，那就是填补空白，补充而非破坏现有机构的活动。它将是一个总部位于中国、以亚洲基础设施为重点的多边开发机构，将具有符合国际标准的董事会和管理团队。它将是亚洲和世界上最有中国色彩的多边开发机构，并将是中国领导的所有开发机构中最国际化的一个。简单地说,它将既是区域性和全球性的,也是有中国色彩的。

亚投行与世界新秩序

亚投行和金砖国家新开发银行的成立具有深远的意义。它反映了全球实力格局的变化,在此之前,以美国为首的西方一直主导着第二次世界大战之后的全球金融、经济和政治治理机构。亚投行是人类历史上第一个由发展中国家,而非现有超级大国牵头并创立的多边银行。而金砖国家新开发银行是发展中国家首次作为一个群体,在没有发达国家先期认可的情况下,自行发起成立的一个全球性开发机构。亚投行和金砖国家新开发银行的出现意味着,由发达国家主导、有失平衡的全球治理秩序向再平衡迈出了重要的一步。

亚投行的中国视角

国际上很多中国观察家都知道中国的"一带一路"倡议。这是中国推动的一项跨大陆合作伙伴关系倡议,旨在进一步与世界其他地区融合。对国际社会而言,这一倡议可能被称为"新丝绸之路"更容易理解,即效仿古代从中国到欧洲的"丝绸之路"模式。

亚投行的建立,以及在一定意义上金砖国家新开发银行的建立,乃是中国更广泛的全球化和现代化战略中的一部分。在迎来经济发展的下一个阶段之际,这些机构是中国深度融入全球进程的关键。

诚然,中国是从自身利益角度实施这一战略的。由于过去中国对投资的政策倾斜和限制性的外汇政策,国内某些工业部门出现过度投资和产能过剩。为了调整和升级工业能力,中国需要引导更多投资进入高附加值行业以及海外市场。这一战略已经开始生效。2014年，中国对外直接投资达到1400亿美元，中国首次成为净资本输出国。

更重要的是，中国也从自己近些年的经验中发现，基础设施建设是经济增长的关键，希望与其他发展中国家分享这些宝贵经验。另外，中国庞大的储蓄需要也可以用于全球资产配置，从而对上述战略形成补充。

中国目前将自己视为一个有意愿也有能力为世界发展做出更大贡献的国家，与其他发展中国家一起努力，试图增加在亚行和世行的出资额和股份。但中国在国际开发系统内部以及现有开发机构的改革努力均遭遇了挫折。正是在这一全球背景下，亚投行和更广泛的"一带一路"倡议才作为一种替代选择被提出。它们也是我国对外界要求的在国际事务中发挥更明显、更积极作用呼声的回应，同时也有助于推进自身发展目标的实现。

亚投行运作需要新思维

毋庸置疑，亚投行和金砖国家新开发银行将向亚行和其他开发银行学习，学习它们在战略重点以及机构治理、运营等重要事务方面多年积累的经验。但简单模仿是不够的，需要更前沿、更进步的思维，来思考如何更民主地管理，更有效地运作（这一直是现有机构备受批评的地方），以及如何与民间伙伴及公众更广泛地进行合作与互动，等。

要实现这些目标，亚投行及金砖国家新开发银行必须采用互联网金融等新的技术和新金融工具。以众筹为例，这种新近出现的金融创新已在中国和美国引起了很多人的关注。鉴于其极高的可见性，以及它在融资方和无数投资者之间建立的直接联系，众筹可以成为亚投行这类公共机构的一种有效手段，用来拓宽资金来源，降低财务成本，并提高公众对其行动及目标的参与程度。众筹和其他创新解决方案具备成为强大工具所必需的一切元素,可以释放出公共部门与民间合作的全部潜力,这种能力被市场强烈渴求,也被证实是现有机构和传统筹资方式难以企及的。

幸运的是,我们正处在一个崭新的世界,拥有新的技术、新的融资工具、新的经验教训和新的模式来推进国际开发工作。要想恰当地利用它们以帮助实现开发机构的共同目标,就需要有新的思维并坚决付诸行动。

新兴亚洲：全球贸易治理中的新主角^①

长期以来,全球贸易和投资方面都存在着严重的治理问题亟待解决;自由贸易协定(FTA, Free Trade Agreement)不断增加,世界贸易组织的影响逐步减小;新兴亚洲国家特别是中国和印度必须把局面掌控在自己的手里。

从 ITO 到 WTO 的漫长历程

国际贸易组织(ITO, International Trade Organization)是 1944 年协议达成的第二次世界大战后全球治理框架的一个最重要组成部分,同时期建立的布雷顿森林体系促成了国际货币基金组织(IMF)和世界银行建立。然而,由于未能在包括美国在内的一些国家获得批准,ITO 方案并未成功启动,在这种情况下,1946 年,关税与贸易总协定(GATT, General Agreement on Tariffs and Trade)诞生。虽然我们无意低估关贸总协定的重要性及其对

---

① 本文由作者在 2016 年 3 月 2 日于新德里举行的瑞辛纳对话"竞争性全球化:管理亚洲的经济与贸易制度"论坛上的演讲整理翻译而成。译者:陈雪如、王哲人、施嘉。

全球贸易的贡献,但它时常被讽刺为"绅士们同意谈判的协议"(Gentlemen's Agreement to Talk and Talk),可见其有效性之缺乏。

历经近 50 年,关贸总协定才最终在 1994 年演变成世界贸易组织(WTO),有望成为与国际货币基金组织和世界银行齐肩的重要力量。为了这样一个负责监管全球贸易的组织,世界等了五十年。

如今,WTO 已拥有超过 167 个成员国。中国在 2001 年加入 WTO,随之开启了经济增长的黄金十年。然而,由于 WTO 的治理模式以协商一致为基础,随着越来越多新成员国的加入,达成协议越来越困难,更不用说行动和结果了。多哈回合贸易谈判在过去 10 年里停滞不前,没有太多进展,前景暗淡。

WTO 的衰弱与 FTA 的发展

这就不难理解为何各国对 WTO 的进展都深感失望。出于地缘政治的考虑,各国政府纷纷绕过 WTO,加快速度建立自己的区域和多边贸易组织。这些努力形式各异,关注点和发起国各不相同,取得的成效也不等。

虽然作为世界贸易的监督部门,WTO 的建立花费了五十年。但遗憾的是,它所起到的作用显著减弱,随之而起的是自由贸易协定的兴起。

在亚洲,以东盟为核心的区域全面经济伙伴关系(RCEP, Regional Comprehensive Economic Partnership)于 2011 年问世,其后中国、日本、韩国、印度、澳大利亚和新西兰加入,2012 年正式启动谈判。RCEP 涵盖的经济体总 GDP 超过 20 万亿美元,人口达 30 亿,覆盖全球超过 40% 的贸易活动。

与此并行的是跨太平洋伙伴关系协定(TPP, Trans-Pacific Partnership Agreement)。TPP 的起源可以追溯到 2005 年,当时只有四个成员国(澳大利亚、新西兰、新加坡和文莱）。2016年4月TPP协定签署，成员包括所有北美自由贸易协定①国家、半数（即7名②）当前RCEP国家以及南美的一些国家。如果中国也加入的话，TPP基本上就成了亚太经济合作组织的翻版。③

2013年，中国首次提出了"一带一路"倡议，主要设想是将中国与亚洲其他国家，以及中东和欧洲紧密联系在一起。为了支持"一带一路"设想，中国已经推出并实施了各种计划，包括建立亚洲基础设施投资银行、金砖国家新开发银行和丝路基金。亚投行和金砖国家新开发银行被认为是亚洲开发银行和世界银行的潜在竞争对手，而"一带一路"有时也被解读成中国为对抗美国主导的全球治理体系而实施的战略。相较而言，"一带一路"更像是一种亚欧联盟，并有更多的发展中国家参与。

除了这些区域内和区域间的合作，各国政府也在寻求双边和次区域内的贸易合作。例如，孟加拉国、不丹、印度、尼泊尔四国建立了以印度为首的南亚次区域四边协调组织。它发起于1996年，采取联合工作组的形式，重点关注水资源管理、电网联通、多式联运以及贸易运输等基础设施建设领域的合作。

条条大路通罗马？自由贸易协定会促进全球贸易发展吗？

自由贸易协定(FTA)会使全球贸易更加开放吗？对此各界并没有一个清晰一致的答案。考虑到自贸协定的数量和其涵盖的领域，每一个协定本

---

① 北美自由贸易区（NAFTA）包括加拿大、墨西哥和美国在内的贸易区域。北美自由贸易协定于1992年签署，并于1994年1月1日正式生效。

② 这7个国家是澳大利亚、文莱、日本、马来西亚、新西兰、新加坡和越南。其他一些国家也有加入的意愿，包括印度尼西亚、老挝、菲律宾、韩国和泰国。

③ 与此同样雄心勃勃的是"跨大西洋贸易与投资伙伴关系"(TTIP)，它相当于北约集团在贸易和投资领域的联盟。

身的复杂和多样,或许只有一件事可以肯定,那就是贸易律师更富有了,政府官员更忙碌了。然而,简化全球贸易流程的预定目标可以达成多少,却不得而知。

由于某些自贸协定本身存在竞争和重复,它的繁荣只能削弱 WTO 作为全球贸易总建构和监管人的作用。而 WTO 自身境遇的逆转也反映出近年来各国对全球化的态度和政策的转变:各国政府也在民族主义抬头的大背景下开始撤回先前支持全球化的立场。

然而,自贸协定之间本不该形成竞争,与 WTO 之间也不应是竞争关系。如果在开放和包容的基础上构建标准、简洁的贸易条款,那么最终自贸协定将使贸易协谈变得更简单,有效补充目前的全球贸易体制。然而,目前自贸协定的分化或将我们引入另一条道路:相互冲突的贸易区块就像不同的冷战阵营,只会损害而不是促进全球贸易的发展。此外,这还将进一步削弱全球贸易建构及其治理结构的基础,尤其是在我们迫切需要这两者的时候。由此看来,并不是"条条大路通罗马"。

对于各国政府和政要来说,选择签署自贸协定从短期来看的确更为简便。但从长期看,这却无助于我们达成一个包容、开放的全球贸易体制,而这恰恰才是世界所需要的。

新兴亚洲国家在国际新秩序中扮演的角色

值得注意的是,全球化浪潮正在伴随着数字化席卷而来。这也是我们称为"新经济"的两个最重要的趋势特征。从技术上讲,如果政府不施行各种贸易或非贸易性的壁垒,数字化联结能够使跨境贸易像国内贸易一样简单。数字化使得世界的联系更紧密了,跨境贸易可以像国内交易一般简单,而自贸协定和贸易机制的区域化却可能为全球贸易建立起不必要的人为壁垒,阻碍更广泛的全球化和一体化进程。

面对自由贸易协定,我们该做些什么？我们能做些什么？而我们又需要些什么？我们需要的是包容而不是分化的自贸协定;是相互补充的自贸协定,而不是相互竞争或冲突的贸易体制。我们更需要有远见、有勇气、负责任的领导,一个能超越国家利益的全球性领导,能将目光从狭隘的国家或地区的利益转向全球共同利益的领导。

新兴的亚洲国家又可以做些什么？如今,新兴亚洲国家的 GDP 和其所占全球贸易的份额正在迅速上升,而现有的全球治理结构的发展却未能及时反映这一现状。如果世界银行和国际货币基金组织能及时适应这些变化,或许我们就不需要亚投行和金砖国家新开发银行了。如果 WTO 可以更有效率,或者其中某些关键人物尽可能地运用他们的协调能力谋求全球共同利益,或许我们也就不需要那么多自贸协定了。

中国有句古话叫"远亲不如近邻",这说明了良好邻里关系的重要性。中国和印度作为两个增长速度最快的经济体,两个人口最多的国家,两个最渴望赶上新工业革命和新经济浪潮的国家,是亚洲乃至世界的重要新兴力量,没什么理由不紧密合作。为了崛起的亚洲,为了发展中国家和世界的未来,两国的亲密合作十分必要,世界亦需要这样的合作。

全球新机遇：更坚实的亚非关系[①]

从发展经济学家到历史文化学家，从社会政治学家到政治领袖，国家为何兴衰更迭是一个所有人不解的迷思。包括建立区域或国际多边机构在内的诸多措施被采用，以挖掘发展中国家的发展潜力，其中，世界银行可能是最为典型的代表，而建设亚洲基础设施投资银行(简称亚投行)和金砖国家新开发银行则是最近的举措。

从发展区域的角度来看，亚洲和非洲越来越成为全球发展经济学关注的焦点，这不仅因为亚非拥有庞大的人口以及贫困人口，也因为亚洲经济所取得的举世瞩目的成就与非洲经济的步履维艰形成了鲜明对比，且亚洲的经济发展模式可能为非洲的未来发展提供大可借鉴的经验范本。

随着医疗卫生条件的改善、正向的人口变动趋势以及近期中国计划生育政策的放宽，亚洲和非洲预计在一段时期内仍将引领全球人口的增长。

---

① 本文于 2016 年发表于印度观察研究基金会（ORF，Observer Research Foundation）特刊，原文为英文。浙江大学博士研究生吕佳敏、Eddie Brient 和 Sadar Usman 亦对本文做出贡献。翻译：浙江大学本科生季以诺、博士研究生吕佳敏。

亚洲崛起与非洲潜力

需要说明的是，亚非两洲因国家众多、情况各异而使得仅仅从高度概括的地区总量数据信息中分析得出的结论难免有失偏颇。为此，本文在综合考虑重要性、多元性及数据可得性等因素的前提下，选取亚洲三巨头（中国、印度和日本）、南非以及埃及作为重点研究对象。

也许，很多人都难以相信下列事实：

1970 年，亚洲的名义 GDP 总量约为非洲的 5 倍多；而如今两大洲的差距已经翻番，亚洲的名义 GDP 已为非洲的 10 倍；

1970 年，非洲人均名义 GDP 与亚洲相近，且为同时期中国的两倍；如今非洲的人均名义 GDP 不到中国人均名义 GDP 的 30%；中国与非洲的名义 GDP 在 1970 年旗鼓相当，而今天中国的 GDP 已为非洲的 5 倍；

同时，印度与非洲的名义 GDP 总量差距从 1970 年的近 50% 缩小到如今的近 20%；

在人均期望寿命方面，1960 年，埃及和南非的人均寿命均长于中国和印度；而如今，中国人均寿命比埃及长 5 年，比南非长 20 年，南非与日本的人均寿命差距也从 1970 年的 19 年扩大到如今的 27 年。南非作为非洲较为发达的国家尚且如此，可想而知非洲其他国家与亚洲各国在人均寿命上的差距。

三维度的"互联互通"

亚非之间的差距不仅说明了亚洲在发展上取得的巨大成就，也预示着非洲发展的无限可能。近年来，各国学者对亚洲经济腾飞背后的关键因素及其对非洲的可借鉴之处的相关研究层出不穷,除了重要的非经济因素(安全、稳定因素等)外,与世界互联互通的程度不同也是造成亚非两地区经济分化明显的诱因,而其中,贸易、技术和金融的联通显得非常关键。

1. 贸易

非洲贸易总量在全球贸易中的占比自 1948 年起显著下滑。具体来看,非洲进口占全球进口总额的比例从 1948 年的 7.3% 降至 2014 年的 3%,出口占比从 1948 年的 8.06% 降至 2014 年的 3.44%,这表示非洲在全球贸易价值链以及与世界的联通性上的衰退。

与之相反的是,亚洲在世界贸易领域取得了长足进步:1948 年,亚洲的全球进出口占比仅为 13% 和 8%;2014 年,亚洲的全球进出口占比均上升到 32%。且世界贸易组织数据显示,日本、亚洲四小龙和中国大陆都已成功地实施出口拉动型经济发展战略。

2. 技术

尽管亚非总体的科技相关数据并不充分,但本文选取了几个典型国家的网络普及率数据(网络用户占总人口比例)进行分析。分析结果显示,各国网络发展分化明显。值得注意的是,中国因在网络普及上起步较晚,直至 2009 年才赶上世界水平,但经过几年的快速发展,如今中国人口上网普及率已超过 50%,远超同时期世界平均水平。

除此之外,南非在经过不断的努力后网络普及率已逐步赶上中国;埃及互联网发展同样迅猛,虽然 2014 年其网络普及率仍低于世界平均水平,但已赶超印度。

随着技术的持续发展,近些年移动技术开始代替互联网技术逐渐崭露头角。对于作为"后来者"的非洲而言,这或许是一个史无前例的发展契机。

因为新技术本身的破坏性和调节作用可以使得世界更"平"，这也意味着非洲可以在推动移动技术普及的过程中直接淘汰许多落后过时的技术，实现技术的跨越式发展，而这也许是非洲首次可以与任何一个国家和地区一样与世界进行畅通无阻的联通。

3. 金融

技术和金融被认为是支持国家和公司持续发展的两大支柱，而金融系统的普惠性又被看作是衡量社会发展水平和金融如何赋能人民从而使国家实现经济繁荣及社会正义的有效指标。

以每100人(15岁及以上成年人)拥有的银行账户和信用卡数量衡量，中国和南非的金融普惠性指数遥遥领先，印度明显低于前两者，而埃及排名最末，远远落后。可以说，放弃建立正式的金融体系就是主动放弃发展的机会，同时也会限制政府刺激创业、扩大税收基础的能力。

解决这一问题可以参考中国的互联网金融(国际上多称为金融科技即FinTech)发展——这一得益于大数据和云计算的技术与金融结合的产物。互联网技术领域的突破发展，诸如区块链技术的兴起，颠覆性地改造了金融服务业，这或将帮助亚非国家有机会同发达国家一样实现金融的普惠化和公平化。具体来说，由于传统金融机构工作效率有限，无法满足大量长尾客户群体的金融需求，而互联网金融的成本效应以及分散经营模式可以让这部分长尾客户公平、快捷地享受多样化的金融服务。以中国为例，中国目前的传统金融体系与发达国家有较大的差距，但互联网金融领域的发展却在国际上较为领先，这样的一种发展现状值得广大发展中国家思考。正是由于以中国为代表的发展中国家尚未形成强大的传统金融业，反而为包括互联网金融在内的创新金融提供了发展的肥沃土壤。

亚非合作伙伴关系机遇展望

经过几十年的快速发展,一方面,中国以及其他许多亚洲国家正面临着"中等收入陷阱"的严峻挑战;另一方面,亚洲目前是世界上地缘政治军事形势最危险的"热点"地区,正面临痛失非常重要的"地区内部和谐"的风险。我们必须时刻铭记,亚洲取得的经济增长离不开过去几十年和平稳定的大环境。因此,无论是对于亚洲还是非洲而言,都必须深刻认识到维持和平稳定的政治环境是经济发展的最大前提,其重要性甚至超过技术、贸易和金融的发展。

亚非友好合作伙伴关系蓬勃发展,中国、印度、日本对此的更多关注也将进一步推动双方关系持续向好。需要指出的是,在投资方面,虽然日本先于中国在非洲进行投资,但中国明显后来居上。在贸易方面,中国在过去 20 年间对非出口总额翻了 4 倍,2014 年和 2015 年每年出口额均超过 1000 亿美元;同期进口额翻了 5 倍。而相比之下,日本对非贸易表现显然逊色不少。据世界贸易组织和世界银行统计,日本 2014 年累计进出口总额仅为 270 亿美元。

中国推行的"一带一路"倡议旨在涵盖亚欧,深入非洲,而"一带一路"的一个关键点就是贸易、投资、基础设施、技术和民众之间的互联互通。这需要进一步加强亚洲各国内部的凝聚力,也要进一步加强欧亚、亚非地区间的联系。因此,为支持和鼓励多样化的发展途径,中国领头创建了亚洲基础设施投资银行和金砖国家新开发银行以鼓励基础设施发展;为进一步推进亚非友好合作伙伴关系,金砖国家新开发银行在南非也专门设立了区域办事处。当然,中国在积极推行"一带一路"倡议的同时也难免受到一些国际方面的误解、质问甚至是竞争,后者虽可能是"无心插柳",但仍有利于非洲以及其他地区发展中国家的发展。总而言之，"一带一路"倡议体现了中国发展区域间、区域内友好合作伙伴关系的美好愿景，亚投行的建立正是为推行"一带一路"助力。所有这些举措最终都将使包括美国、日本、印度在内的世界各国及各地区提高对建立与非洲的友好合作伙伴关系的关注；而全世界，尤其是非洲，也都应该欢迎并将受益于更多更紧密的友好合作伙伴关系。

"一带一路"倡议中的机遇与挑战[①]

为适应国际经济新格局新变化,习近平主席在 2014 年分别提出建设"新丝绸之路经济带"和"21 世纪海上丝绸之路"的战略构想,简称"一带一路"。"一带一路"倡议一经提出,便受到国内外的广泛关注,其旨在推动包括欧亚非大陆在内的世界各国建立一个政治互信、经济融合、文化包容的利益共同体、命运共同体和责任共同体,并以政策沟通、设施联通、贸易畅通、资金融通、民心相通为主要内容。

"一带一路"倡议对推进我国新一轮对外开放和沿线国家共同发展意义重大。当前,经济全球化深入发展,区域经济一体化加快推进,全球增长和贸易、投资格局正在酝酿深刻调整,亚欧国家都处于经济转型升级的关键阶段,需要进一步激发域内发展活力与合作潜力。

---

① 本文为作者在复旦大学"一带一路:愿景与行动"国际金融论坛第七期领袖对话上发表的演讲。

"一带一路"引起国际格局变化

我国于1978年开始改革开放,但当时所谓的"开放"更多的是"不得不开放",过去这些年以来,中国也基本处于一个接受国际经济规则、融入国际金融体系的大进程中。但时至今日,"一带一路"倡议的提出可以说是中国主动寻求开放的里程碑,中国开始第一次真正意义上以自己为中心开展国际事务。中国已经不是一个简单的国际规则的接受者,而是正逐步变成一个积极务实的行动者,努力去影响和制定规则。同时,亚洲基础设施投资银行和丝路基金的设立,能够进一步扩大贸易结算领域和人民币的使用,并增加人民币计价的海外融资,为人民币的国际化提供支持。在可预期的未来,"人民币的国际化"甚至会逐渐向"世界经济的人民币化"转变,这或将成为全球迈向国际格局新常态的一部分。

"一带一路"倡议迎来的机遇

1. 天涯若比邻

现代科技的迅速发展,尤其是互联网以及各种交通工具的变革大大缩短了时空距离感,国际交往日益频繁。而"一带一路"所规划和强调的互联互通必然会加强沿线国家与地区的交通一体化、经济一体化、贸易一体化、金融一体化以及货币一体化等,"天涯若比邻"将会成为现实。且需特别强调的是,"一带一路"更多地聚焦于发展中国家,可以看作是"农村包围城市"战略的国际表现。具体来说,"要想富,先修路"是中国改革开放后的一句流行俗语,也是其实现经济腾飞的经验缩影,"一带一路"倡议的实施将中国发展经济的经验推广至邻近的欧亚非的广袤地区,可以有效地推动公路、铁路、港口和机场等基础设施的建设,为实现区域联动发展和共同繁荣注入新活力。此外,基础设施的建设将会自然而然帮助我国企业进一步"走出去",也会带动人民币国际化进程的进一步推进,为欧亚非经济金融一体化打好坚实的基础。

但需要指出的是,在加强基础设施等"硬件"建设的同时,还应大力加强信息、网络等"软件"的互联互通。目前国内网络相对而言监管较严,不利于信息的有效传递和交流的顺畅进行。我国在保证国家信息安全的前提下仍应加强信息的互联互通,建设我国与世界各国的有效沟通平台,更多地让中国的声音被世界听到,也有助于我们更好地与世界交流,建设成真正意义上深度交融的互利合作网络。

2. 互联网金融大发展

相比陷入困境的传统金融,近些年国内互联网金融的迅猛发展是有目共睹的。而"一带一路"倡议的实施对国内甚至沿线其他国家和地区发展互联网金融具有较大意义。首先,"一带一路"加强了我国与沿线 64 个国家和地区的联系,而各地间基础设施的互联互通也必然带来大量的贸易往来,这对于我国的跨境电商是一次历史性的发展机遇。

其次,目前我国传统金融体系与发达国家仍有较大差距,但互联网金融领域的发展全球领先,值得其他"一带一路"沿线的发展中国家思考和借鉴。多数发展中国家的传统金融体系和我国一样存在金融压抑,管理能力较差,而若以互联网金融为突破口则能以技术取胜,有利于其金融发展。

"一带一路"倡议引发的挑战

1. 国内改革与"一带一路"倡议的关系

在举国上下大力推行"一带一路"倡议的同时，我们还应妥善处理国内改革与"一带一路"倡议的关系。我们应时刻牢记，"一带一路"倡议的最终目的是我国国内的发展，所以"一带一路"与国内改革至少是相辅相成的关系，甚至应该是国内改革优先于"一带一路"，因为只有国内的改革跟上了、发展好了，"一带一路"倡议才有了支撑。

2. 人才不足，能力"赤字"

目前无论是国内的改革还是"一带一路"倡议的推进，最限制因素不是技术也不是资金，而是人才不足，能力"赤字"，特别是领导能力、组织能力、管理能力和传播能力。举个传播能力不足的例子，就是我们提出的"一带一路"倡议，在中文表述中没什么问题，因为我们有相应的历史积累，我们了解这个词语的意思。但是译成外文时直接翻译成"One Belt and One Road"其实让许多外国人非常困惑，他们并不能第一时间理解这个倡议的意思，必须通过专业机构的具体解释才能知晓一二，这从传播的角度来说是缺乏效率的，我国未来在"发声"的时候应注意这一点。

此外，对于管理能力的不足，我们可以在"走出去"的过程中先采用"参股"的形式而非直接选择"控股"，这样可以给我国企业一个学习的过程，避免很多不必要的失误。

3. 缺乏具有国际影响力的智库

本次国际金融论坛第七期领袖对话会的主题是"New Capital，New Values，New World"(新资本，新价值，新世界)，这非常有意义。国际金融论坛作为国内非常优秀的一个民间智库，聚集如此丰富的人才和资源实为难得。但无论是国际金融论坛，还是国内其他的智库，都应该加强在国内外的影响力，更多地发挥民间的力量、海外华侨力量，为推动国内经济金融的更好发展做出贡献。

"一带一路"与金融支持战略[①]

当今世界形势复杂多样,各国均积极寻求经济发展契机,谋求更多话语权,推动国际社会多极化发展;经济缓慢复苏,双多边合作机制交互作用,经济体联系日益密切;文化趋于多样,文化软实力成为各国提升国际地位的重要战略突破点,包容发展的主流态度促进了不同文化的繁荣与融合;信息成为主导,网络技术与电子科技持续爆发,"互联网+"成为未来经济增长新高地。在此背景下,"一带一路"倡议作为多边经济合作机制,以"丝绸之路经济带"和"21世纪海上丝绸之路"贯穿亚欧非大陆及附近海域,是中国促进区域全方位合作、推动共同发展的重要新名片。

"一带一路"连接着活跃的东亚经济圈与发达的欧洲经济圈,中间广大腹地国家经济发展潜力巨大。2014年,"一带一路"沿线64国GDP达13万亿美元,占世界GDP比重为16.8%,与美国(17.4万亿美元)相差不远且高于中国(10.4万亿美元)。沿线64国总体而言历史悠久,但国内形势错综复

① 此文根据作者在2015年11月中国国际金融学会学术年会暨2015《国际金融研究》论坛上的主题演讲整理而成。

杂;文化深厚,但宗教、语言多元;地域辽阔,人口众多,但政治局势复杂。这里面包括经济成长迅速、开放程度较高的东南亚与南亚国家,涉及能源资源丰富、战略地位独特的西亚、北非及中东欧、独联体国家,涵盖地缘政治重要、与我国合作日益密切的蒙古、俄罗斯及中亚国家。

经贸合作引领"一带一路"新成果

1. "五个一"新成果

发展和改革委员会对"一带一路"倡议在 2015 年的表现进行了相关总结,一项顶层设计凸显出《推动共建丝绸之路经济带和 21 世纪海上丝绸之路的愿景与行动》的重要战略意义;一系列国际共识反映出沿线国家对"一带一路"倡议的理解认同;一揽子合作协议表明中国政府及相关部门积极推动"一带一路"倡议落实与合作机制深化加强的认真态度;一批建设项目以能源及交通基础设施为主,以中巴经济走廊、中塔公路、中亚天然气管道、中老铁路、中泰铁路、中缅皎漂港、中白工业园为主要代表,展现"一带一路"倡议的前期进展;一个支撑保障体系强调了金融系统支持对"一带一路"倡议的支撑保障作用,2015 年以来,中国与沿线国家和地区经常项目下跨境人民币结算金额已超过 2.63 万亿元,签署双边本币互换协议的沿线国家达 15 个。

2. 开局之年:多层次经贸合作加强

2015 年 1 月至 5 月,中国与"一带一路"沿线国家双边贸易额达 3983.8 亿美元,占同期我国贸易总额的 25.8%;沿线国家在我国新设外商投资企业 767 家,同比增长 14.31%,实际吸收外资 29.19 亿美元,占全国吸收外资总额的 5.42%;在沿线 59 个国家承揽工程 1105 个,新签合同 251 亿美元,同期占比 48.6％。截至 2015 年 5 月,对沿线国家累计投资 1612 亿美元,占全部对外投资的 20％,累计派出劳务人员 280.3 万人。

此外,通过境外直接投资(ODI, overseas direct investment)与外商直接投资(FDI, foreign direct investment)对比可发现,中国与沿线各国的经贸与资金往来逐年上升,2014 年中国更是成为资本净输出国,并呈现以下地区差异:得益于东南亚的开放经济形态与中亚地区的地缘邻近优势,中国与东南亚、中亚地区及蒙古、俄罗斯经贸往来最为频繁;其次,中国与西亚、北非及南亚国家的经贸合作亦在不断强化。

由此可知,中国目前相比于大多数的"一带一路"沿线国家而言在经济发展的各方面都相对有优势,但同时我们还需清晰认识到,中国与沿线 64 国的经济交往仍以原材料进出口、工程承包等较低层次且相对初级的合作模式为主,在"一带一路"倡议指导下,亟须进一步加强和优化合作模式。

"一带一路"的金融支撑

1. 金融支持新格局

在"一带一路"的金融支持上,不同金融机构各自展开了相关活动以推动沿线的建设和多国合作的深化。

开发性金融机构与机制如丝路基金、亚洲基础设施投资银行等基本投资思路与框架已基本明确。丝路基金于 2015 年 4 月 20 日与三峡集团、巴基斯坦私营电力和基础设施委员会签署合作备忘录,启动对外收单投资,目前已与巴基斯坦、意大利、哈萨克斯坦及俄罗斯等国进行了相关投资合作;亚投行确定以交通、能源、电信、农业、城市发展为重点支持行业,将"丝绸之路经济带"建设纳入首期投资目标,其中便包括北京—巴格达铁路。国家政策银行如国家开发银行和进出口银行积极利用自身资金与政策优势扶持沿线大型基础项目建设。国开行对外签订双多边合作协议,推动中白工业园建设,支持"一带一路"沿线经贸往来,对内扶植重点省市,帮助陕西省建设"丝绸之路经济带"重要节点,助力云南省成为面向南亚、东南亚的辐射中心;进出口银行提供多样化贷款,融资中老铁路项目、贷款"中巴经济走廊"建设、与越南签署基础设施合作谅解备忘录。此外,中投公司为丝路基金出资 15 亿元,并通过海外直投公司——中投汇通,逐步加强对海外市场(包括"一带一路"沿线国家与地区)长期资产的财务性直接投资。

商业性金融机构与沿线国家的合作以银行业为主要支柱,其他金融行业加深参与力度,互联网金融也积极展开探索。截至 2015 年 6 月,21 个沿线国家的 55 家银行在华设立了 65 家分支机构,11 家中资银行则在 23 个沿线国家设立了 55 家分支机构,银监会也与 27 个沿线国家签署了双边合作备忘录或合作换文。中国工商银行支持"一带一路"项目 81 个,融资总额 116 亿美元;中国银行跟进项目约 300 个,总投资额超过 2500 亿美元;中国建设银行累计储备重大投资项目 263 个,投资金额共计 4600 多亿美元。其他行业对"一带一路"支持各有侧重,太平洋证券 2013 年出资 3120 万元,与老挝农业发展银行、老挝信息产业有限公司在老挝境内设立合资证券公司;中国人民保险集团股份有限公司 2014 年参与承保中亚天然气管道 C 线、斯里兰卡南部铁路项目、哈萨克斯坦哈铜巴夏库铜矿选厂项目;基金公司争相申报"一带一路"主体基金;中国—东盟(南宁)跨境电子商务产业园正式成立。各类金融机构均借势"一带一路"加快了境外探索的步伐。

2. 金融支持未来战略

(1) 深入把握"一带一路"本质要求

《推动共建丝绸之路经济带和 21 世纪海上丝绸之路的愿景与行动》明确

提出了"一带一路"倡议的合作重点，金融机构应把握倡议总体走向，为"促进各国互联互通"这一本质要求提供相应的金融支持。首先，对沿线国家的金融布局与项目支持应与各国政策环境及已有双边协议相适应，充分利用战略与政策契机加速海外发展实践；其次，关注交通、能源等基础设施建设项目，利用多种融资手段推动沿线国家设施联通；再者，加强关注进出口贸易信贷等金融支持，保障相关国家贸易畅通，然后尽快丰富网点数量并搭建资金交流平台，在加速各国资金融通的同时推动人民币国际化进程的进一步发展；最后，注重培养与吸引金融人才，通过科技与文化合作交流提高金融创新能力，开发金融新活力。

（2）积极建立多层次金融支持体系

"一带一路"倡议规模宏大，涉及国家众多，以国家间政策、设施、贸易、资金及民心互联互通为目的，以基础设施建设为重点，建立起层次互补的金融支持体系。

在金融市场方面，应充分发挥资本市场作用，在一定范围内加强我国与"一带一路"沿线各国在债券市场、股票市场的深入合作，形成沿线国家经济利益与中国经济发展更紧密的利益捆绑，以金融服务"一带一路"倡议。

在金融机构方面，首先，开发性金融机构需要发挥好引领作用，承担起早期资金支持与合作机制建立的责任。"一带一路"重点关注的交通或能源基础设施的建设具有初始投资高、开发周期长、现金流不确定等特征，因此，开发性金融机构前期的资金支持十分重要。此外，"一带一路"部分沿线国家政治局势复杂，与中国双边经贸往来较少，需要开发性金融机构先行进入，通过相关合作协议的签订或合作平台的搭建为后期商业金融机构的进入创造条件。

其次，传统商业金融机构承担好主体作用，对"一带一路"倡议的支持应从国内外的金融支持分别入手，结合自身业务特点，提供全面多样的金融服务。对外可通过新设分支机构或跨境并购拓宽中资金融机构在沿线国家的网络布局,提升中资金融机构在这些国家的影响力;对内应关注"一带一路"重要节点城市,推动各类区域开放中心的建立。银行业仍以大型商业银行为主导、股份制银行为重要补充,继续深化海外发展步伐,注重海外网络搭建,促进资金跨境流动。证券基金业需要加强沿线海外业务的拓展,设立、收购金融机构,为中国装备制造业等行业的国际化提供金融服务。保险业应当充分发挥自身风险管理的功能,可以通过银保合作等方式为大型基础设施项目提供风险保障,以促进沿线国家互联互通。

(3) 积极发挥互联网金融的重要作用

首先,"一带一路"战略的实施不仅会在很大程度上进一步促进国内互联网金融的发展,而且加强了我国与沿线 64 个国家和地区的联系,基础设施的互联互通也必然伴随着大量贸易的往来,这对于我国跨境电商是一次历史性的发展机遇,义乌显然就是一个经典的案例。

其次,以互联网金融为主要代表的新金融应注重发挥自身普惠金融的特点,利用自身优势采用"农村包围城市"的发展战术,吸引沿线国家小微企业与普通民众,为这类群体的投融资等金融需求提供个性化、专业化服务,助力中国离岸市场的建设。

再者,我国目前的金融呈现出传统金融体系与发达国家有较大的差距但互联网金融领域的发展却在国际上较为领先的态势,这样的一种发展现状值得其他"一带一路"沿线的发展中国家借鉴,这些发展中国家若把互联网金融作为一个突破口,则可以以技术取胜而不完全依赖管理,这也有利于其金融发展。

(4) 着力平衡沿线区位布局

中国与"一带一路"沿线各国经贸往来日益密切,但不平衡现象也十分明显。金融机构的沿线布局应当以各地区的基本特点为依据,实现协调发展。

东南亚地区多为新兴市场国家，金融开放程度较高，经济增长活力巨大，目前中资金融机构在此类地区有较多实践，日后应继续深化金融往来，注重对海上项目及进出口贸易的支持，并通过提升服务质量塑造自身品牌。蒙古、俄罗斯及中亚五国与我国的经贸合作较为频繁，同时受地缘政治影响，政治军事合作亦十分密切，应逐步健全现有合作机制，推进深层机构互设。西亚、北非地区石油等战略能源储量丰富，金融机构应加强对涵盖这类地区的能源基础项目的资金支持，但考虑到该地区政治局势复杂，金融机构在进入相关地区开展业务的同时应注重防范政治风险，建立完善的风险管理与退出机制。南亚地区人口众多，文化多元，市场潜力巨大，中资金融机构可通过并购等方式扩大在南亚地区的网络布局，在为当地居民提供就业机会的同时，充分利用当地丰富的人力资源降低管理成本。中东欧地区毗邻西欧发达国家，是亚欧经济动脉的重要连接点，中资金融机构在这些国家地区的布局相对存在较大空白，可以增加机构设立，拓展当地金融业务，同时促进双边贸易与资金往来。其他独联体地区经济体量虽小，但能源资源十分丰富，金融机构的支持应当注重对双边贸易往来及石油战略项目的资金融通及风险保障。

推动数字基础设施建设　打造"一带一路"经济共同体^①

"一带一路"经济体的现状

虽然"一带一路"倡议并没有限定范围,但公认的一般包括 60 多个国家,占联合国成员国的三分之一,涉及全球将近一半的人口,GDP 约占全球的 30%。

中国"一带一路"倡议实施的发展进程较快。在对外直接投资方面,2017 年第一季度,中国对"一带一路"沿线国家的投资规模近 30 亿美元,增长了 14.1%,超越了很多经济体的总体增长速度。在贸易方面,中国的出口在 2017 年第一季度增长了 15.8%,对"一带一路"沿线国家的出口占中国总体出口规模的 28%;而中国的进口增长了 42.9%,对"一带一路"沿线国家的进口占中国总体进口规模的 25%。在对外工程承包方面,在"一带一路"沿线国家或者经济体中,中国的对外承包占了所有对外承包的 50% 以上。这

---

① 本文根据作者在由国际金融论坛举办的 2017 丝路国际联盟大会上的演讲整理而成。

些说明"一带一路"沿线经济体的现状和中国有非常多的连接点，而另一点值得说明的是，除了韩国，中国对"一带一路"其他经济体都是资本净输出。

在金融支持方面，银行是"一带一路"金融支持的主力军。目前中国在"一带一路"沿线 24 个国家设立了 51 个一级机构，即国家的一级分行。中国工商银行的布局更加超前，在"一带一路"的 18 个国家有将近 130 家分支机构。如果说传统金融已经承担了"一带一路"金融支持"走出去"的"老大哥"角色，那么新兴的金融——互联网金融已成为新崛起的力量。如杭州有蚂蚁金服，它在印度尼西亚、印度等国购买了当地的金融机构。

数字基础设施建设过程中的挑战、目标以及如何克服数字鸿沟的困境

基于目前"一带一路"经济体的情况，若想将其打造成共同经济体，数字基础设施在互联互通方面非常重要。但是，数字基础设施在建设过程中也面临巨大挑战，即数字鸿沟的困境。这个挑战不仅存在于"一带一路"沿线经济体，也存在于发达国家的城乡之间，城市的富裕阶层和贫困阶层之间，行业之间，地域之间以及国家之间。

数字鸿沟的产生有多方面因素，尤其是基础设施和服务的可获得性。例如在中国，有了 Wi-Fi 之后，需要有一些企业的网络服务，如硬件智能、手机以及应用。有了硬件以后，需要消费者有可用的数字知识与技能。这需要各方协同努力，促进包容性的社会发展。

数字基础设施可以大大提升经济效率、企业运行的效率、国家治理的效率，但是也有可能带来更多的不公平。因此，如何让数字基础设施带来的数字红利在提升效率的同时保证社会的公平，让更多的人享受社会福利，是中国克服数字鸿沟、实现包容性社会与经济发展的重要目标。

如何克服数字鸿沟的困境？一是要有硬件基础设施，如网络设施。应

从供给侧角度来思考如何提供。二是要有软性基础设施,如市场规则、产业标准等。三是具备数字技能。在这一方面,中国的大学可以做出更多贡献。四是数字技术的创新。这需要企业更多的投入,并需要正确的导向,即需要绿色发展、绿色金融。此外,在全球数字治理的环境中,还应设置负责任的各类机构。

中国模式以及浙江机遇

中国在基础设施领域、精准服务性领域方面具有丰富经验,数字产业、互联网金融也全球领先。在硬件方面比如华为,软件方面如 BAT(百度、阿里巴巴、腾讯),都全球领先,因此其成功的经验以及好的业务模式和商业模式可以复制到国外。当然,"一带一路"各个经济体之间有很多差异性,但同时也有很多相似性。例如很多"一带一路"国家都处于发展阶段,它们在金融领域的发展状况和中国某一阶段相似,它们之间的发展水平也参差不齐,因此,中国已经走过的道路可以为"一带一路"其他国家提供参考、学习和借鉴。

很幸运,浙江在"中国模式"发展方面已走在了前面。浙江的民营企业是中国民营经济的一个重要组成部分。中国前 500 家民营企业中,有三分之一是浙商,而且浙商的脚步已经走遍了全球各地。而杭州,在数字技术领域、新兴产业领域更是独树一帜,可以称为全球跨境电商中心和互联网金融中心。

总结以上,推动数字基础设施的建设,需要中国在技术方面、制度方面、经济方面、贸易方面、交易方面等的努力,需要政府、企业、学校、非营利性机构等的共同努力。如何跨越数字鸿沟是当前面临的一个非常大的挑战,但也是一个非常大的机遇,应将中国经验、中国模式更好地推广到"一带一路"沿线国家。

人民币国际化背景下,中资银行如何"走出去"?[①]

  随着"走出去"战略的提出和积极推进,以及人民币国际化步伐的加快,中资企业的海外发展脚步不断向前。2014 年,我国境内投资者共对全球 156 个国家和地区的 6128 家境外企业进行了直接投资,累计实现投资 6320.5 亿元人民币(折合 1028.9 亿美元),同比增长 14.1%。中资企业的境外发展对配套金融服务提出了迫切需求,进而推动了中资金融机构,尤其是中资银行的国际化发展,跨境收购、参股案例激增,境外交易额也不断创新高。截至 2014 年,我国五大商业银行境外资产均突破 5000 亿元,境外利润均超过 40 亿元,其中,中国银行境外利润更是高达 531.93 亿元。

  与此同时,国家主席习近平提出共建"丝绸之路经济带"和"21 世纪海上丝绸之路"(以下简称"一带一路")的重大倡议,得到国际社会高度关注。亚洲基础设施投资银行和丝路基金的设立,将进一步扩大贸易结算领域中人民币的使用,并增加人民币计价的海外融资,对推动人民币的国际化意义重

---

  ① 浙江大学经济学院俞洁芳副教授、博士研究生吕佳敏、硕士研究生顾月亦对本文有贡献。

大。"一带一路"倡议是中国主动寻求开放的里程碑,是中国与丝路沿途国家开创地区新型合作、探寻经济增长之道的重大创举,也是我国企业谋求国际化发展的历史契机。

因此,在人民币国际化步伐不断加快的背景下,借助"一带一路"倡议,中资银行一方面要积极把握机遇,总结传承海外投资经验,合理规划布局,建立一套完善的海外发展战略;另一方面也要积极主动地应对"走出去"过程中可能遇到的挑战。

中资银行海外发展环境分析

1. 人民币国际化和"一带一路"倡议夯实海外发展基础,政策机遇颇丰

近些年,人民币国际化进程的大力推进是有目共睹的。据统计,人民币已于 2014 年 12 月超越加元(加拿大货币)成为全球第五大常用支付货币,以人民币计价交易的比例上升至纪录高位。人民币跨境使用区域逐渐扩大,跨境使用需求不断增加。以中国银行为例,2014 年中国银行共办理跨境人民币清算业务 240.8 万亿元,同比增长 86.6%。同时,人民币国际化的各项保障体系与制度不断完善,人民币国际清算体系的建设、相关法律法规的完善、跨境监管的协调与合作近年来得到了长足的发展,这都为中资银行的海外发展打下了坚实的基础。

此外,"一带一路"倡议的实施加强了我国与沿线 60 多个国家和地区的联系,基础设施等"硬件"的互联互通必然伴随着大量贸易的往来及货币、信息、网络等"软件"的互联互通。

对于中资银行来说,除"一带一路"的前期开发需要开发性银行的大力支持外,随着这一倡议的深入发展,中资商业性银行也可积极在沿线各国部

署海外分支,依托该倡议实现海外发展。这也为其海外发展的地域选择提供了不同于以往的思路。

2. 全球化浪潮带动中资企业向海外拓展,金融服务需求激增

全球化浪潮自兴起至今波涛汹涌,国际化几乎是所有现代企业发展到一定程度后的必然选择。跨境贸易、海外投资、对外并购等各类跨境行为的迅速增长凸显了对相应金融服务的巨大需求,资产的全球配置与资本的跨境流动将为金融机构带来巨大的利润与活力。

与此同时,2008 年美国次贷危机的爆发和迅速蔓延对各国金融都造成了强大冲击,虽中国亦受金融危机波及,但金融危机后全球企业估值的普遍下降以及各国投资门槛的降低使得中资企业"走出去"的步伐明显加快,中资企业因此拓展了海外业务平台,扩大了经营范围,提升了国际形象。因此,中资银行的海外发展除自身的发展需求外,也受到了中资企业境外扩张的巨大推动。

3. 中资银行海外竞争能力不断增强,发展空间广阔

随着国际化进程的逐步推进,中资银行的海外发展水平不断提高。一方面,截至 2014 年年底,中资五大国有商业银行均在海外建立多家分支机构,其中,中国银行和中国工商银行境外分支机构数量分别达到了 628 家与 338 家;各家银行的境外资产增长迅猛,均突破 5000 亿元,境外利润均超过 40 亿元。另一方面,中资开发性银行的海外扩张近几年也是发展迅速,国家开发银行的境外贷款由 2011 年的 7305.714 亿元增至 2014 年的 10085.832 亿元;中国进出口银行 2014 年新签转贷协议金额达 10.28 亿美元,其转贷业务共涉及 23 个国家和 7 个国际金融机构。

虽然目前中资银行已经取得了成果喜人的发展,但由于其谋求国际化

发展的历史较短、经验不足,目前除了几家大型国有商业银行外,其他银行的海外部署仍处于起步阶段,这也代表中资银行的进一步国际化发展有着广阔的空间。

与此同时,近些年中资银行在组织结构、管理理念、人才储备等方面的国际竞争力不断增强,且前期国际化发展中积累的经验教训也为其后期的发展提供了持续动力。

中资银行海外发展战略规划

在有着积极预期的海外发展前景下,中资银行应当坚持"走出去"的发展目标,结合实际制定国际化战略规划,谨慎拓宽海外发展区位,正确选择海外发展模式和机构形式,并积极抓住国家政策机遇,实现稳健而快速的海外发展。

1. 审慎制定国际化规划

金融机构的国际化是历史的潮流和趋势,但并非所有金融机构都适合寻求国际化发展。以美国银行业为例,截至 2014 年年初,美国共有 12517 家银行,其中 6000 多家为社区银行,这些社区银行主要为本地的中小企业和居民家庭提供存款、贷款、理财等金融服务,并不参与国际市场的竞争。其余的银行中,真正通过国际化战略实现海外业务扩张,并在国际金融市场上占据一席之地的仍以花旗银行、摩根大通、美国银行、富国银行、高盛集团等大型银行为主。

此外,日本银行业全球化的经验教训对目前中资银行的国际化规划也有一定的启示意义。虽然从 20 世纪 70 年代开始,随着日本经济不断向海外扩张,各家大型银行(包括长期信用银行、信托银行、地方银行、外汇专业银行、都市银行等)纷纷在海外设立分行或办事处,但从 90 年代开始,由于日本国内经济的恶化,部分银行对国外市场缺乏了解,本土化经营管理和人才资源不足,仅靠资金成本优势实行廉价竞争策略等的局限,日本银行在海外的资产急剧下滑,风险事件频现。截至 2014 年 12 月 31 日,日本 116 家银行中主要是三菱东京日联银行、瑞穗银行、三井住友银行等大型银行在跨国并购、海外业务扩张等方面有突出的表现。

因此,虽然从长远来看,随着经济全球化带来的市场竞争加剧,中资金融机构的国际化发展是必然趋势,但是否需要海外扩张仍因各机构情况而异,银行应立足于本身的整体发展战略,根据自身的实际情况统筹考虑、谨慎选择。

具体而言,我国国有商业银行在资金实力上具备较大优势,且已在海外市场上进行了一些探索,积累了一定经验,已经逐步形成较为清晰的"走出去"战略,可以抓住机遇适当加快"走出去"的步伐;而股份制银行则可选择稳健型战略,选择有条件的地方设立代表处,待条件成熟后,再加快设立营业性分支机构或者进行并购;对于城市商业银行和农村商业银行来说,由于自身暂时不具备国际化发展的实力,且国际化需求较低,应首先立足于国内市场,进一步提高内部管理水平,巩固优势,为未来的进一步发展奠定基础。

2. 统筹推进境外区位布局

中资银行"走出去"的区域布局需考虑多种因素,在提供融资、贷款、结算、投资等多方位资金保障的同时,还需根据东道国的经济发展潜力、双边经贸往来、市场盈利空间以及国家战略需求(包括产能输出、资源引进等)和政治、外交等因素,选择合适的目标区域。

(1)"一带一路"沿线地区战略

"一带一路"沿线包括东南亚、南亚、中亚、欧洲等地区,是我国当下最重要的经济战略热点。在加快同周边国家和地区基础设施互联互通建设的同时,资金的互联互通自然也很重要。例如,中泰"高铁换大米"计划、中巴经济走廊、匈塞铁路等跨国基础设施项目的启动便需要大量的资金投入。从银团贷款、银行授信等多边金融合作方式的开展,到亚洲基础设施投资银行、金砖国家新开发银行等新的国际金融组织的设立,通过各方共同筹集资金,一座"一带一路"资金融通的桥梁正在逐步搭建起来。

"一带一路"沿线国家和地区经济合作的进程加快为中资银行海外发展提供了良好的政策环境,同时也为金融机构的创新发展带来了新的机遇。仅中国银行就准备出资 1000 亿美元支持企业"一带一路"的产业布局;中国建设银行已确立"一带一路"相关项目资金需求约 2000 亿元人民币,将通过"信贷、融资、引资"三轮驱动,为"一带一路"提供金融支持;国家开发银行则启动了"一带一路"重点项目储备库,涉及 64 个国家约 900 个项目,投资金额逾 8000 亿美元;中国工商银行也已在"一带一路"境外沿线国家储备项目131 个,投资金额达 1588 亿美元。

此外,哈萨克斯坦、吉尔吉斯斯坦、塔吉克斯坦、土库曼斯坦、乌兹别克斯坦等中亚国家对我国地缘政治以及能源战略具有重要意义。虽然这些国家经济相对落后,经济总量较小,但对于我国能源进口与输送以及边陲稳定的意义非凡。特别是随着我国"一带一路"倡议的逐步推进,中资企业加快走出国门,对这些沿线中亚国家在基础设施等方面建设的加强更需要中资银行的入驻,为当地的中资企业提供金融支持。同时,由于这些国家和地区的金融服务不完善,竞争压力小,也为中资银行的进入带来了契机。但鉴于这些国家的经济和政治环境不稳定,中资银行进入时需注意防范经营风险,建议先以政策性银行为主,通过签署合作协议,建立健全在本币结算、人民币现钞调运、货币互换、银联卡等方面的合作机制,推进机构互设等深层次合作。从具体实践上看,1993 年 3 月中国工商银行在哈萨克斯坦设立了第一家中资银行,即中国工商银行(阿拉木图)股份公司,这也是中国工商银行第一家海外营业性机构。经过 20 多年的发展和经验积累,工银阿拉木图通过为公司和个人客户提供全方位的金融服务,起到了连接中哈经贸往来的桥梁作用。

(2) 亚洲地区战略

在中资银行"走出去"的过程中,整个亚洲地区必是重中之重。一方面从亚洲经济环境来说,亚洲经济一直是世界经济中最活跃的部分。我国经济实力的不断增强,我国与亚洲各国的贸易额不断增加,给中资银行开拓亚洲市场带来了巨大的商机。另一方面,亚洲市场无论是在地缘还是文化上,都与国内较为接近,方便中资银行"走出去"后对分支机构的管理以及兼并收购后的内部整合。参照国际上其他跨国银行的国际化发展经验可以发现,亚洲汇丰银行最初的海外扩张是从亚洲地区开始,在经历了 20 年的海外资本积累后才向欧美市场进军;美国花旗银行也是先立足美洲市场的发展,在积累了一定的经验和实力之后才进入欧洲和亚非市场的。可见,中资银行的海外发展也应先立足于亚洲地区。

具体来说,中资银行"走出去"应首先选择如中国香港、日本东京和新加坡等经济发展相对成熟的地区或国家,其优越的金融环境、较高的市场化程度以及较为完善的法律制度,有利于中资银行加深与国际市场的联系,快速提升整体实力。例如,中国香港作为我国企业境外投资经营最集中的地区,2014 年占我国境外直接投资额的 58.26%,对金融服务业有较大的需求。目前,中国工商银行、中国银行等国有商业银行均已通过设立分支机构或并购的方式,在中国香港、新加坡等市场抢先占据市场基础份额。相关数据显示,工、农、建、交四大银行在港澳及亚太地区的分支机构数量占总数的比例已经分别达到 55.49%、69.23%、66.67%和 66.67%。

其次,要努力开拓金融开放程度较高、限制较少的国家和地区,如泰国、马来西亚、菲律宾等。虽然这些国家和地区的经济总体不发达，但金融开放程度较高，投资者进入的门槛较低，市场竞争压力较小，适合我国中小股份制商业银行的发展。目前我国招商、浦发、华夏、兴业、广发等一批利润率高、服务质量好的银行已开始与当地银行组建战略合作关系，利用贸易融资的方式，促进中资银行在这些地区的发展。其中，招商银行在这些地区的发展规模较大，并与泰国、马来西亚当地的商业银行合作开展跨境人民币转账、国际结算、贸易融资、保函业务和离岸金融业务，在当地具有一定的影响力。

（3）欧美地区战略

中资银行实施"走出去"战略时，欧美市场也是不可忽视的。欧美市场一直是我国贸易出口的集中地区，2014 年中国对美国的出口占中国出口总额的 16.91％，同时我国也有 8.12％的进口来自美国。与此同时，欧美先进的跨国银行在人才配备、成本控制和经营效率上存在明显的优势，且 2008 年金融危机后欧美的资产价格相对低廉，中资银行进入欧美市场，不仅有利于抢占市场份额，提高国际知名度，而且有利于完善经营管理机制，引进新的技术和人才，通过国际化的竞争来实现变革。

我国"一带一路"倡议并不局限于亚洲周边国家和地区，而是希望借此打通欧亚经济大动脉。2015 年 6 月 6 日，中国与匈牙利签署了两国关于共同推进"一带一路"建设的政府间合作备忘录，匈牙利成为第一个走上"一带一路"的欧洲国家。由此可见，"一带一路"倡议为中资企业进入欧洲市场创造了条件。同时，由于欧洲地区存在较大的金融空白以待填补，可以作为中资银行未来重点布局的区域。

近些年中国银行、中国工商银行、中国建设银行、招商银行在开拓欧美市场上做出了积极的尝试。2011 年 1 月 21 日，中国工商银行与香港东亚银行在美国芝加哥签署买卖协议，用 1.4 亿美元收购资产达 7.17 亿美元的美国东亚银行 80％的股权，成为我国商业银行通过并购打入美国市场的首个成功范例。

(4) 非洲、拉美等新兴市场战略

随着我国与新兴经济体贸易及投资额的不断增长,拉丁美洲和非洲日益成为我国对外贸易和投资的重要区域。

一方面,虽然非洲经济相对落后,但其黄金和钻石等矿产资源丰富,并且在政治外交方面对我国具有积极意义,越来越多的海外投资者开始投身于以南非为代表的非洲国家的经济建设中。从 2007 年开始,中国工商银行就努力抓住非洲市场发展机遇,成功收购了南非标准银行 20％的股权。但总的来说,非洲国家整体经济发展水平不高,商业银行规模运作难度较大,因此中资银行在开拓非洲市场时可优先考虑中资政策性银行与东道国政府率先开展金融合作,待时机成熟后再进一步推进机构互设等深层次合作。

另一方面,拉丁美洲地区的经济发展成绩也不可小觑,以巴西、墨西哥为首的拉美经济体在全球经济受到重挫之后,利用其丰富的资源优势进入经济快速发展的新时期。但中资银行在这些国家的发展面临着两个不可忽视的现实障碍:一是语言障碍,西班牙语是许多拉美国家的官方语言,这对中资银行的员工和管理人员提出了更高的要求;二是治安问题,比如委内瑞拉、哥伦比亚和墨西哥等国的犯罪率非常高。因此中资银行在开拓拉美市场时,直接进入的难度较大,可优先采取并购当地中小金融机构这一形式扩展海外业务。中国建设银行已于 2013 年 11 月与巴西 bicbanco 银行达成协议,以 16.2 亿雷亚尔(约合 7.25 亿美元)收购其 72％的股权。

3. 谨慎选择海外发展模式

中资银行"走出去"在模式选择上主要包括两种:一是设立新的分支机构,包括分行、子行和代表处三种形式;二是通过并购参股或控股海外金融机构。这两种模式在准入门槛、扩张速度、投资成本、风险等方面存在一定差异,并各具优劣(如表 1)。在考虑采用何种模式进行境外布局时,中资银行应根据自身条件和发展战略以及东道国市场需求和相应的法律法规来谨慎选择。

表 1   中资银行"走出去"两种模式的比较

	新设(分行、子行、代表处)	并购(参股、控股)
准入门槛	申请审批程序耗时较长,东道国监管当局要求严格	依东道国金融业开放程度确定,通常较小
扩张速度	扩张速度缓慢	可以使用被并购方原有的网络,扩张速度快
投资成本	初期较小,视情况追加投资	资金需求大,可能增加并购方财务压力
本土化程度	本土化程度较低,成立初期母国有关客户占很大比例	本土化程度高,拥有被并购方原有的客户资源
风险	易受母行掌控,风险较小	牵涉因素多,风险较大
业务范围	限制较多,分行同时受东道国监管当局及母行业务范围限制	可以从事被并购方原有的所有业务

新设机构一般会面临东道国较为严格的监管限制,发展周期较长,对当地市场的适应和渗透速度较慢。且新设机构在发展初期的品牌知名度和市场认可度也不高,较难融入当地主流社会。但这一模式较为安全、稳健,管理和控制相对容易。

相反,并购则可以避免烦琐的机构设立审批手续、缩短进入东道国的时间,并获得被并购方原有的客户群和本土化网络,同时还能在一定程度上减少和规避目标市场国针对外资银行经营设置的种种壁垒,有利于在当地开展多元化经营;但存在并购后的企业文化、人力资源、财务管理等方面的整合问题,具有一定风险。目前,中资银行在海外的并购已有一些失败案例,例如2007年中国民生银行出资1.26亿美元收购美国联合银行9.9%的股权,但最终这项投资因被收购公司的倒闭而宣告失败。

总体来看,在资本全球化不断推进的今天,通过并购实现快速增长是现代金融机构特别是有较强跨国经营能力的国际大型银行海外扩张的重要方式与手段。但由于信息不对称,中资银行对东道国市场的熟悉程度不及东道国经营多年的本土银行,跨国并购风险较大。因此,对于刚走上国际化道路的商业银行来说,若东道国监管限制较低,可优先采用新设境外机构的方式,待熟悉环境且找到合适的收购对象之后,再通过并购重组、机构整合的方式实现现有机构的有效扩张。例如,招商银行在1992年就以设代表处的形式在香港地区设立了第一家境外机构,并于2002年8月28日正式设立招商银行香港分行;在熟悉香港市场的经营环境后,2008年,招商银行又通过收购香港永隆银行,进一步扩大其在香港的经营份额。

4. 仔细考量机构设立形式

如上文所述,新设分支机构是中资银行"走出去"的一种重要模式,银行业的分支机构一般有分行、子行和代表处等三种形式(如表2),优先采用何种形式设立机构也是中资银行实行国际化发展需要仔细考量的问题。

表2　代表处、分行和子行的比较

	代表处	分行	子行
与母行的关系	母行全资所有	母行全资所有	母行控股或拥有全部股权
法人地位	非独立法人	非独立法人	独立法人
业务范围	通常用作跨国银行正式进入东道国的前期调查,并用以保持与客户、监管机构的沟通联系	在资本、业务等领域受到的限制相对较小,一般以大额批发业务为主	可经营东道国监管部门批准的各项业务
优点	设立简便,运营花费、退出成本低	能够利用母行的资产和品牌声誉,资本监管指标要求相对简单	经营范围广泛,可在允许混业经营的国家实行混业经营;隔绝风险传染,母行以出资为限,不承担连带责任
缺点	不能开展经营性业务	设立周期长,存在政策壁垒,进入东道国较为困难;业务范围会受母行及东道国监管部门要求的限制;母行对其经营情况承担连带责任;如果发生不利情况,会将风险传递至母行	监管相对较严,会有资本充足率等指标要求;可能无法发挥母行的资金实力和品牌效用,影响客户的信任度

代表处是跨国银行在东道国设立的一种初级分支机构,不能经营具体的存贷款业务,但可以为母行收集关于东道国政治、经济、文化、法律和商业机会的信息,建立并维护母行与东道国的关系网络,为开展具体业务做好前期准备。因此,中资银行在进入东道国的初期可先设立代表处,用以搜集东道国信息、调查市场机会,从而规避贸然进入东道国所带来的巨大风险。若经详细调查后,认为当地适宜建立正式的经营性机构,中资银行可以再将原有的代表处升级为境外分行或者在当地成立子行。

分行和子行都属于经营性的分支机构,但前者不具有独立法人地位,而后者是按照东道国法律设置的、具有独立法人地位的实体。因此,当地监管部门对于子行和分行也有不同的监管要求。通常情况下,分行在资本、业务等领域受到当地的监管限制比子行少许多,但子行的独立法人地位具有风险隔离的作用,可以防止跨国银行在东道国的经营风险传递到其他地区。由于我国目前仍然实行比较严格的分业经营、分业监管制度,海外分行只能在母行的经营范围内开展业务,而子行则可在允许混业经营的国家实行混业经营,这在一定程度上限制了中资分行海外业务的广泛性、灵活性和市场竞争力。同时,由于中资分行在东道国受到的监管力度较小,一些国家可能会人为设置政策壁垒,阻止中资银行以分行的形式进入。以英国伦敦为例,除中国银行基于特殊历史原因在 1929 年设立伦敦分行外,之后中国的银行一直未被允许以分行形式进入英国,直到 2013 年第五次中英经济财金对话后,英国监管机构才同意考虑仅从事批发业务的中资银行在英国开设分行的申请。2014 年 12 月 2 日,中国工商银行伦敦分行在英国伦敦正式宣布对外营业,成为自中华人民共和国成立以来中国大陆地区银行在英国获准成立的首家分行。

在准入门槛较低、法律和监管制度健全、信贷业务资源丰富的地区(如东盟、欧盟国家),中资银行可通过设立分行的方式发挥集团优势;在准入和监管条件限制较多(如英国、美国),经营风险相对较高的地区(拉美国家),可通过设立子行的方式设立"防火墙"。而在具体业务分配上,子行可以开展的业务种类较多,也会有资本充足率等监管指标要求;而分行业务种类相对简单,相应的监管指标要求也较低。因此,中资银行通常会将零售和小企业业务交予境外子行,而把大额批发业务交予境外分行,在利用总行授信优势的同时不占用境外子行的指标。

结语

综上,第一,未来中资银行"走出去"的步伐将不断加快。首先,人民币国际化的加速推进以及"一带一路"倡议为中资银行海外扩张提供了良好的环境和战略机遇;其次,全球化浪潮带动大量中资企业向海外迅猛发展,使其对跨国金融服务的需求增多;再者,中资银行自身制度的完善以及竞争力的增强为进一步国际化打下了良好的基础。

第二,中资银行应审慎制定国际化规划,结合自身实际进行海外扩张,大型商业银行和股份制银行可循序渐进探索海外发展,而城市商业银行和农村商业银行应先立足国内市场,打好业务基础。

第三,在海外布局上,中资银行首先应紧紧抓住"一带一路"历史契机,以丝路经济带国家和地区为重点,加强金融合作和交流;其次,以中国香港、新加坡等经济发展成熟的亚洲地区为支撑,巩固亚洲市场;最后,努力填补欧洲市场空白,并加强在非洲、拉丁美洲等国家的布局,推动中资银行走出去。

第四,在海外发展模式上,新设分支机构和跨国并购这两种海外扩张形式在准入门槛、扩张速度、投资成本、风险等方面存在一定差异且各具优劣,对于刚走上国际化道路的金融机构而言,若东道国监管限制较低,应先采用新设境外机构的方式,待熟悉环境并找到合适的收购对象后,可再通过并购重组、机构整合等方式实现现有机构的有效扩张。

第五,在机构设立形式上,在进入东道国的初期,应以设立代表处为先,凭借其较低的运营和退出成本,积极开展东道国信息搜集、市场机会调查,以判断当地是否适宜建立正式经营性机构。此后,在准入门槛较低、法律和监管制度健全、信贷业务资源丰富的地区,应通过设立分行的方式发挥集团优势;在准入和监管条件限制较多和经营风险相对较高的地区,应通过设立子行的方式设立防火墙,防止跨国银行的经营风险传递。

2015 年中资银行国际化报告

改革开放至今,中国金融市场在引进大量外资的同时,也在积极融入国际市场,各类中资金融机构,尤其是中资银行都在为拓展海外市场而努力,且已初具规模。一方面,中资银行的国际化发展是中国金融市场对外开放的重要体现,其本身的规模、区位选择和模式探索都具有较大的研究价值;另一方面,银行是金融服务的重要供给者,为现代企业的发展提供了必不可少的金融支持,中资银行的海外发展现状既可反映中资企业的海外发展情况,也会对往后的中资企业国际化拓展产生重要影响。

中资银行国际化指数编制

在国际经济呈现分化新格局、国内经济步入运行新常态的背景下,在人民币跨境使用规模范围齐升、国内资本市场逐步开放的趋势下,在"走出去"战略、"一带一路"倡议积极推行的历史契机下,本文着眼于直观且深入地分析中资银行的国际化现状,通过层次分析法(Analytic Hierarchy Process,简称 AHP),选取三类指标从境外资产积累、营业情况、分支机构以及海外并购等多方面建立中资银行国际化指数(Chinese Banks Internationalization Index,简称CBII),并分别对国际化实践较为丰富的大型商业银行和股份制银行进行指标评估与排序,两个指数体系的主要区别在于具体指标参数的选择和权重的设定。本文希望通过CBII的编制,综合反映我国银行业的国际化程度,使各中资银行正确认识自己目前的发展水平及市场地位;并通过数据的实时更新反映其动态进程,分析中资银行在国际化进程中出现的新挑战和新机遇,以利于中资银行更好地制定下一步的国际化发展战略。同时,CBII也为评估其他金融机构的境外发展水平提供了可借鉴的方法与思路。

中资银行国际化排名

根据上述CBII编制方法,本文计算出了五家大型商业银行和部分股份制银行的CBII数值,并对其进行了排名,具体如下:

表1 五家大型商业银行和部分股份制银行CBII指数排名

排名	银行	指数
1	中国银行	23.72
2	中国工商银行	9.12
3	交通银行	7.73
4	中国建设银行	4.47
5	中信银行	4.38
6	中国农业银行	3.30
7	招商银行	2.29
8	广发银行	1.22
	合并值	8.56

注:本表中显示的CBII排名采用的是"模拟体系"的排名结果。因五家大型商业银行与股份制银行有较大区别,因此在设计CBII指标时分别针对大型商业银行和股份制银行建立了两套体系,其中指标具体参数和权重的设定都不同,其指数结果不可直接比较。为解决此问题,将大型商业银行的数据代入到股份制银行的模型中,得出本表指数作为排名的一种参考。

表 2　部分中资银行国际化排序

排名	境外资产排名	境外资产占比排名	境外资产增长率排名
1	中国银行	中国银行	中国农业银行
2	中国工商银行	交通银行	中国工商银行
3	中国建设银行	中国工商银行	浦发银行
4	交通银行	中国建设银行	中国建设银行
5	中国农业银行	中信银行	交通银行
6	中信银行	中国农业银行	中国银行
7	招商银行	招商银行	招商银行
8	浦发银行	广发银行	中信银行
9	广发银行	浦发银行	广发银行
排名	境外营业收入排名	境外营业收入占比排名	境外营业收入增长率排名
1	中国银行	中国银行	光大银行
2	中国工商银行	中国工商银行	中国农业银行
3	中国农业银行	交通银行	招商银行
4	中国建设银行	中信银行	交通银行
5	交通银行	中国农业银行	广发银行
6	中信银行	中国建设银行	中国工商银行
7	招商银行	招商银行	中信银行
8	广发银行	广发银行	中国银行
9	光大银行	光大银行	中国建设银行
排名	境外利润排名	境外利润占比排名	境外利润增长率排名
1	中国银行	中国银行	招商银行
2	中国工商银行	交通银行	中国建设银行
3	中国建设银行	中国工商银行	交通银行
4	交通银行	中信银行	广发银行
5	中国农业银行	招商银行	中国农业银行
6	中信银行	中国建设银行	中信银行
7	招商银行	中国农业银行	中国银行
8	广发银行	广发银行	中国工商银行

基于中资银行国际化指数结果以及相关发展现状数据,得出中资银行国际化发展的五个核心结论。

其一,国际化指数方面,五大行中中国银行遥遥领先。从指数来看,中国银行连续 8 年国际化指数在五大行平均水平以上,最大时为 3.5 倍;中国工商银行与交通银行的国际化指数近 8 年来基本位于五大行平均水平线上;中国建设银行和中国农业银行国际化稍显滞后。从增速来看,中国农业银行年均增速最大,随后依次为中国工商银行、中国建设银行和交通银行,中国银行略有负增长(可能是边际增速递减引起的)。2014 年,五大行的国际化水平由高至低依次为:中国银行(20.99)、中国工商银行(8.17)、交通银行(7.12)、中国建设银行(4.08)、中国农业银行(2.72)。

股份制银行中,国际化指数方面中信银行占得先机。从指数来看,中信银行国际化水平大幅领先,约为三家银行综合平均水平的 5 倍,招商银行和广发银行则在平均水平线以下;从增速来看,广发银行增长最快,其次为招商银行,中信银行的国际化进程近 5 年陷入停滞。这三家股份制银行 2014 年的国际化水平由高至低依次为:中信银行(4.38)、招商银行(2.29)、广发银行(1.22)。

中资银行境外资产、营收和利润占比远低于国际大型银行。近 8 年来五大行平均境外资产、营收和利润占比分别为 8.09%、6.12% 和 6.30%,而花旗银行的相应数值为 60.29%、50.59%、50.32%,汇丰银行为 48.36%、62.35%、69.05%,约为五大行平均值的 8 倍。由此可见,中资银行的国际化发展水平与国际先进水平差距甚远。

中资银行境外资产、营收和利润增速持续高于国内经济发展水平。除了受 2008 年次贷危机的影响以及国内 4 万亿投资驱动外,2007 年至 2014 年的几年间,中资银行境外资产、业务发展在大多数年份保持了显著高于境内业务、对外直接投资、对外贸易以及我国 GDP 的增长,尤其是五大行的境外业务,近几年平均增速高达56%。而在五大行中,境外资产规模最小的中国农业银行近些年境外业务增速最为突出,2014年达到了76.77%,是五大行平均增长率的2.6倍。

五大行的海外机构有近一半在亚洲,分布集中。从总量上来看,中国银行和中国工商银行的境外机构远多于其他三家银行,几乎占到了四分之三。从地区分布上来看,五大行的海外机构约有一半集中在亚洲地区,说明国内银行对外扩张时多以周边地区作为首发地点。同时,近些年亚太地区新兴国家发展迅速,对金融服务的需求大幅增长,促进了中资银行在亚太地区的业务拓展。另外,欧洲和北美洲等发达地区的分支机构数量显著高于非洲地区,这表明除了拥有地缘优势的周边国家和地区之外,中资银行资本会优先向资本充裕的发达国家流动。

中资银行海外发展战略建议

在充分了解目前中资银行的国际化发展阶段和现状的基础上,本文总结了国内外金融机构的海外发展经验,提出下列战略建议。

首先,各银行应立足自身实际,审慎制定国际化规划,结合自身实际进行海外扩张,切勿跟风。其次,在"走出去"的区位选择上,应牢牢抓住国家政策的机遇,加强与"一带一路"沿线国家的金融合作,同时向新加坡、中国香港等发达金融市场拓展,并努力填补欧洲空白,加强在非洲、拉丁美洲等地区的国家的布局。再者,在"走出去"的模式选择上,对于刚走上国际化道路的商业银行来说,若东道国监管限制较低,先采用新设境外机构的方式或许相对稳妥一些,待熟悉环境,找到合适的收购对象之后,再通过并购重组、机构整合的方式实现现有机构的有效扩张。最后,在有着积极预期的海外发展前景下,中资金融机构应坚持"走出去"的发展目标,拓宽境外发展区位选择,正确选择海外发展模式,并积极抓住国家政策机遇,实现稳健而快速的海外发展。在"走出去"的机构形式选择上,初期可设立代表处,之后可考虑通过分行发挥集团优势,通过子行设立"防火墙"。

最后,本研究的指标体系是开放且保持动态调整的。随着中资银行"走出去"的步伐不断加快,"走出去"的方式逐渐多样,中资银行的国际化统计指标一定会更加完善。

承载人民币国际化重任，中资银行应如何前行？

改革开放至今，中国金融市场在引进大量外资的同时，也在积极融入国际市场："一带一路"倡议为中国与欧亚国家贸易优势互补和区域经贸协同发展提供指引，人民币国际化进程持续推进，互联网金融连接全球。在此背景下，各类中资金融机构都在为拓展海外市场而努力且已初具规模。一方面，人民币国际化为中资金融机构的国际化带来巨大机遇；另一方面，中资金融机构的海外发展是推动人民币国际化的重要力量。在中资金融机构的国际化发展中，中资银行毫无疑问是主力军，本文将结合《2015 中资银行国际化报告》，借助中资银行国际化指数（Chinese Banks Internationalization Index，简称 CBII）分析中资银行的海外发展现状，并在此基础上提出中资银行如何更好地推动人民币国际化的战略建议。

中资银行的国际化

作为中国金融市场对外开放的重要体现，中资银行的海外发展规模、区位选择和模式探索既可反映中资企业的海外发展情况，也会对今后中资企业国际化拓展产生重要影响。由于商业银行在规模、科技、人才等方面优势突出，中资金融机构对外扩张仍以各大商业银行为主，其中又以 5 家大型商业银行为最，而证券、保险、基金等金融机构的国际化程度则相对较低。

为了定量评估中资银行的国际化程度，动态反映其国际化进程，并分析中资银行在国际化进程中遇到的挑战和机遇，以便"对症下药"，本文通过层次分析法选取三类指标，从境外资产积累、营业情况、分支机构和海外并购等多方面建立中资银行国际化指数(CBII)，分别对国际化实践较为丰富的大型商业银行和股份制银行进行指标评估与排序(见表1)，两个指数体系的主要区别在于具体指标参数的选择和权重的设定不同。

表 1　2014 年中资银行代表机构 CBII 排序[①]

排序	标准体系				统一测算体系	
	大型商业银行	指数	股份制银行	指数	中资银行	指数
1	中国银行	20.99	中信银行	4.38	中国银行	23.72
2	中国工商银行	8.17	招商银行	2.29	中国工商银行	9.12
3	交通银行	7.12	广发银行	1.22	交通银行	7.73
4	中国建设银行	4.08			中国建设银行	4.47
5	中国农业银行	2.72			中信银行	4.38
6					中国农业银行	3.30
7					招商银行	2.29
8					广发银行	1.22
合并指数		8.38		2.93		8.56

通过对 CBII 的深入分析，可以发现，中资银行经过多年的国际化发展，已具有一定的规模与特点。

---

①　为了更清晰地对比两类中资银行的国际化水平，除进行标准 CBII 测算外，还利用股份制银行 CBII 测算体系对 5 家大型商业银行的 CBII 数值进行了测算，以得到统一测算体系下中资银行的 CBII。

CBII 总体稳步上升,个体渐趋分化

进入 CBII 模型分析的 5 家大型商业银行和 3 家股份制银行的合并 CBII 值基本都保持平稳增长,2014 年大型商业银行与股份制银行的合并 CBII 值均达历史高点：前者为 8.38,相比 2007 年增长了 36.37％,而后者为 2.93,是 2012 年股份制银行合并 CBII 值的 1.25 倍。绝大多数中资银行的海外发展势头正劲。

与此同时,中资银行国际化发展差异凸显。2014 年大型商业银行合并 CBII 值(8.38)约为股份制银行合并 CBII 值(2.93)的 3 倍,反映出大型商业银行在中资银行国际化发展中的主力军地位。其中,以中国银行(20.99)发展最为突出,中国工商银行(8.17)追赶迅速,中国农业银行(2.72)潜力巨大。而股份制银行的强劲发展在统一测算体系下得到了较好体现,作为股份制银行的优秀代表——中信银行的 CBII 值(4.38)超过了中国农业银行(3.30),接近于中国建设银行(4.47),虽然这仅是放宽条件下的一次估计,却也在一定程度上展现了股份制银行在未来国际化发展中的巨大潜力。

但仍需注意的是,中资银行在人民币资金上的资源优势是其目前境外发展的重要条件,在人民币国际化尚未完全实现之前,境外机构或个人对人民币资金融通的需求仅能通过为数不多的中资银行实现。但随着人民币国际化进程的加速推进,这种带有垄断性质的利润来源方式将无法延续,中资银行应紧密结合当地市场情况,加快提升多样性业务的开发与经营能力,重新定位自身优势与目标,寻找新的利润增长点。

境外经营总量已具规模,占比望"洋"兴叹

无论是境外资产积累,还是境外营业收入与税前利润,中资银行的境外经营总量均实现了较为迅速的增长。截至 2014 年,五家大型商业银行境外资产均突破 5000 亿元,境外营业收入均超过 90 亿元,境外利润均已逾 40 亿元。其中,中国银行境外发展水平最高,其境外资产总额高于其余四家大型商业银行之和。与大型商业银行相比,股份制银行的境外发展稍显薄弱,发展较为突出的中信、招商、浦发、广发银行等的境外资产均未超越 2000 亿元(数据截至 2014 年)。

尽管总量水平上的大量积累体现了中资银行境外发展的巨大成就,但总体而言,中资银行的国际化水平仍远低于国际大型银行。与汇丰和花旗两家外资银行相比[①],我国大型商业银行合并境外资产占比(11.51%)约为汇丰银行(50.99%)和花旗银行(55.39%)平均水平的 21.64%;合并境外营业收入占比为 7.27%,约为汇丰银行和花旗银行平均水平的 13.02%;合并境外利润占比约为 7.81%,仅为汇丰银行和花旗银行平均水平的 12% 左右。

在境外相关经营数据的增速表现上,中国农业银行增长最为明显,历年增速基本保持第一。同时,境外资产高于境内资产的积累速度反映了中资银行海外实践的迅猛发展,这可能是国内盈利空间挤压和人民币升值双重推动的结果。此外,大型商业银行境外营业收入增速自 2012 年开始超越了我国对外投资、贸易以及 GDP 增速,体现出中资银行除服务实体经济外的自身国际化发展需求。

---

① 花旗银行数据以北美代替美国,且相关数据仅包含境外个人零售业务,因个人零售业务的客户群体相对偏向本土化,因此花旗银行的实际国际化水平高于统计结果。汇丰银行以欧洲代替英国作为境内指标,因此汇丰银行的实际国际化水平亦高于统计结果。

境外网络布局全球，偏重亚太地区

一方面，以大型商业银行为主要代表的中资银行"走出去"的区位分布表现出"先近、后远、先发达、后发展"的特征。大型商业银行的海外机构约一半集中在亚洲地区，说明国内银行对外扩张时多以周边地区作为首发地点。另外，欧洲和北美洲等发达地区的分支机构数量显著高于非洲地区，这表明除了拥有地缘优势的周边国家和地区之外，中资银行资本会优先选择向发达国家流动。当然，近年来，中资银行也在向石油等战略资源丰富的中东地区展开探索，尤其是在"一带一路"倡议与人民币国际化的发展要求下，更加注重与沿线国家的交流与合作。

另一方面，在中资银行分支机构国际化的行业格局上，中国银行与中国工商银行在铺展国际化布局方面更为超前，均在超过 40 个国家建立了分支机构。剔除业务级别及经营能力较为低级的代表处和支行，大型商业银行的境外分布情况更加明朗：中国银行与中国工商银行境外分行及分支机构总和接近行业总量的四分之三，其中中国银行占到一半以上。

扩张模式仍以分支机构为主，跨境并购逐渐兴起

虽然中资银行建立分支机构的速度有所下降，但新设分支机构仍然是中资银行进行海外扩张的重要途径。截至 2014 年，中国银行（628 家）与中国工商银行（338 家）的境外分支机构数目远超过其他银行（中国建设银行 24 家、交通银行 13 家、中国农业银行 10 家，招商银行 8 家），引领中资银行的国际化发展。

同时，跨境并购愈发受到中资银行重视，成为助力其国际化发展的新兴

方式。中资银行的跨境并购兴起于 21 世纪初,2006 年,随着我国加入世贸组织,过渡期完结,进入全面开放时期,2007 年形成并购高峰。中国工商银行是中资银行跨境并购最积极的银行,尤其是在金融危机后,收购案例多,交易金额大,截至 2014 年年底,已发生 12 起跨境并购,除涉及中国港澳台地区和泰国等亚洲地区和国家外,也延伸至美国、加拿大等发达国家,南非、阿根廷等新兴市场国家以及土耳其等中东国家。

总之,中资银行的国际化发展以大型商业银行为主力,以股份制银行为重要补充,虽已取得了令人欣慰的成绩,但发展空间仍然巨大。

中资银行如何进一步推动人民币国际化?

人民币国际化是中国金融市场国际化的重要组成部分,中资银行的作用在这其中至关重要,在制定国际化战略时,应当重点考虑对人民币国际化进程的充分推动。

1. 增强在国际金融市场上的发声频率,争取世界对人民币的支持和理解

国际社会对人民币国际化仍然存在误解和担忧。2016 年中国人民银行针对人民币加入特别提款权所做的一系列加快人民币汇率改革的举措被国际社会广泛误读,国际上称其为中国开启了全球竞争性贬值的货币战争。纠正上述误解确有必要,但更需要反思我国在国际金融体系中话语权薄弱现状。

中资银行作为中资金融机构甚至是中国金融的第一张名片,应充分认识到自身在人民币国际化"软支持"中发挥的举足轻重的作用和重大责任,提升国际形象,提高在国际金融体系中发声的频率和质量,重视传播效率。同时,在推动人民币国际化的进程中正确引导和宣传人民币国际化的内

涵——实际上只是让人民币在国际上作为一种正常使用的货币，即人民币要成为现存国际货币体系的有效补充。

除此之外，2014 年，中国政府组织参与了一些国际开发性金融机构，其中金砖国家新开发银行和亚洲基础设施投资银行（亚投行）最具代表性。一方面，金砖国家新开发银行可以成为中国参与国际多边治理、提升在全球金融体系中的话语权的重要载体和平台，总部选址上海也有利于上海作为国际金融中心的建设；同时，金砖国家新开发银行的成立为人民币的跨境使用和国际化提供了一条新途径。另一方面，亚投行可以以基础设施的互联互通推动区域经济共同发展，亚洲开发银行的数据显示，目前约有 32% 的贷款发放到交通基础设施领域，亚投行的成立不仅加强了亚洲地区基础设施融资供给的能力，更有助于大幅度提高资金的使用效率。

金砖国家新开发银行和亚投行也是推动人民币国际化的重要载体，我国应加大力量办好两家银行，两者相互借鉴、加强合作，积极发挥其在增强中国于世界舞台上的分量、促进全球基础设施建设、增强多边体系的整体力量、推动国际经济治理的改革等多方面的强有力的作用，实现与现有多边金融机构的优势互补。

2. 抓住机遇铺展全球网络，扩大人民币使用范围

中资银行是人民币在境外流通与结算的主要金融中介，其区位分布对人民币的使用范围会产生基础性的影响。目前，境外人民币清算行共有 15 家，分别分布在港澳台地区、新加坡、韩国、马来西亚、泰国、澳大利亚、加拿大、英国、德国、法国、卢森堡、卡塔尔、智利，即主要分布于环太平洋地区与一些欧洲国家，数量仍然较少，覆盖面仍然不足。

中资银行的布局应当具有全球视野，抓住机遇铺展全球网络。具体而言，中资银行首先应积极响应"一带一路"倡议，借助这一经济政策，在为与

沿线国家的经济合作提供金融支持的同时,在沿线国家设立分支机构,渗透各国市场,积极推行人民币业务,提升人民币在沿线国家经济合作中的地位。其次,中资银行国际化发展应有所侧重。亚洲地区无疑是中资金融机构境外发展的首选之地,无论是中国在亚洲地区更为强大的影响力,还是资金需求庞大的新兴发展市场,都为人民币的跨境使用提供了良好的发展前提。此外,欧美地区与中国经济合作往来亦十分频繁,2014 年中国与欧美地区的进出口贸易额占比达 32.05%,但人民币清算行在欧美地区的分布却较少。这一方面源于欧美地区的通行货币——美元及欧元的世界货币地位,另一方面则体现出人民币在这些地区的吸引力有待提高。

因此,中资银行在欧美地区的发展应当更加注重对人民币业务的宣传与质量提升,以增强人民币在国际化市场上的竞争力。而对于非洲与拉美等新兴市场,中资银行应更多地结合外贸产业的发展特点开展机制创新和产品创新,加强与东道国金融机构的联系沟通,开展跨地区股权合作、银团贷款、融资代理业务等金融合作,构建优势互补机制。

3. 重视人民币业务深入探索,推进人民币国际化纵深发展

中资银行推动人民币国际化要通过相应的跨境人民币业务展开。开发与完善跨境人民币金融产品和服务体系,增强跨境人民币业务的竞争力,会极大地推动人民币国际化向纵深发展。

首先,金融机构服务实体经济的功能要求中资银行紧密追随"走出去"的中资企业,为其提供融资、贷款、结算、投资等多方位的资金保障。通过市场调查,对信用证融资、保理融资、供应链融资等贸易融资业务进行合理设计,密切关注境内外利率及汇率波动,及时调整融资安排,增强产品竞争力,是提升跨境人民币贸易融资的重要思路。

其次,资本项目的逐渐开放为中资银行探索境内外资本流动提供了更多空间。一方面,中资企业和机构对外发行人民币债券的限制逐步放宽,这要求中资银行提高自身对人民币证券发行、承销等基本业务的操作能力,增强在国际市场上的定价能力,并拓宽国际客户的范围,这类业务能力的提升会极大地促进人民币证券的对外发行,有助于人民币国际化进程的推进。特别需要注意的是,2015年10月20日,中国人民银行在伦敦采用簿记建档方式,成功发行了50亿元人民币央行票据,期限一年,票面利率3.1%。此次央行票据发行是中国人民银行首次在中国以外地区发行以人民币计价的央行票据,中国工商银行、中国银行、中国农业银行、中国建设银行、交通银行等中资银行都有参与。中资银行应该珍惜和把握机会,总结经验,灵活运用此类手段从全球市场募集资本,并对进一步推动人民币国际化产生深远影响。另一方面,为有效地促进人民币国际化,需要丰富人民币的投融资功能,增加离岸市场人民币规模和流动性,使更多的非中国企业、机构、个人享受到人民币国际化的红利,提高其使用人民币的积极性,而"更多的有吸引力的人民币投融资产品"需要中资银行来提供。

总的来说,中资银行的国际化战略应在充分考虑自身发展前景与约束的同时,站在更为宏观的视角,探寻为人民币国际化服务的方式。通过提升自己在国际金融市场上的发声频率和质量,合理化全球布局,推进跨境人民币业务多样化,以进一步推动人民币国际化的进程。

对标国际一流——2016 年中资银行国际化报告

2015 年,世界经济形势愈加复杂,中国经济新常态特征更加显著,人民币国际化进程取得突破性进展,"一带一路"倡议逐步深化。在此背景下,中资银行的国际化脚步继续延伸,境外经营总量持续扩张,境外机构布局日趋完善,国际影响不断增强。但与此同时,中国银行业的国际化发展无论从业务拓展广度还是市场挖掘深度,均与国际顶尖的综合性银行有较大差距。因而,在更为复杂多元的金融格局下,充分了解发展现状、积极把握发展机遇、总结借鉴海外经验、合理规划机构布局、制定完善发展战略对中资银行的国际化发展十分重要。

从 CBII 到 BII

在中国经济进入新常态,强调"实行更加积极主动的开放战略",人民币加入特别提款权(SDR,Special Drawing Right),国际化进程持续推进的当下,本研究在 2015 年首次提出中资银行国际化指数(Chinese Bank Internationalization Index,CBII)的基础上,选取两类指标从境外分支机构情况、资产状况、营业业绩等方面建立了银行国际化指数（Bank Internationalization Index，BII），拓展了指标体系的适用范围，除对国际化发展具有代表性的中资银行进行评分外，还选取了全球系统重要性银行（Global Systemically Important Banks，G-SIBs）中数据较为全面的 16 家外资银行予以分析，借此梳理中资银行国际化成果，对比中外资银行国际化差异，探索中资银行国际化路线，研究中资银行国际化风险，从而为中资银行国际化发展提供可借鉴的经验。

中外资银行国际化排名

根据上述 BII 编制方法，本报告计算出了 5 家中资大型商业银行、5 家中资股份制银行及 16 家外资银行的 BII 数值，并对其进行了排名，具体如下：

表 1   部分中外资银行 BII 指数排名

中外资银行	2007 年	2008 年	2009 年	2010 年	2011 年	2012 年	2013 年	2014 年	2015 年	2015 年排名
渣打银行	/	/	/	/	83.42	81.46	83.79	84.83	88.84	1
西班牙国际银行	67.65	69.96	72.24	75.53	78.31	77.71	74.84	74.77	76.74	2
北欧联合银行	63.00	72.55	72.30	70.83	70.59	70.06	71.79	71.64	69.48	3
荷兰国际银行	68.67	70.46	60.78	67.83	65.09	65.52	63.08	68.17	67.43	4
瑞士瑞信银行	64.61	24.93	60.89	60.53	60.38	52.19	58.97	60.47	65.92	5
前 5 平均					71.56	69.39	70.49	71.98	73.68	
汇丰银行	57.86	48.59	54.39	59.62	60.17	64.4	60.11	62.16	62.65	6
瑞士联合银行	/	/	76.53	52.12	50.23	76.96	50.4	56.83	55.16	7
意大利联合信贷集团	66.8	60.36	61.3	70.97	71.14	93.44	65.2	55.09	54.59	8

中外资银行	2007 年	2008 年	2009 年	2010 年	2011 年	2012 年	2013 年	2014 年	2015 年	2015 年排名
德意志银行	/	/	/	/	/	/	/	53.8	54.22	9
花旗银行	68.31	54.52	60.54	58.46	58.62	57.34	56	53.37	53.58	10
前 10 平均								64.11	64.86	
巴黎银行	/	/	/	/	/	/	/	58.19	52.5	11
三菱东京日联银行	30.05	−181.57	24.18	28.37	30.77	27.73	32.2	28.92	40.66	12
法国农业信贷银行	/	/	/	/	/	36.94	38.61	36.82	36.16	13
纽约梅隆银行	35.02	36.19	28.15	35.35	31.72	32.87	33.11	34.63	33.98	14
日本瑞穗金融集团	25.62	15.99	14.23	19.47	20.49	21.06	23.32	26.09	26.02	15
前 15 平均								55.05	55.86	
中国银行	22.73	18.43	18.09	18.33	18.3	18.69	19.94	21.79	21.57	16
摩根大通	/	/	/	/	/	/	/	22.42	20.45	17
中国工商银行	2.82	3.12	3.59	4.15	4.79	5.42	7.16	8.02	8.94	18
*交通银行	5.24	3.88	4.80	4.81	5.29	5.63	6.20	7.21	7.15	19
*中信银行	/	/	5.43	4.58	3.88	3.94	4.00	4.51	4.36	20
中国建设银行	1.97	1.91	2.14	2.26	2.40	2.76	3.31	3.67	4.33	21
*浦发银行	/	/	/	/	0.81	1.14	1.66	2.43	3.66	22
中国农业银行	0.67	0.47	0.69	0.94	1.06	1.68	2.25	2.85	3.41	23
*招商银行	/	/	/	1.25	1.35	1.52	1.87	2.24	2.11	24
*广发银行	/	/	/	/	0.69	1.22	1.15	1.12		25
*光大银行	/	/	/	/	/	0.46	0.64	0.87		26
5 大行合并	6.31	5.44	5.72	5.96	6.17	6.54	7.63	8.54	8.90	
股份制银行合并							2.03	2.45	2.70	

注：表中带 * 号的银行为非 G-SIBs 名单银行；

合并 BII 值延伸于"合并报表"中的"合并"概念，例如大型商业银行合并 BII 值指的是将 5 家大型商业银行作为一家银行进行所有数据的计算。

表 2　部分中外资银行国际化程度排名

排名	境外资产总量(亿元)		境外资产占比(%)		境外资产增长率(%)	
1	德意志银行	84578.3	荷兰国际银行	82.5	＊光大银行	69.2
2	汇丰银行	83084.5	西班牙国际银行	75.6	中国农业银行	32.5
3	西班牙国际银行	71464.5	瑞士瑞信银行	73.0	中国工商银行	27.7
4	花旗银行	61790.8	渣打银行	72.6	中国建设银行	23.2
5	三菱东京日联银行	57588.5	北欧联合银行	72.2	＊中信银行	21.5
排名	境外营收总量(亿元)		境外营收占比(%)		境外营收增速(%)	
1	汇丰银行	3044.6	渣打银行	93.9	三菱东京日联银行	89.1
2	西班牙国际银行	2764.3	西班牙国际银行	86.6	中国农业银行	59.3
3	花旗银行	2275.0	瑞士联合银行	76.8	＊光大银行	37.3
4	巴黎银行	2019.5	北欧联合银行	74.5	中国建设银行	36.1
5	德意志银行	1639.0	德意志银行	69.3	中国工商银行	25.8
排名	境外利润总量(亿元)		境外利润占比(%)		境外利润增速(%)	
1	汇丰银行	1182.6	瑞士瑞信银行	172.1	三菱东京日联银行	310.7
2	西班牙国际银行	673.4	渣打银行	155.6	巴黎银行	82.7
3	三菱东京日联银行	649.8	汇丰银行	96.6	法国农业信贷银行	61.4
4	巴黎银行	553.3	西班牙国际银行	87.3	瑞士联合银行	40.0
5	中国银行	547.5	北欧联合银行	83.6	中国农业银行	30.4

　　注：表中带＊号的银行为非 G-SIBs 名单银行；

　　外资银行境外资产总量、境外营收总量、境外利润总量数值统一按资产负债表日汇率换算为人民币；

　　瑞士联合银行因境外资产统计口径有较大变化，不参与 2015 年境外资产总量与增速排名，仅参与 2015 年境外占比的排名；

　　浦发银行因 2010—2014 年境外资产、境外营收数据缺失，做 BII 时仅使用估计值，不参与 2015 年增速排名；同时，2015 年境外利润数据缺失，做 BII 时仅使用估计值，不参与 2015 年境外利润的总量、占比及增速排名。

基于中外资银行 BII 结果及相关国际化现状数据,本研究得出中外资银行国际化发展的七个核心结论。

第一,中资银行 BII 总体量升速有所下降,5 大行与 5 家股份制银行差距缩小。2015 年 5 大行合并 BII 为 8.90,相比 2014 年的 8.54 增幅仅为 4.2%,低于 2014 年增幅水平(12.0%)。其中,中国银行依然代表了中资银行国际化的最高水平,BII 为 21.57,此后依次为中国工商银行(8.94)、交通银行(7.15)、中国建设银行(4.33)、中国农业银行(3.41)。5 家股份制银行合并 BII 为 2.70,2015 年增幅达 10.2%,高于 5 大行 BII 增速,但仍低于其 2014 年增速(20.7%),中信银行与浦发银行分别以 4.36 和 3.66 的 BII 数值位列总排名第 20 与 22 位,与中国建设银行(总排名第 21 位)及中国农业银行(总排名第 23 位)旗鼓相当,国际化发展进步喜人。

第二,中资银行境外布局覆盖全球,"一带一路"沿线国家颇受重视。中资银行的境外机构依然延续"先近、后远,先发达、后发展"的布局特点,5 大行全球布局共 57 个国家和地区,亚洲境外分支机构数量占 44.4%,"一带一路"沿线国家成为投资热点。2015 年,中国银行在与"海上丝绸之路"密切相关的东南亚地区新设 5 家分行,并发行"一带一路"债券约 40 亿美元;同时,连接欧亚大陆的"陆上丝绸之路"金融活动亦开展得如火如荼,中国建设银行 2015 年在欧洲地区新设分支机构 5 家,分别位于英国、法国、西班牙、意大利与荷兰。

第三,中资银行影响力获得认可,但 BII 仍与外资银行差距明显。2015 年,工、农、中、建四家中资银行均上榜 G-SIBs 名单,占名单总数的 13.3%,与法国、英国上榜银行数量相同,但仍低于美国(8 家银行上榜)。在 BII 评分体系中,16 家外资银行平均 BII 值达 53.65,为 5 大行合并水平的 6 倍,股份制银行合并水平的 19.9 倍。中资银行 BII 值最高的中国银行仅在 26 家中外资银行中排名第 16 位,BII 值是排名第一的渣打银行(88.84)的四分之一。中资银行境外市场拓展相比外资银行有较大欠缺,2015 年,汇丰银行机构所在国家数占比仅为 5 大行这一合并指标的 2.4 倍,但境外机构占比却达到 5 大行合并指标的 43.7 倍。此外,中资银行境外贷款占比与外资银行的差距相比其他经营指标最小,中资银行境外经营仍侧重于存贷款业务,当前过分依赖利息收入的盈利模式亟须改变。

第四,中资银行境外规模总体增长,外资银行已处于成熟阶段。截至 2015 年年底,5 大行境外资产总规模达 98727.7 亿元,相比 2014 年增长 14.2%,占 5 大行资产总规模的 11.8%,增长明显,但境外占比基本与 2014 年持平。相比之下,外资银行国际化成熟期的特征更为明显,尽管 16 家外资银行的境外资产、存贷款及雇员平均增速在近 10 年基本围绕零增长率小幅波动并有所收缩,但境内外规模基本平分秋色,各指标排名前 5 的外资银行境外数据占比均在 60% 以上。

第五,中资银行境外经营成果丰硕,对比外资国际化仍然路途漫漫。2015 年,5 大行境外营业收入总规模首次突破 2000 亿元,境外利润首次突破 1000 亿元,相比 2014 年分别增长 17.0% 和 6.7%,境外盈利能力值得肯定。但除中国银行外,中资银行境外营收及利润占比普遍低于 10%,与外资银行差距明显。2015 年 5 大行境外营收占比平均水平(8.0%)仅为外资银行境外营收占比平均值(59.4%)的七分之一,境外利润占比(8.3%)仅为外资银行平均水平(68.7%)的八分之一,未来境外发展仍然路途漫漫。

第六,国家大小与经济规模、货币国际化程度、银行业务定位等因素会对银行国际化形成影响,传统国际化模式是银行国际化的主流模式。通过分析典型银行国际化案例发现,一国国家越小、经济规模越大、经济越发达、经济国际化程度越高、货币国际化程度越高、企业国际化程度越高,均越有利于该国银行的国际化发展;全能银行或批发银行的国际化程度亦高于零售银行。此外,在银行国际化的发展模式中,天生国际化模式要求银行具备诸多特性,可复制性较差,因此目前国际上银行更多地采用传统国际化模式实现海外发展。

第七,风险案件不断显现,风险管理至关重要。金融机构在经营中因为各类风险而遭受惩罚与损失的案件屡见不鲜,据统计,2008—2014 年,摩根大通、花旗集团、高盛集团、美国银行、富国银行等 5 家美国金融巨头所遭受的罚款案件在 150 件左右,金额超过 950 亿美元。而中资银行境外发展时间较短,经验与能力的欠缺使其在国际化扩张时更易面临风险。从 2000 年至今,盲目扩张、风控薄弱、法律知识欠缺等因素引起的中资银行各类风险案件已不下 10 起。因而,中资银行在积极学习外资银行经验的同时,也应当重视对国际经营风险的防范与控制。

中资银行海外发展战略建议

在未来,世界经济形势依然严峻,新兴市场亦在多种风险中波动加剧,中国经济仍将处于新常态,供给侧结构性改革成为主题。

在这一背景下,中资银行应清晰认识到与世界最前端国际性银行的显著差异,在提升国际化水平的同时,需结合当前国内外环境,利用政策发展机会,采取新型发展手段,调整境外扩张步伐,实现稳健的海外扩张。在"走出去"的区位选择上,应加强与"一带一路"沿线国家的金融合作,在东南亚地区注重对海上项目及进出口贸易的支持,与蒙古、俄罗斯及中亚 5 国逐步健全现有合作机制并推进深层机构互设,在西亚、北非地区加强在能源基础项目方面的资金支持,在南亚地区则可通过并购等方式扩大布局,在中东欧地区增加机构设立以拓展当地金融业务。在"走出去"的模式选择上,可以利用中国互联网金融异军突起的态势,建立各类跨境电子商务产业园,在"一带一路"沿线国家进行丰富而广阔的互联网金融实践。在国际化经营的风险防范上，中资银行应努力提升自身的国际视野与思维能力，从战略规划、合规管理、环境研究等多个方面共同入手，防范风险。

总而言之，中资银行的国际化道路仍然任重而道远，认清差距是发展前提，借鉴经验可以少走弯路。在把握现有政策与新兴技术的同时，制定适合自身的国际化战略，稳健地进行境外扩张，方为长久之策。

中资银行国际化之风险防控在路上[①]

2016 年 2 月 17 日,西班牙国民卫队中央行动队以打击洗钱名义,对中国工商银行马德里分行进行了搜查,将包括总经理、副总经理、部门经理在内的 5 名主要负责人带走,拷贝了银行电脑中的资料数据,并将银行临时封锁。中国工商银行于 2011 年 1 月入驻西班牙,在马德里、巴塞罗那分设两家分行,主要为公司和个人客户提供金融服务,而本次马德里分行被指控在没有根据法律查清资金来源的情况下,向西班牙的中国犯罪团伙提供金融服务。

随着中资银行国际化进程的不断推进,越来越多的银行机构在获得广阔的国际市场的同时,也面临不同于以往的国际经营风险。清晰认识"走出去"过程中的各类风险问题,积极完善风险防控体系,是中资银行国际化长远发展基本且迫切的要求。

---

① 本文作者还包括顾月及吕佳敏。

中资银行国际化进程不断推进

根据中资银行国际化指数(Chinese Banks Internationalization Index，CBII)，中资银行的境外发展体现了以大型银行为主体、股份制银行为重要补充的国际化格局，主要表现为境外资产不断积累、境外业务逐步拓展、全球网络日益成型。首先，经过多年发展，各类中资银行的境外经营均已初具规模。截至 2014 年 12 月底，大型商业银行境外资产总额已达86185.2亿元，同比增长率达 27.9％。其中，中国银行作为典型代表，境外资产规模达45590.9 亿元(如图 1 所示)。股份制银行中，中信银行(1986.3 亿元)、招商银行(1268.9 亿元)等发展较为突出。此外，截至 2014 年 12 月底，大型商业银行境外营业收入总额和税前利润总额分别为 1723.6 亿元、944.6 亿元，同比增长 29.49％和 32.76％，盈利能力持续增强。

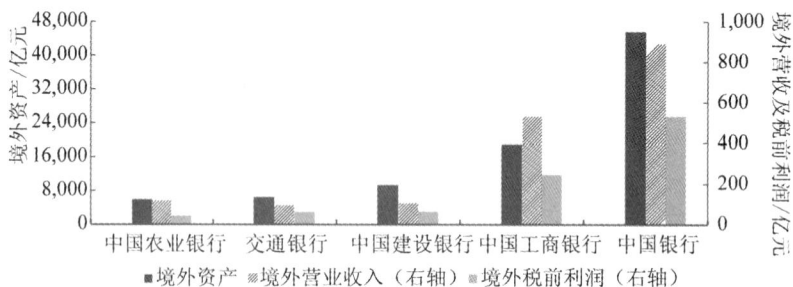

图 1 大型商业银行 2014 年境外资产、营收及(税前)利润对比

其次，中资银行的海外业务由单纯满足中资企业"走出去"需求向服务当地客户不断转化，业务空间逐步拓展。一方面，境外零售业务加强：中国银行海外机构累计有效发卡量至 2014 年 12 月已突破 450 万张；中国建设银行在香港地区发行信用卡至 2015 年 4 月已近 50 万张。另一方面，中资银行对跨境人民币业务愈加重视，各家大型商业银行积极争取离岸人民币清算

行资格,开展清算业务;中国银行香港人民币 RTGS 系统(实时金额支付系统)已成为离岸人民币市场的重要金融基础设施;中国工商银行代理跨境人民币清算业务至 2015 年 10 月已达 200 多亿元。

再者,中资银行境外分布区位不断拓宽,中国银行、中国工商银行、中国建设银行均已完成在世界主要金融中心的布局,境外机构基本覆盖亚、欧、北美、南美、大洋五大洲。在 12 家股份制银行中,7 家银行设有境外分支机构(包括分行、控股公司与代表处),其中,招商银行为主要代表,在中国香港、中国台湾、美国、英国和新加坡均设有分支机构。

中资银行国际化发展面临风险

不同于国内经营,国际化发展面临的全新市场环境、政治法律背景、人为贸易壁垒等均会对银行类金融机构的发展造成困扰,即使是发达国家的银行业,在国际化发展的过程中亦会面临多种风险、经历各类挫折,而中资银行迈开"走出去"的步伐较晚,经验与能力存在不足,所面临的风险更加不容忽视。

1. 国际银行业的发展困境

银行业在发展与扩张的过程中对风险的控制是一项永恒的议题,也是国际银行业面临的共同困境。首先,即使是全球大型金融机构,亦不能摆脱各类风险案件的发生,国际金融市场经常上演针对不同金融巨头的罚款案件,单是美国五大银行(摩根大通、花旗集团、高盛集团、美国银行和富国银行)在 2008 年危机后的 8 年中所缴纳的各类罚款(包括和解费用)就超过930 亿美元(见表 1)。被处罚的原因也种类繁多,如 2010 年富国银行下属公司瓦霍维亚银行因被起诉在墨西哥为毒品交易洗钱而支付罚款 1.6 亿美元;

2014 年高盛集团因运营卡特尔而被欧盟反托拉斯监管者处以 5.14 亿美元的罚款;同年法国巴黎银行因破坏美国 2004 年到 2012 年间对古巴、伊朗、苏丹和利比亚的经济制裁,触犯美国对外制裁法规《国际紧急经济权力法案》而支付 89.7 亿美元罚款并终止特定美元结算业务一年;等。可见,即使占据国际金融市场最有利竞争地位的大型跨国金融集团,在拓展自身的海外业务时,也会遭遇各类风险的侵扰。

表 1　2008—2014 年美国金融巨头所遭受的罚款案件次数及金额

	摩根大通		花旗集团		高盛集团		美国银行		富国银行		总计	
	案件（起）	金额（亿美元）	案件（起）	金额（亿美元）	案件（起）	金额（亿美元）	案件（起）	金额（亿美元）	案件（起）	金额（亿美元）	案件（起）	金额（亿美元）
2008 年	1	0.25	5	18.11	2	0.34	0	0.00	0	0.00	8	18.70
2009 年	4	0.76	4	0.05	3	0.65	1	0.33	2	0.42	14	2.20
2010 年	2	0.49	4	0.77	3	5.78	5	9.95	4	4.63	18	16.66
2011 年	6	4.53	3	2.86	2	0.20	2	95.80	9	10.74	22	120.88
2012 年	9	8.06	11	7.93	9	1.07	5	29.72	6	3.42	40	50.21
2013 年	6	157.09	6	16.50	2	6.60	9	151.72	3	28.46	26	360.36
2014 年	4	28.84	4	82.11	4	5.83	3	266.27	1	6.25	16	389.30
总计	29	200.01	37	128.34	25	15.51	28	553.79	25	60.67	144	958.32

数据来源:《大洗牌:全球金融秩序最后角力》
注:几家金融机构共同受罚的金额未计入上表。

　　其次,国际经济的深刻变化、国际格局的加速调整使全球经济增长不平衡的问题日渐突出,并伴随金融市场剧烈波动、新金融技术的冲击给银行业的经营带来巨大挑战。以欧洲为例,自 2008 年金融危机以来,欧洲 8 家大银行裁员约 10 万人,市值损失 4200 亿美元;2016 年 2 月 8 日,德意志银行股价暴跌近 10%,创 90 年代以来股价最低;根据相关报道,荷兰国际集团出售了其印度业务,意大利联合信贷银行计划出售其乌克兰子公司,而汇丰银行亦有退出巴西和土耳其的打算。与此同时，互联网金融、比特币等各类新型金融手段的发展亦冲击着全球传统银行业务。

再次，金融危机后，国际上对金融行业的监管日趋严格，针对系统性风险的审慎监管和针对机会主义行为的合规监管成为各国金融监管的重中之重：2010年，美国通过《多德-弗兰克华尔街改革和消费者保护法》，号称是自"大萧条"以来改革力度最大、影响最深远的金融监管法案；2013年，英国《金融服务法》正式生效，英格兰银行通过金融政策委员会和审慎监管局牵头负责维护金融稳定；而各国政府和监管机构对于银行违规的处罚力度也达到历史最大，如欧洲8大银行自2008年危机以来单是所交各类罚金（包括和解费用）就达630亿美元。

2. 中资银行业面临的挑战

国际金融环境的变革给中资银行的海外拓展亦带来了巨大挑战，中资银行在"走出去"的道路上，时刻面临着市场风险、操作风险、法律风险、政治风险、合规风险等多方面的挑战。

表2　中资银行国际化发展过程中的风险案例

年份	金融机构	案情	风险类型
2000—2002年	中国银行	纽约分行因监管不慎，被刘强夫妇在8年间诈骗贷款损失3400万美元，并最终被美国财政部货币监理署与中国人民银行分别罚款1000万美元	操作风险
2003年	中国银行	纽约分行因涉嫌帮助客户偷逃关税被美国政府指控，中行虽不承认此次指控，但为避免支付高额的诉讼费最终选择和解，和解金额高达525万美元	法律风险

续　表

年份	金融机构	案情	风险类型
2007—2009 年	中国民生银行	在民生银行完成两次注资之后，美国联合银行发布紧急公告承认因次贷危机出现大规模坏账且存在财务造假，被美国银行监管当局勒令永久停业，至此民生银行损失 8.24 亿元人民币	市场风险操作风险
2012 年	中国工商银行	全美亚裔联合会示威游行，抗议工行收购的美国东亚银行对少数族裔社区的歧视。整个过程中工行反应不足，造成社会不良影响，也使其面临诉讼风险	其他风险

中资银行境外发展时间较短，经验与能力的欠缺使其在进行国际化扩张时更易诱发多种风险。

其一，中资银行境外发展热情高涨，但往往容易陷入缺乏战略规划、忽视风险管理的窘境。例如，2007 年至 2009 年中国民生银行原计划分三步并购美国联合银行，却最终损失合计 8.24 亿元人民币而以失败告终，原因是多重的，其中包括选取并购对象、了解当地法律、掌握交易时机和估值、考虑汇率风险等方面的因素。

其二，由于境外业务操作流程的漏洞、风控体系的薄弱、内控管理的不足，更加难以对违规操作及时反应。2000 年中国银行纽约分行的欺诈案件就源于银行内部员工与外部客户的里应外合，使纽约分行共损失 3400 万美元，并受到总计 2000 万美元的罚款。

其三，中资银行在国际化发展的过程中面对不同国家的政治、法律以及文化环境，由于在国内经营时法规意识相对淡薄而往往低估国际运营中可能遭受的法律合规风险。例如中国银行在 2003 年被美国政府指控帮助客户偷逃关税，事件最终虽以庭外和解的方式落幕，但和解费用仍高达 525 万美元；中国工商银行收购的美国东亚银行在 2012 年也陷入"歧视少数族裔社区"的困境,给工行在美国的社会形象造成了不良影响。

其四,中资银行总体大而不强,国际化发展经验不足,法制合规意识较为薄弱,易成为国际重点监管与处罚的对象。根据《银行家》2015年对全球1000家银行的排名,仅从一级资本的规模上看,中资大型银行表现出色:中国工商银行与中国建设银行蝉联第一、第二,中国银行(第七),中国农业银行(第九)和交通银行(第十九)也均位于前二十名。但就综合实力而言,中国银行业虽大却不强,高端金融人才仍然稀缺,金融创新能力和风险控制、内部管理能力尚且不足。此外,在国内金融市场与制度环境尚不完善的情况下,中资银行法制合规意识相对薄弱,而国外法制较国内更为严格,再加上金融危机后国际金融监管日益加强、各国金融保护主义情绪不断升级,中资银行更容易成为他国监管机构的重点"关注"对象,这显然是中资银行国际化进程中的一大风险和经营短板,需引起中资银行的高度重视。

中资银行需重视国际化发展中的风险防控

中资银行迈出国门的时间尚短,应努力提升自身的国际视野与思维能力,从战略规划、合规管理、环境研究等多个方面入手防范风险。

1. 加强战略规划,防范战略风险

清晰而理性的战略规划是中资银行铺展世界蓝图的基础,无论是分支机构的区位选择,还是进入市场的时机把握;无论是新设机构的形式取舍,还是跨境并购的往来谈判;无论是国际业务的拓展方向,还是新型手段的研究开发,都需要依托于每家银行清晰而审慎的发展战略。国际化发展牵涉众多,没有充分的战略规划极易造成银行对自身能力的认识不足,在国际化发展热情的推动下,盲目扩张而引发战略性风险。

20 世纪 90 年代的花旗银行曾因过快地拓展国际业务,在缺乏审慎规划的情况下向不熟悉的领域盲目扩张,最终,不良资产的积压和投资回报的低迷使其陷入两难境地。为此,花旗银行曾暂停了其"全能银行"的发展战略,采取三年复兴计划,调整资产结构,恢复资本实力。由此可见,与银行实力相匹配的审慎战略模式不仅有利于银行对自身特色的坚持,也更容易避免各类战略风险的侵扰。

因此,中资银行中,大型商业银行在资金实力上具备较大优势,且已在海外市场中进行了一定探索,积累了一定经验,逐步形成较为清晰的"走出去"战略,可以抓住机遇适当加快"走出去"的步伐;股份制银行则可选择稳健型战略,选择有条件的地方设立代表处,待时机成熟后,再加快设立营业性分支机构或进行并购;而对于城市商业银行和农村商业银行来说,应首先立足于国内市场,进一步提高内部管理水平,巩固优势,为未来的进一步发展奠定基础。

2. 完善风控体系,降低操作风险

能力越强,责任越大。当中资银行站上世界舞台彰显自身实力时,其必然受到来自不同国家与地区、组织与个人更为严格的要求。因此,为加强对境外分支机构的审慎管理,提升客户体验,树立良好品牌,中资银行需要以更高的内控、合规标准要求自己,完善风控建设,建立着眼于全球的风险防控体系。

操作风险本身极易发生,国际化经营导致的总行与分行之间的远距离信息交流更为这类风险的产生提供了便利。英国的巴林银行仅因为新加坡分行的一名交易员触发操作风险便宣布破产,在结束自身辉煌的同时,对国际金融市场也造成了严重的冲击。不甚清晰的前后台管理、严重失衡的奖金结构均是引发巴林银行重大操作风险的因素,但若非银行的内部管理混

乱失控,新加坡分行的异常又怎能无人发觉? 因而,结构合理、流程完整的内控合规部门是风险防控体系的重要组成部分,及时而全面的风险监管与防控则是减少操作风险的重要保障。

中资银行在进行海外业务拓展时,亦当注重风险防控部门的建设,对经营数据和业务人员进行动态的监督管理,及时发现与处理各类操作风险,避免由此引发的不良后果与社会影响。

3. 熟悉东道国环境,避免国家风险

各国不同的政治、法律与文化环境为中资银行的国际化发展带来了极大的挑战,在进入东道国前了解当地人文背景、熟悉该国法律环境,对维护分支机构的设施安全、减少金融纠纷与诉讼案件、避免与当地人群发生摩擦均有极为重要的意义。

金融危机形势下,政府干预经济的情形会明显增多,极易对中资银行的境外活动产生不良影响,造成政治风险;美国集团诉讼盛行,18.4%的美国上市公司均曾有过被起诉的经历,不熟悉美国监管与法律环境的外资企业更容易遭遇法律风险;除此以外,不同文化间的摩擦也会对中资银行的境外发展形成阻力。

因此,中资银行在海外资本市场寻求融资时,要注意学习国外的"游戏规则",加强与海外市场的沟通,及时发布有关信息,认真履行信息披露义务。重视投资者关系管理,打造专业化投资者关系管理人才队伍,建立完整的银行信息库,包括国家相关政策、银行历史发展、战略规划、财务报告、产品与行业介绍、投资者概况等,确保投资者可以随时随地了解到公司的准确信息。

世界经济格局不断变化,全球化趋势加速形成,中资银行"走出去"不断推进。但无论是全球经济曲折复苏,不确定性强,国际社会对金融业的监管

日益严格，还是新金融模式对传统银行业造成大幅冲击，中资银行境外发展所面临的风险都不容小觑。中资银行需要将"走出去"的工作重心从一味寻求规模的扩张(包括建立海外分行、海外并购等)转移到资产质量保障和风险控制上，在国际化的发展进程中充分注重对各类风险的防控，加强长期战略规划、完善内控合规部门建设、熟悉国际法律及文化环境，减少市场风险、操作风险、政治风险和法律风险的发生。

百舸争流——驰骋国际市场的中外资银行

　　2016年,世界经济缓慢复苏,各国政策不确定性加大,中国经济缓中趋稳,供给侧改革初步推进,"一带一路"倡议、金砖国家合作机制逐步深化。在此背景下,浙江大学互联网金融研究院金融国际化工作室推出了"银行国际化系列报告"。本文中的银行国际化指数(Bank Internationalization Index,BII)评分体系以境外资产积累、境外经营成果和全球布局等直接反映银行国际化水平的三大指标作为一级指标,并设置相应的二级指标以进行详细解读。本文对国际银行业的分析拓展至全球非系统重要性跨国银行,从中资银行的国际化到对标国际一流的新高度,再到放眼全球的多维度视角,希望对全球银行的国际化现状进行展现与分析,进而挖掘银行业国际化发展的因缘与意义,提供合理的国际化策略。

全球银行业的国际化

　　本文选取了49家全球银行参与BII测评,既包含资产规模庞大的跨国银行,也囊括初步落子海外的中小型股份制银行,从欧美至亚非,涵盖范围广泛，BII 指数变动也颇能展现近十年全球银行业的国际化水平波动情况。

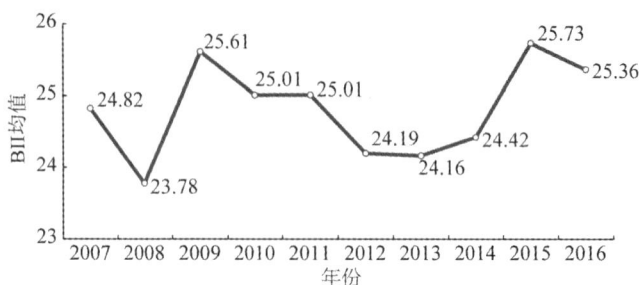

图 1 2007—2016 年全球银行业国际化水平波动情况

全球银行业 BII 均值近十年在 23～26 间波动(见图 1)，自 2009 年金融危机影响逐渐显现并蔓延以来，国际化水平有所下降，近两年逐步回升。BII 均值以境外资产积累、境外经营成果、全球布局情况综合而成，欧美国家跨国银行多在 20 世纪 80 年代全球国际化浪潮席卷之时大规模开展跨国活动，进入 21 世纪后国际化水平趋稳，且受到近年全球经济低迷的影响，国际化战略有所调整或收敛；新兴经济体正蓬勃发展，银行的跨国经营正处于探索阶段，有上升趋势却也易受全球经济环境的影响而出现较大波动。两者综合，使得国际银行业的国际化水平多在中等区域徘徊并随全球经济起伏而波动。

发达国家与发展中国家银行国际化差异明显

参与 BII 评分的发达国家银行共 29 家，来自 14 个国家；发展中国家银行共 20 家，来自 5 个国家。

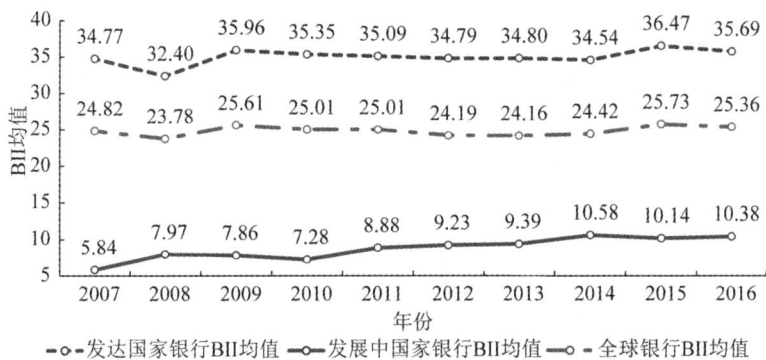

图 2　2007—2016 年发达国家银行和发展中国家银行 BII 均值对比

发达国家银行和发展中国家银行国际化水平有显著差距,发达国家银行 BII 均值基本是发展中国家银行的 4 倍,但差距在逐年收窄。根据 BII 测评体系,发达国家银行得分始终在 30 以上,发展中国家银行 BII 均值在 2014—2016 年刚刚超过 10。从国际化水平来看,发达国家银行国际化探索早、水平高,短期内不会被发展中国家银行超越;从国际化发展来看,发达国家银行 BII 均值基本持平不变,发展中国家银行 BII 均值持续攀升,反映了发展中国家银行近十年来不断加快的国际化脚步。

发达国家银行中以欧洲银行业国际化水平为最,发展中国家银行国际化水平差距较小,金砖国家银行 BII 均值达 10.38。欧洲银行业 2016 年 BII 均值为 44.63,显著高于世界其他地区,优异的国际化表现得益于欧洲各国紧密的地理与经济联系,以及早期银行业的先发优势。发展中国家银行包括巴西 1 家、俄罗斯 2 家、印度 4 家、中国 10 家、南非 3 家,除了从中国选取了 5 家大型商业银行与 5 家股份制银行外,对其余 4 个国家均选择了当地规模名列前茅的商业银行。各国大银行国际化水平相近,表现尚佳。

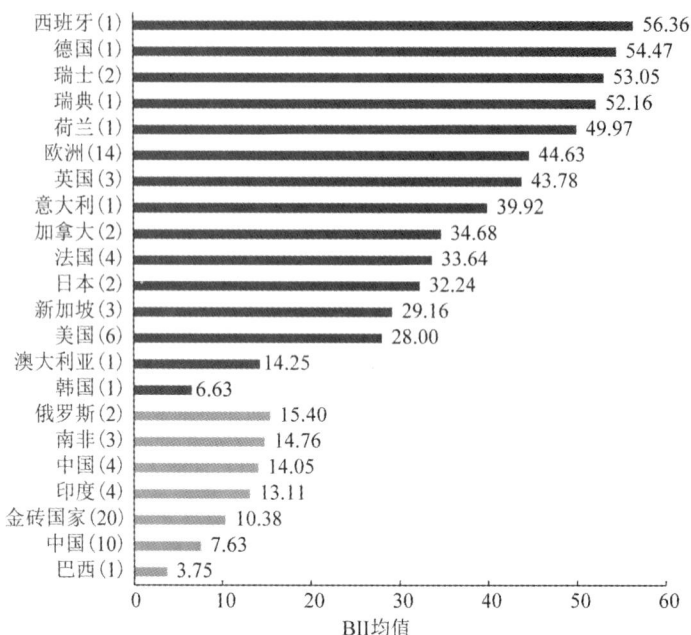

图 3　发达国家和发展中国家银行 BII 均值对比

注：图中深色柱为发达国家银行 2016 年 BII 均值，浅色柱为发展中国家银行 2016 年 BII 均值。纵轴各国/地区/组织名称后的数字表示参评银行数目，其中"中国（4）"代表中国四大行 BII 均值，"中国（10）"代表中国全部 10 家参评银行 BII 均值。

系统重要性银行引领全球银行业国际化发展

参与 BII 评分的系统重要性银行共 26 家，来自 11 个国家，非系统重要性银行共 23 家，来自 9 个国家；其中，中国有 4 家银行属于系统重要性银行，6 家银行属于非系统重要性银行。

系统重要性银行国际化水平始终居于高位，十年来 BII 均值大多维持在非系统重要性银行的 2.5 倍左右。系统重要性银行除中国的 4 家银行外，均来自发达国家且国际影响力深远，悠久的国际化历史奠定了这些银行较高的国际化水平。而在本期报告中，非系统重要性银行里亦有来自发达国家的跨国银行,它们虽未进入全球系统重要性银行名单,但国际化发展依然可观,因而平均水平相比发展中国家银行仍高出 0.5~1 倍,只是国际化上升趋势不甚明显。

图 4　2007—2016 年系统重要性银行和非系统重要性银行 BII 均值对比

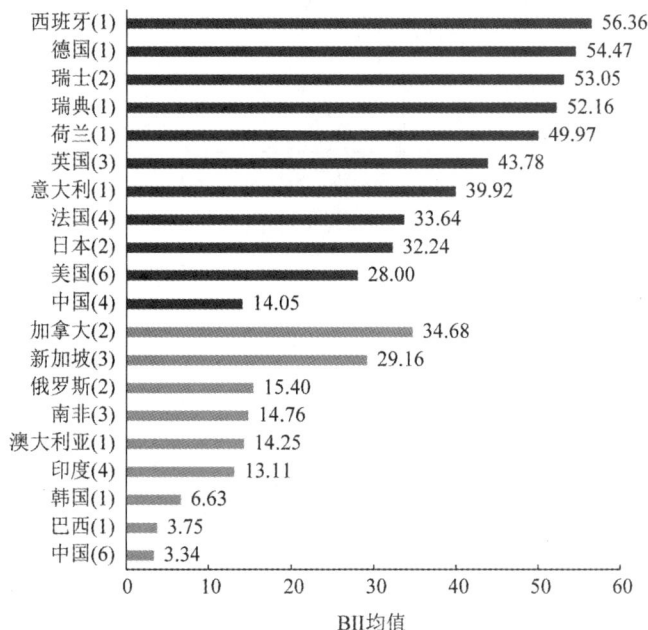

图 5　多国系统重要性银行和非系统重要性银行 BII 均值对比

注:图中深色柱为系统重要性银行 2016 年 BII 均值,浅色柱为非系统重要性银行 2016 年 BII 均值。纵轴各国名称后的数字表示参评银行数目,其中"中国(4)"代表中国四大行 BII 均值,"中国(6)"代表中国 6 家参评的非系统重要性银行的 BII 均值。

　　系统重要性银行中，西班牙（西班牙国际银行）国际化表现优异，德国、瑞士、瑞典、荷兰4国银行 BII 均值超过英、美两国；非系统重要性银行中，加拿大、新加坡银行国际化水平最高。中资银行是唯一进入系统重要性银行的发展中国家银行，虽然全球影响力较其他发展中国家银行获得了更进一步的认可，但中资银行的 BII 均值距离其他发达国家银行尚有不小差距，仅为前一名美国6家银行 BII 均值的一半。非系统重要性银行中，加拿大与新加坡银行的 BII 均值表现显著优于其他国家银行，接近第三位俄罗斯两家银行 BII 均值的2倍。此情况于加拿大银行业而言，与其在欧美的广泛布局与深入发展有关；于新加坡银行业而言，是其亚洲业务卓有成效的表现。

表1　不同类型银行 2016 年 BII 均值排名（节选）

BII 排名	全球银行		系统重要性银行		非系统重要性银行	
1	渣打银行	67.46	渣打银行	67.46	加拿大丰业银行	39.01
2	西班牙国际银行	56.36	西班牙国际银行	56.36	华侨银行	31.82
3	汇丰集团	55.37	汇丰集团	55.37	蒙特利尔银行	30.35
4	瑞士联合银行	54.71	瑞士联合银行	54.71	大华银行	30.03
5	德意志银行	54.47	德意志银行	54.47	星展银行	25.61
6	瑞典北欧联合银行	52.16	瑞典北欧联合银行	52.16	南非标准银行	20.62
7	花旗集团	51.77	花旗集团	51.77	巴罗达银行	18.14
8	瑞士瑞信银行	51.38	瑞士瑞信银行	51.38	俄罗斯联邦外贸银行	17.45
9	荷兰国际集团	49.97	荷兰国际集团	49.97	印度银行	15.18
10	法国兴业银行	42.93	法国兴业银行	42.93	澳大利亚联邦银行	14.25
BII 排名	发达国家银行		发展中国家银行		中资银行	
1	渣打银行	67.46	中国银行	26.62	中国银行	26.62
2	西班牙国际银行	56.36	南非标准银行	20.62	中国工商银行	15.96
3	汇丰集团	55.37	巴罗达银行	18.14	中国建设银行	8.25
4	瑞士联合银行	54.71	俄罗斯联邦外贸银行	17.45	交通银行	8.12

BII 排名	发达国家银行		发展中国家银行		中资银行	
5	德意志银行	54.47	中国工商银行	15.96	中国农业银行	5.37
6	瑞典北欧联合银行	52.16	印度银行	15.18	中信银行	3.92
7	花旗集团	51.77	俄罗斯联邦储蓄银行	13.35	上海浦东发展银行	2.95
8	瑞士瑞信银行	51.38	南非莱利银行	12.17	招商银行	2.63
9	荷兰国际集团	49.97	第一兰特银行	11.51	光大银行	1.43
10	法国兴业银行	42.93	印度国家银行	11.46	广发银行	1.01

注：花旗集团、加拿大丰业银行、俄罗斯联邦外贸银行、俄罗斯联邦储蓄银行 2016 年数据有缺失，但由于其前几年数据较全，本表对其 BII 均值进行了合理预测。

2016 年全球银行 BII 均值前十名均为发达国家银行与系统重要性银行，且基本来自欧洲地区；发展中国家前十名中印度、南非各有 3 家，中国、俄罗斯各有 2 家。拓展至全球 BII 均值前 20 名的银行，均为发达国家银行：其中法国占有 3 家，英国、美国、日本、加拿大、新加坡各占有 2 家。发展中国家在前 50% 的排名（即前 25 名）中仅有中国银行一家占据第 21 位，南非标准银行、印度巴罗达银行、俄罗斯联邦外贸银行、中国工商银行进入了排名前 30 位，除中国银行与南非标准银行外，其余发展中国家银行 2016 年 BII 均值均在 20 以下。

表 2　全球银行 2016 年 BII 均值排名

排名	银行名称	国家	BII 均值
1	渣打银行	英国	67.46
2	西班牙国际银行	西班牙	56.36
3	汇丰银行	英国	55.37
4	瑞士联合银行	瑞士	54.71
5	德意志银行	德国	54.47
6	瑞典北欧联合银行	瑞典	52.16

续　表

排名	银行名称	国家	BII 均值
7	花旗集团	美国	51.77
8	瑞士瑞信银行	瑞士	51.38
9	荷兰国际集团	荷兰	49.97
10	法国兴业银行	法国	42.93
11	法国巴黎银行	法国	40.18
12	联合信贷集团	意大利	39.92
13	加拿大丰业银行	加拿大	39.01
14	三菱东京日联银行	日本	36.69
15	华侨银行	新加坡	31.82
16	高盛集团	美国	31.59
17	法国农业信贷银行	法国	31.07
18	蒙特利尔银行	加拿大	30.35
19	大华银行	新加坡	30.03
20	日本瑞穗金融集团	日本	27.79
21	中国银行	中国	26.62
22	摩根大通	美国	25.95
23	星展银行	新加坡	25.61
24	摩根士丹利	美国	23.00
25	纽约梅隆银行	美国	20.63
26	南非标准银行	南非	20.62
27	法国 BPCE 银行集团	法国	20.39
28	巴罗达银行	印度	18.14
29	俄罗斯联邦外贸银行	俄罗斯	17.45
30	中国工商银行	中国	15.96
31	印度银行	印度	15.18
32	美国银行	美国	15.08
33	澳大利亚联邦银行	澳大利亚	14.25

排名	银行名称	国家	BII 均值
34	俄罗斯联邦储蓄银行	俄罗斯	13.35
35	南非莱利银行	南非	12.17
36	第一兰特银行	南非	11.51
37	印度国家银行	印度	11.46
38	苏格兰皇家银行	英国	8.51
39	中国建设银行	中国	8.25
40	交通银行	中国	8.12
41	旁遮普国家银行	印度	7.65
42	新韩银行	韩国	6.63
43	中国农业银行	中国	5.37
44	中信银行	中国	3.92
45	布拉德斯科银行	巴西	3.75
46	上海浦东发展银行	中国	2.95
47	招商银行	中国	2.63
48	光大银行	中国	1.43
49	广发银行	中国	1.01

注：花旗集团、加拿大丰业银行、摩根士丹利、纽约梅隆银行、俄罗斯联邦外贸银行、俄罗斯联邦储蓄银行 2016 年数据有缺失，但由于其前几年数据较全，对其 BII 均值进行了合理预测。

扬帆起航——走向国际的中资保险公司

"保险是现代经济的重要产业和风险管理的基本手段,是社会文明水平、经济发达程度、社会治理能力的重要标志。"2014 年,国务院发布了《关于加快发展现代保险服务业的若干意见》,以纲领性文件的形式明确了现代保险服务业在经济社会发展全局中的重要地位。当前,中国经济正处在转型升级的重要时期,继续扩大对外开放,加快中资保险公司"走出去"成为推动中国保险市场深化发展,实现由保险大国向保险强国转变的重要手段。

在国际经济呈现分化新格局、国内经济步入运行新常态的背景下,在人民币跨境使用规模和范围齐升、国内资本市场逐步开放的趋势下,在"走出去"战略、"一带一路"倡议、人民币国际化战略积极推行的历史契机下,本文综合运用定性分析和定量分析方法,集中回答了以下几个方面的问题。

在中国保险业国际化的历程中,里程碑式的事件有哪些?

通过系统性地梳理改革开放之后中国保险业国际化的历程,在综合考虑社会影响力等多种因素的基础上,我们筛选出改革开放之后,中国保险业国际化过程中的十大标志性事件。这些事件的背后,是中国保险业一步步从国内走向世界的发展历史,见证着中国保险市场的成长壮大。

表1　中国保险业国际化十大标志性事件①

事件主体	国际化事件	时间	国际化方式	标志性意义
中国人民保险集团股份有限公司	中国人保驻伦敦联络处成立	1980年1月	设立境外分支机构	改革开放之后中资保险公司首次走出国门
中国太平保险集团股份有限公司	在香港联交所挂牌上市	2000年6月	境外上市	国内首家在境外上市的中资保险公司
中国保险市场	2001年12月,中国加入世界贸易组织。2004年12月11日,中国保险业率先全面实现对外开放	2001—2004年	环境支持	保险业成为中国最早开放的金融行业
中国出口信用保险公司	中国出口信用保险公司成立	2001年12月	设立机构	为国内贸易企业的出口业务提供收汇等方面的风险保障;促进对外经贸发展
中国保险监督管理委员会	保监会出台《保险资金境外投资管理暂行办法实施细则》	2012年10月	政策支持	进一步拓展保险资金境外投资范围,正式放开保险资金境外投资渠道
中国平安保险集团股份有限公司	以2.6亿英镑的价格收购伦敦地标建筑劳埃德(Lloyds)大厦	2013年7月	海外投资	放宽保险资金海外投资渠道后,保险资金投资海外不动产的首例
中国人民保险集团股份有限公司	在香港联合交易所完成整体上市	2013年7月	境外上市	国内首家中管保险集团海外整体上市
复星集团	收购葡萄牙最大保险集团旗下Fidelidade、Multicare及Cares各80%股本及投票权	2014年5月	海外并购	中国企业收购和控股境外保险公司的第一个项目

① 依时间顺序排列,排名不分先后

续　表

事件主体	国际化事件	时间	国际化方式	标志性意义
中国保险市场	国务院发布《国务院关于加快发展现代保险服务业的若干意见》("新国十条")	2014 年 8 月	政策支持	鼓励保险公司多形式、多渠道走出去，拓展保险资金境外投资范围
安邦保险集团	两年内先后完成七起海外收购，收购对象包含美国纽约华尔道夫酒店、比利时 FIDEA 保险公司等	2014—2015 年	海外投资	安邦在全球化战略等方面的出色表现，为新时期中资保险公司的国际化起到了良好的引领作用

中资保险机构在国际化过程中表现出哪些趋势性特征?

1. 国际化步伐明显加快

从国际化事件的数量上来看,1980—2011 年,30 年的时间里,迈出实质性国际化步伐的中资保险机构共 12 家,国际化事件共计 35 件。而进入 2012 年之后,这一趋势明显加快,4 年时间里共发生国际化事件 31 件,而且这一趋势在 2013—2015 年表现得愈发显著,中资保险公司国际化步伐呈现出明显加速的态势(见图 1)。

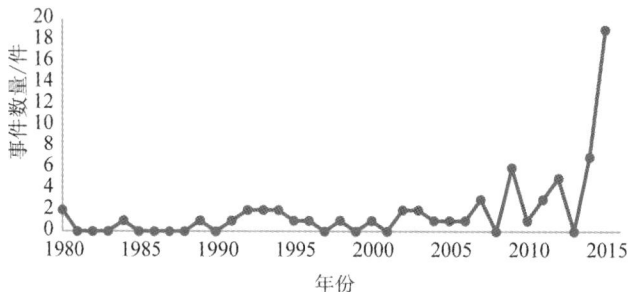

图 1　1980—2015 年中资保险机构主要国际化事件数量变动趋势

2. 国际化区位选择日趋多元化

2012 年之前,港澳地区、新加坡等地是中资保险机构尝试"走出去"的主要目标市场。随着国际金融危机的爆发,欧美等发达国家的金融机构普遍受到冲击,而中资保险机构在这一时期受到的冲击相对较小。这一相对优势促进了中资保险机构向欧、美、日等发达国家和地区延伸。中资保险机构在国际化的区位选择上呈现出多元化趋势(见图 2)。

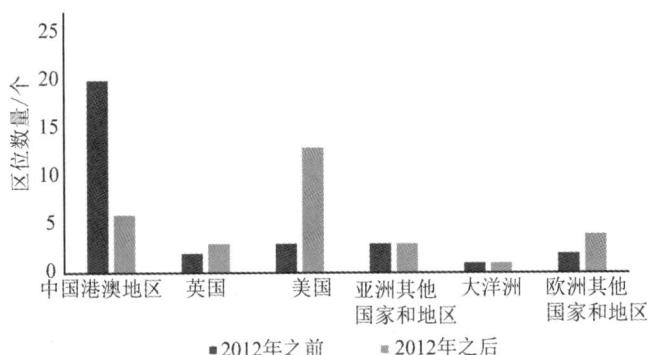

图 2　2012 年之后中资保险机构国际化区位选择日趋多元化

3. 国际化形式日趋多样化

从境外投资结构来看,保险资产境外投资品种的多元化也是近年来中资保险出境的一个突出特征。传统的中资保险机构境外投资主要以港股为主,而 2012 年以来,中资保险机构的境外投资逐步扩大至股权、股权投资基金和不动产等领域,随着投资地域的逐步扩大,投资品种越来越多样化。

从中资保险机构并购标的和并购主体来看,中资保险公司的国际化发展也呈现出多元化的特点。2012 年之前,中资保险机构主要以境外知名酒店、写字楼等为收购标的。2012 年之后,并购或者参股地区性的保险机构成为中资保险机构开拓海外市场的最主要途径。与此同时,安邦、平安等保险集团已经开始关注银行、证券、租赁等持非传统保险业务牌照的优质境外机构，从多方面入手，进一步提高其跨国综合化服务经营的能力，进一步打造优势突出、业务全面的全球性、综合型金融集团。

如何定量地衡量中资保险公司的国际化程度？

现有的研究，大多是从某个角度定性地描述中资保险公司的国际化程度，这种情况下，我们只能片面地对某些保险公司的国际化程度有个笼统的了解，而不能进行准确的比较。为了定量地衡量和比较中资保险公司当前的国际化水平，我们选取国际化导向、国际化治理、国际化经营等三类指标，本着科学和客观的原则，编制了中资保险公司国际化指数（Insurance Internationalization Index，以下统称 III）。

III 的编制运用层次分析法（Analytic Hierarchy Process，AHP），在专家评分的基础上确定指标权重并构建指数体系。根据指数的定义及编制原则，我们通过企业是否有明确的国际化导向，境外分支机构数量，境外投资、并购事件数量等方面体现中资保险公司国际化程度。如表 2 所示，指数包含 3 类，共 5 项指标。

表 2　中资保险公司国际化指数（III）指标体系

	指标名称	评判标准
第一类：国际化导向	国际化发展目标	企业愿景或者发展规划当中是否提出明确的国际化发展导向
第二类：国际化治理	境外上市	是否境外上市
	境外战略投资者	是否引入境外战略投资者
第三类：国际化经营	境外分支机构数量相对数	境外（包含港澳地区）分支机构数量
	境外投资、并购事件数量	境外投资、并购等事件的数量

如表2所示,III指标体系包括定性指标及定量指标,比值类指标及分值类指标。其中,第一、第二类指标为定性指标,第三类指标为定量指标;同时,第三类第一项指标为比值类指标,其余为分值类指标。指数测算模型如下:

$$III_t = \sum_{j=1}^{n} X_{jt}\omega_j \times 100$$

其中,III_t 表示第 t 期中资保险公司国际化指数;

X_{jt} 表示第 j 个变量在第 t 期的数值;

ω_j 表示第 j 个变量的权重;

根据指标体系的设计,保险公司国际化指数与该公司的国际化程度呈正相关,即公司国际化程度越高,公司的国际化指数越高。一家公司的国际化指数很高,意味着该公司通过在境外上市,引入境外战略投资者,设立境外分支机构,进行境外并购等方式积极进行境外扩张,在全球范围内进行布局。

从指数的取值范围上看,一家保险公司的国际化指数应大于等于0。公司的国际化指数等于0意味着公司完全在国内市场经营,没有开展国际化经营的意愿和打算,此时公司没有国际化发展目标,没有在境外上市,没有引入境外战略投资者,也没有设立境外分支机构或是进行境外并购。同时,一家保险公司的国际化指数应不超过100。公司的国际化指数等于100意味着公司有明确的国际化战略,有在境外上市,引入了境外战略投资者,完全在国际市场上经营,其境外分支机构占全部分支机构的100%。然而,在现实情况里,一家公司不可能完全在国际市场上运营,不可能在母国没有分支机构,因此,指数的取值范围应该介于0到100之间。

III实现了定量地衡量中资保险公司的国际化发展程度的目的,使各中资保险公司正确认识自身目前的发展水平及市场地位,更好地制定下一步的国际化发展战略。同时,III也为评估其他金融机构的境外发展水平提供了可借鉴的方法与思路。

中资保险公司中谁最国际化？

根据 III 编制方法,本文计算出了 15 家商业性保险机构的国际化指数,并对其进行了排名,具体排名如表 3 所示。

表 3　中资保险公司国际化指数(III)排行榜

公司名称	上市与否	III 分值
中国太平保险集团有限责任公司	是	29.56
中国平安保险股份有限公司	是	20.63
复星集团下属保险业务	是	18.80
安邦保险(集团)股份有限公司	否	17.66
中国人寿保险股份有限公司	是	13.59
中国再保险股份有限公司	是	13.32
中国人民保险集团股份有限公司	是	10.77
泰康人寿保险股份有限公司	否	7.80
中国太平洋保险股份有限公司	是	7.78
中国人民财产保险股份有限公司	是	7.00
新华人寿保险股份有限公司	是	6.00
阳光保险股份有限公司	否	5.80
英大泰和人寿保险股份有限公司	否	5.00
安诚财产保险股份有限公司	否	5.00
渤海财产保险股份有限公司	否	3.00

需要说明的是,由于本文所设计的指数结构涉及国际化治理、国际化经营等方面,整个指数体系用于衡量一般商业性保险公司的国际化程度更为合理,故而在这一部分中未将中国出口信用保险公司纳入指数排名。但必须指出的是,作为中国专门支持对外贸易发展的国有政策性保险公司,中国出口信用保险公司具有一定的国际化特征。不同于一般的商业保险公司,在国际化方面,中国出口信用保险公司主要是为中国企业"走出去"服务的。该公司在英国伦

敦设立了办事处,向俄罗斯、巴西、阿联酋、南非派驻了工作组;并先后与巴西银行、墨西哥对外贸易银行、俄罗斯联邦储蓄银行等外国银行签署了框架合作协议,旨在推动对中资企业出口、承包当地工程的融资保险服务。同时,中国出口信用保险公司先后与中国工商银行、中国建设银行等签署了专项合作协议,共同开拓海外市场,创新银行保险综合化金融产品与服务,在 PPP(Public-Private Partnership,政府和社会资本合作)项目融资、当地货币出口信贷、信用保险项下债券融资等诸多创新领域都取得了一定的成效。

中资保险公司的国际化具有哪些特点?

通过对各家中资保险公司的 III 分值进行分析比较,我们得出关于中资保险公司国际化的几个重要结论。

1. 国际化进程稳步推进,但整体国际化水平较低

除了计算 15 家中资保险公司 2015 年的国际化指数外,我们收集了中国太平保险、中国平安保险、复星集团、中国再保险、中国人寿保险等 5 家具有代表性的中资保险公司的数据,计算了 2010—2015 年各家保险公司的 III 分值(见表 4),以反映中资保险公司国际化进程的发展。

表 4　中资保险公司国际化指数(III)分值(2010—2015 年)

公司名称	2010 年	2011 年	2012 年	2013 年	2014 年	2015 年
中国太平保险集团有限责任公司	29.35	28.91	28.91	27.00	27.00	29.56
中国平安保险股份有限公司	14.28	13.55	13.55	13.40	13.40	20.63
复星集团下属保险业务	4.00	4.00	9.13	15.34	19.40	18.80
中国再保险股份有限公司	8.17	8.86	8.26	7.76	8.55	13.32
中国人寿保险股份有限公司	8.88	8.57	8.40	8.25	8.06	13.59
平均值	13.00	12.78	13.65	14.35	15.28	19.18

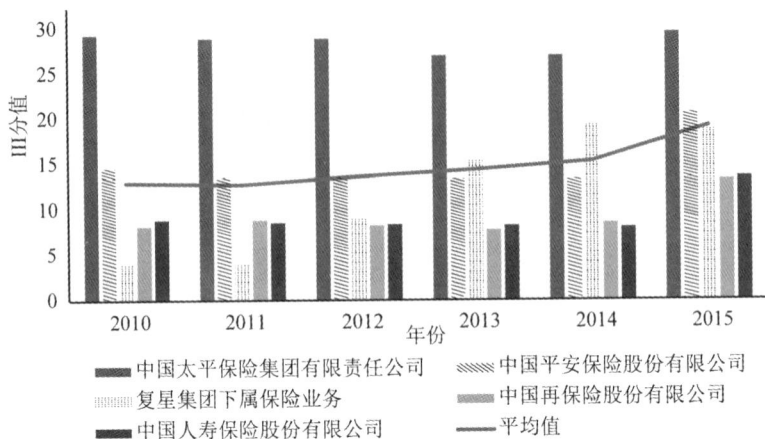

图 3　中资保险公司国际化指数分值(2010—2015 年)

从图 3 中可以清晰地看出,2010—2015 年,中资保险公司的国际化进程稳步推进,并于 2013 年之后有所加快。其中,中国太平保险的国际化水平一直较高,与其他中资保险公司保持着较大差距。另外,复星集团由 2011 年起开始大力发展保险业并致力于向以保险为核心的集团转型,其后,其国际化推进速度亦开始领先于其他中资保险公司。

但是,III 的计算结果同时显示,中资保险公司的国际化水平整体较低。为了更好地进行比较,我们收集相关数据并估算了三家国外保险公司的国际化指数,结果如表 5 所示。

表 5　三家国外保险公司国际化指数(III)得分

公司名称	所在国家	上市与否	III 分值
法国安盛集团	法国	是	79.42
英国保诚集团	英国	是	78.93
日本生命保险公司	日本	否	36.66

三家国外保险公司中,国际化指数得分最高的是法国安盛集团,紧随其后的是英国保诚集团;而日本生命保险公司虽然较安盛和保诚而言得分较低,但其得分仍比中资保险公司中国际化水平最高的中国太平保险集团有限责任公司的得分高出 7.10。上述结果显示,法国安盛集团及英国保诚集团在国际化方面已高度成熟,而中资保险公司的国际化还处于起步阶段,整体国际化水平与国外大型保险公司相比,还存在很大的差距。

2. 内部差异较大,中国太平"一枝独秀"

通过计算 15 家中资保险公司的国际化指数,我们发现中资保险公司的国际化发展水平呈现出较为明显的不均衡现象。15 家中资保险公司中,国际化水平最高的前三位分别是中国太平、中国平安保险股份有限公司(简称中国平安)及复星集团下属保险业务(简称复星集团),最低的是渤海财产保险股份有限公司(简称渤海财险),最高和最低的指数分值之间相差26.56。中资保险公司的国际化扩张呈现中国太平"一枝独秀"的态势,中国太平的国际化指数与第二名中国平安的国际化指数之间相差8.93,超出中国平安 43.29%。

3. 已上市中资保险公司国际化水平整体较高

15 家保险公司中,9 家属于上市保险公司,6 家属于未上市的保险公司,且9 家上市的保险公司均有在海外上市。其中,中国人寿是唯一一家同时在上海证券交易所、香港证券交易所及纽约证券交易所上市的中资保险公司;中国平安、中国太平洋保险及新华人寿 3 家为上海证券交易所及香港证券交易所两地上市的保险公司;中国太平、人保财险、中国人保及中国再保险集团 4 家为香港证券交易所上市公司。

通过对各家公司的国际化指数得分的分析对比发现,已上市的保险公司国际化水平普遍高于未上市的保险公司。其中,已上市的保险公司国际化指数均值约为 14.16,未上市的保险公司国际化指数均值约为 7.38。上市保险公司占据了国际化水平最高的前五位中的四位。

4. 综合性保险公司国际化水平整体较高

我们比较了经营多种保险产品的保险公司(如中国太平、中国平安等)与经营单一种类保险的保险公司(如中国人寿、人保财险)的国际化水平。结果显示,综合性保险公司的国际化水平整体较高(6 家综合性保险公司的国际化指数均值为 16.70),经营单一种类保险的保险公司国际化水平整体较低(7 家经营单一种类保险的保险公司国际化指数均值为 6.77)[①]。在经营单一种类保险的保险公司中,寿险公司相比财险公司而言,其国际化水平相对较高;4 家寿险公司国际化指数均值为 8.10,3 家财险公司国际化指数均值仅为 5.00。一般而言,综合性保险公司比经营单一种类保险的保险公司规模大,实力强;同时,由于业务性质的原因,财产保险业务往往赔付期限短,因此财险公司相对于寿险公司资金沉淀较少。相较之下,综合性保险公司和寿险公司能够更好地开展国际化经营。从这个层面来看,国际化程度与保险公司自身的规模和资金量充足程度呈现较强的相关性。

未来中资保险公司应如何继续推进国际化?

在充分了解目前中资保险公司的国际化发展阶段和现状的基础上,本篇总结了国外代表性金融机构的境外发展经验,提出下列战略建议。

---

① 6 家综合性保险公司分别是：中国太平、太平洋保险、中国平安、复星集团、安邦保险、阳光保险。7 家经营单一种类保险的保险公司分别是：人民财险、渤海财险、安诚财险、中国人寿、新华人寿、泰和人寿、泰康人寿。

首先,应把握"一带一路"倡议等国家战略机遇,积极推进中资保险公司"走出去"。第一,中资保险公司可以依托其风险管理功能为"走出去"的中国企业保驾护航;第二,中资保险企业可以充分发挥融资功能,直接投资支持"一带一路"沿线国家基础设施等规模大且具有强融资需求的项目;第三,中资保险公司可在"一带一路"沿线项目工程集中的国家或地区设立分支机构。

其次,应吸收国外保险公司国际化发展经验,完善自身风险防控机制。中资保险公司在进行境外扩张时,要充分吸收境外保险公司发展经验,充分了解东道国的制度及监管环境,充分调研东道国的经济环境和市场,深入了解东道国的文化,因地制宜,切忌脱离实际,避免盲目扩张。

第三,应理性拓展境外资产。目前中国保险公司资产境外投资占比只有2％左右,保险资金的境外配置依然具有较大的发展空间。但必须注意的是,保险资金的特殊性决定了保险资金配置与一般资金配置的差异性。中资保险公司在拓展境外资产的过程中,不应急于求成,而应结合自身实际情况,总结和学习国际同业机构先进的投资经验,量力而为,因需而行。同时,应特别注重引进和培养具有国际视野和国际投资并购经验的专业人才,逐渐实现跨国投资团队的国际化、属地化,为未来跨国投资并购扩展打下坚实的基础。

第四,积极与其他金融机构合作,创新"走出去"模式。一直以来,中资金融机构在"走出去"的过程中,缺乏有效的沟通协作,使得金融机构之间在信息共享、沟通效率、产品服务衔接等方面常有不足。在金融创新高速发展的今天,面对陌生的环境,金融机构可以利用自身业务特点,与其他金融机构优势互补,积极发展"银保合作""证保合作"等新型"走出去"模式。在更好地服务和支持中国企业"走出去"的同时,推进自身业务的国际化。

最后,应充分利用互联网金融技术优势。中资保险公司应抓住中国在互联网金融(FinTech)领域的突出优势,在国内市场上,着手解决中国保险市场渗透率等难题,实现加速发展;在国际市场上,则应充分利用国内市场的经验,利用互联网金融优势,重新布局国际化发展。

总而言之,中资保险公司国际化方才"扬帆起航",未来任重而道远。对于中资保险公司来说,认清自身差距是进一步发展的前提,借鉴经验则可以少走弯路。在把握现有战略机遇、充分发挥新兴技术优势的同时,必须时刻保持理性,明确公司自身发展需要,制定适合自身发展要求的国际化战略,稳健推动中资保险公司国际化进程。

第三篇
|市场改革与机构管理|

金融的责任与未来^①

1936 年,有这样一位大学校长,他对学生们讲,在学校有两个问题应该问一问自己,第一个问题是到学校来做什么,第二个问题是未来毕业后要做什么样的人,为社会做什么样的贡献。问这两个问题的校长是竺可桢,也就是当时浙江大学的校长,问的正是浙大的学生。这两个问题一直让浙江大学的师生们深深地反思、追问我们的责任与未来。对于金融,我想或许我们也应该问问这两个问题。

金融行业的危机

1. 行业声誉不佳

金融行业目前的名声不太好,甚至有点"过街老鼠,人人喊打"的意味。

---

① 本文由浙江大学博士研究生陈雪如根据作者在 2016 年 4 月 9 日江西南昌举行的"2016 中国新阶层大讲堂——责任·未来"上的演讲整理而成。

据彭博报道,2008 年全球金融危机爆发以后,欧洲八大银行光是罚款或者和解缴款就花费了 630 亿美元,市值蒸发了 4200 亿美元。同样地,据不完全统计,美国六家主要银行在 2008 年金融危机以来被罚款或者用于和解的金额将近 1000 亿美元。

在中国,金融行业的名声似乎也不佳。有人曾开玩笑说:在中国,小狗也能在银行赚钱。虽然有调侃的味道,但确确实实体现出大家对中国金融业特别是银行业有很大的质疑,我们的证券机构、保险公司也面临信任危机。近来,新兴的互联网金融行业亦受到质疑,特别是打着互联网金融名头的 e 租宝、泛亚等公司"跑路"事件的频发,也让公众提出了"互联网金融是不是就是骗子"的疑问。大家都知道,金融行业是最需要信用、最需要信任的一个行业,但偏偏其自身的信用还有待提高。

2. 行业结构失衡

2015 年,中国金融行业的利润达到 19708 亿元,占到中国所有上市公司利润的 63%。虽然这是被某些媒体称为"比惨"的一年,但五大国有银行即所谓的"工农中建交"五家银行的利润总和高达 12100 亿元,占了所有上市公司的 39%。

这一方面体现出实体经济的压力确实很大,同时也体现出行业的结构失衡,利润分配机制存在严重问题。几大银行都是海量规模,比如中国工商银行有 22 万亿元总资产,而前五大银行有 81 万亿元的规模。这是什么概念? 2015 年中国的 GDP 是 67 万亿元,也就是说五大银行的资产规模是中国整个年经济总量的 1.21 倍。与此相比,中国的保险行业虽然 2015 年快速发展,但总资产规模才 12 万亿元。可见金融行业结构是严重失衡的。

3. 金融业和实体经济失联

我们经常说中国股市的表现和实体经济几乎没什么关联。那么银行业呢？五大银行 81 万亿元的资产规模有多少是真正作为贷款,直接支持实体经济的呢？只有 52%。也就是说,大约一半的资产是作为客户贷款的。而汇丰银行的这一比例是 35%,100 元的资产中只有 35 元即三分之一是真正给客户、非金融企业贷款的,那么其余的用作什么？这跟我们近几十年来经济金融领域的一些"独特的"或者说令人焦虑的趋势有关。

首先是经济的金融化、杠杆化。全中国债券余额占了 GDP 78% 的比重,这不算高,因为我国资本市场特别是债券市场发展相对滞后。如果加上银行贷款及其他债务,中国经济的杠杆化就是 300%,而金融机构自身的杠杆率更是惊人,某些国际银行资本金只是其总资产的 2% 左右。

其次,金融证券化、交易化趋势明显,而且交易越来越频繁。比如中国的股票市场 2015 年成交金额除以市值达 500% 多,交易量很大。而全球每一天外汇交易量是 5.3 万亿美元,如果把 2015 年全球年外汇交易量跟全球 GDP 总量相比,会得出一个高达 2598% 的比例。也就是说,我们有 26 倍于 GDP 规模的外汇交易量,很大一部分的外汇交易市场活动可能跟实体经济,跟真正的国际贸易、投资需求是不相关的。

最后一个趋势就是所谓的交易高频化,就是交易的频率越来越高,速度越来越快。中国的金融市场相比国际还不够成熟,差距较大,但是从高频交易的比重来讲,我们却接近发达国家。美国股市所谓的高频交易活动占比估计在 65% 到 70% 之间,中国股市这么年轻,但高频交易活动占比在 50% 到 70% 之间。

什么是高频交易？它的速度有多快？芝加哥商品交易所是期货交易的发源地和主要市场,其中有一个叫 JUMP 的顶级高频交易公司,它的交易系统速度有多快？传说接近光速。这是什么概念？光速每秒接近 30 万千米！

我们把大量的金钱、时间、人才等花费在高频交易上，但是这些交易给社会带来的效益不多，甚至潜在的和现实的危害还不小。许多从事这些"闪电交易"活动的主体是所谓的对冲基金。我有时在想，一些最聪明的人用最新最先进的计算能力武装自己，而他们做的东西对社会来讲"对在哪里"？他们会"引领"金融行业"冲向哪里"？我深深地思考，难道金融真的像许多人所说的是从大部分人那里攫取钱，而只为少部分人赚钱服务的？我非常迷茫，我们的金融是否迷失了方向？

金融的初心和未来

正如竺可桢校长问学生的两个问题，我想我们也可以问两个问题。金融和金融从业人员的责任应该是什么？金融行业的未来在哪里？我想我们首先要统一思想，反思我们的初心是什么。金融是要服务实体经济的，金融存在的基础是实体经济。

我在讲"创业金融"这门课时画过一张"金融大厦图"，有人把作为大厦底楼的实体经济戏称为"社会底层"。我说应该是基础。金融应该服务实体经济，服务大众，服务社会福祉，而现在金融这个"客人"却似乎在"喧宾夺主"。

金融是现代社会经济的中心。许多人一味强调金融的重要性、特殊性，但"金融的中心地位"不仅仅是一种荣誉、一种特权，更是一种责任。金融不应该滥用这种荣誉和地位。

中小企业融资难是长期的、世界性的难题，在地区间、行业间、群体间的差异非常大，我们有非常多的"弱势群体"得不到金融服务。拿信用卡来说，中国只有 16％的成年人拥有信用卡，国际上的水平也差不多如此，也就是说许多人还处于金融服务体系之外。

金融本来应该是推动社会向善的,过去几十年来,世界范围内有一种盲目相信自由市场经济,片面强调"股东利益最大化",目标短期化、投机化的倾向,赚钱没有错,但是怎么赚钱? 即中国人所说的"取之有道",更何况金融企业除了赚钱之外还有别的社会责任。某家著名的华尔街老牌投行有一句"著名"的口号:"We make nothing but money(我们什么也不做,我们只赚钱)。"有人问它,你们做金融的人究竟为社会生产了什么? 它说我们只负责赚钱。不幸的是,或许说幸运的是,这家银行在 2008 年危机中倒下了。它的名字叫贝尔斯登。

金融的未来到底在哪里? 我在某酒店大堂办理入住时看到了一点未来,我看到前台有一个使用支付宝的标识,我原以为支付宝都出现在相对低端的消费场景里,这家五星级酒店居然也有支付宝。

据公开消息,支付宝 2015 年统计的实名账户有 3 亿个,总账户数可能在 8 亿个左右。这是什么概念? 它缩短了金融行业与普惠金融这一目标的距离,推动了金融的相对平等化、民主化。而在国际上,2015 年金融科技领域有超过 130 亿美元的投资,比上一年翻了一番,这也让我看到了未来。因为金融和科技的有效结合是经济发展的第一动力,以大数据、云计算、人工智能、虚拟现实等为标志的新兴科技正在改变金融,正在重构金融行业的结构,正在颠覆原有的行业规则和秩序。

大概在三年前,当时的中国建设银行总行行长与李克强总理座谈的时候说银行是"弱势群体",大家哈哈大笑,觉得是说着玩的。但是在今天看来,面对像支付宝这样的新兴巨头,各个银行还真的是"弱势群体",面对新的科技、新的金融,整个金融行业的格局正在重构,国际金融格局也在变化。在上海建立全球金融中心是我们喊了多年的口号,我在二十年的银行业职业生涯中没有见到什么结果,但在新兴的金融科技领域即所谓的互联网金融领域,我很高兴地看到,中国已经相对领先,以杭州为代表的城市正在成为新金融的中心。

我们的责任和使命

因为金融科技的进步,中国广大的农村人口,全球广大的发展中国家的人们现在能够随时随地低门槛甚至无门槛享受到金融服务。2015 年,我在美国的沃顿商学院以"星星之火,可以燎原"为题讲到互联网金融。我说,在中国,1 元钱可以开户,10000 元钱可以开户,得到的服务是一样的。他们觉得难以想象。但是我们做到了。从这个层面上讲,我们做到了金融面前的人人平等,这是社会进步的一个标志,也是社会和谐的一个象征。

金融市场跟所有市场一样,其健康发展需要更好的律师、会计师、评估师,需要更多正能量的网络界人士,需要更多有责任感的企业家、有使命感的科技人才,这些也是我们广大的"新阶层人士"。

我们应不忘金融的初心,回归金融的本源,我们应借用金融科技的力量,找回金融本来的意义,履行金融应尽的责任。只有这样,我们才能迎接金融的健康未来,才能引领、推动社会的进步。我相信这是金融从业者的目标,是新阶层人士的目标,更是我们社会各界人士共同期待的。

为什么是美国：金融发展背后的力量[1]

"我们的差距有多大？"——中美产业格局对比

中国经济的"硬实力"一直不容忽视，钢铁、水泥、服装、汽车、家电等行业都位居世界前列，2015 年对外投资总额也一跃成为世界第二位，彰显出扎实稳健的经济实力。而论及所谓经济的"软实力"，中国一直以美国为标杆。美国的 GDP 总额占全球经济总量的 20％左右，全球贸易结算、金融交易、储备额度等也都占到了世界总量的 60％以上。美元在特别提款权（SDR）中的比重也一直稳定地占据绝对优势。谈到创业创新，我们首先就会想到美国硅谷；而论及全世界最好的大学机构，美国可能也在前十位中占据六七席之多。

美国的创新，很大程度上要归功于其技术的不断推动。技术领域所谓的世界"八大金刚"，更像是美国的"八大金刚"。实际上，IBM、思科、英特尔、

---

① 本文由浙江大学博士研究生陈雪如根据作者在 2016 中青年改革开放论坛暨新莫干山会议上所作题为"大众创业与金融创新——美国的启示和中国的机遇"的演讲整理而成。

微软、苹果、亚马逊、甲骨文、惠普等技术公司不仅代表了美国创新的不断前进，也掌握着全球科技发展的方向。

对于美国的创新，我们也学习了不少，无论是腾讯、阿里巴巴、京东还是百度，都或多或少受到了美国式创新的影响，也在一些领域取得了不错的成绩，比如腾讯的微信、蚂蚁金服的支付宝，不仅占据了国内的市场，在全球市场的发展势头也十分迅猛。

这些所谓的中国"山寨"也好，"中国实践"也罢，其实应该被看作标杆。因为至少在某些领域，我们有能力有机会将其扩大到全世界的市场中去，这本身就是一件激动人心的事情了。

中国在传统产业方面的优势还在持续，在新经济、新科技领域也在不断奋起直追。需要承认，我们在科技创新领域与美国存在着至少十年的差距，我们需要思考和探索其背后究竟有怎样的力量，让美国在新经济、新科技领域不断超越欧洲、日本和其他国家，成为世界翘楚。

"为什么是美国？"——美国引领科技创新发展的背后力量

为什么是美国？当我们思考美国新经济、新科技快速发展的原因时，我们可以归因于其自由民主的社会制度，不断强调批判性思维并鼓励创新的教育环境，主张平等对话、精神反叛的文化背景，乃至移民政策大学教育下培育出来的世界优秀人才。

今天我们看到的美国很多创新创业的成果和红利，其实在二十世纪六七十年代就开始孕育。当时美国号称全世界最民主最平等的国家，人权运动的迸发、嬉皮士运动的活跃等给了人们很多思想上的力量，而战后世界秩序重构、经济金融乃至社会政治的巨大变化，也给创业者们提供了良好的机会。

高科技创新创业公司拔地而起——1968 年英特尔成立，1969 年互联网开始在有限范围内使用，到 20 世纪 70 年代，苹果、微软也逐渐开始发展。创业之初，他们所面对的是一个非常强大的传统金融行业，也是一个对创新创业这样风险较高的领域无法提供任何解决方案的金融市场。

也正是因此，从 20 世纪 70 年代开始，所谓的风险投资机构，也就是真正鼓励和支持创新创业的投资机构如雨后春笋般出现，并在长达 20 年的时间里成为美国科技创新领域发展和新经济进步的一大推动力量。

如果美国东海岸的传统金融没有对早期的英特尔、微软、苹果撒手不管甚至不屑一顾，也许就很难成就硅谷为全球创业投资的中心。类似地，在中国，如果没有当年中资银行对支付业务的不屑一顾，也许就没有支付宝这样一个让所有银行都觉得可怕的竞争对手。

那么，创新创业背后的金融力量究竟是什么？是信息的大众化、平民化？还是互联网的普及引发的金融创新的海啸？我们能够确信的是，如果没有互联网，那么我们今天的社交媒体、网络电商，所有的一切都是不可能的；而如果没有以上这些企业的创新与发展，我们今天的全球化也好，机遇与挑战也好，也都是不可想象，无从实现的。而这些创新技术和创新企业的背后，则是以风险投资等为代表的创业投资和新金融的推动力量。

"我们需要什么样的金融？"——创新创业与金融之间的关系

创新创业与金融之间密切的关系，需要我们不断重新审视金融本身的内涵及其发展。传统金融是金融，创业投资也是金融，它们都是金融的一部分，而对于未来发展而言，我们究竟需要什么样的金融呢？

创新创业的融资渠道和方法与当前金融制度的联系十分密切。传统的银行或者债权融资一直不是创新创业友好型的融资方式，而股票市场尤其是中国的股票二级市场缺少基本的稳定性，保险市场又属于典型的风险厌恶型市场。

与此同时，我们的金融、投资理财活动，很多时候和实体经济没有太多直接的联系，金融杠杆化、杠杆交易化、交易高频化使得投资行为越发地短期化、投机化和"热钱"化，这个问题在世界范围内都是普遍存在的。如此浮躁的金融环境，容易造成金融体系本身失信于社会，失联于实体经济，失衡于自身发展，失控于风险控制，这样的金融没法支撑起我们对于未来的期盼。

金融的发展如果没有为社会创造真正的价值，没有给经济的增长带来真正的益处，没有使健康的需求得到有效的满足，那么这样的金融至少是无益的。而创新创业的发展乃至社会的进步，需要的是有益的金融，好的金融。

什么是好的金融？好的金融是简单的、公平的，是相对普惠的、广泛的，也是能够创造社会价值、造福社会的。我们需要明确，金融为谁服务，服务什么，服务的目的又是什么。好的金融需要与创新创业活动相联系，与实体经济发展相配合。譬如小微金融、供应链金融等，融合了互联网技术，将金融的成本降低、效率提高，更多地满足市场主体健康发展的需求，这样的金融是创新创业友好型的金融，也为实体经济和广大群体提供了高效便捷的金融服务。

"金融行业的机会在哪里？"——供给侧结构性改革

在银行信用与债权市场，中国的银行体系有 200 万亿元以上的规模；保险市场的规模也达到十几万亿元，相比之下，投资于创新创业的资金占比就很少了。在股票市场上，中国的换手率已经超过了美国和日本，产生了火爆的"炒"股现象。

那么,这样的金融结构是否真正有利于创新创业的发展、科技的进步,乃至实体经济和整个社会的前进?供给侧改革,尤其是"三去一降一补"(去产能、去库存、去杠杆、降成本、补短板),从金融的角度来说就是将金融发展与实体经济的发展有机结合,促进金融基础设施建设,完善现有的金融市场结构。

我们需要解决的问题有很多。比如在互联网保险的冲击下,几百万传统保险营销大军的未来在哪里?银行零售网点未来的发展方向是什么?我们有多少"僵尸企业"需要解决贷款库存问题?在杠杆化的情况下如果坏账率提升,如何解决资本充足率的问题?如何降低融资成本、中介成本?如何更好地通过创新金融的发展弥补传统金融的短板以实现经济的更好发展?

这些问题的解决和完善需要政府政策的不断引导和创新,需要制度建设的不断加强,更重要的是解决信用基础的问题。金融是一个基于信用发展起来的行业,信用也是金融健康发展的基石。

未来,政府需要正确引导舆论,维护市场秩序,保护好消费者的权益,改革和归置以往放任多时的监管套利行为,完善利率市场建设并进一步规范征信体系建设。无论是政府、金融机构还是实体经济,无论是个人、企业还是行业组织,都需要懂得坚守,守住自己的底线,耐心一些,扛起一份应当的社会责任。

如今,创业投资在中国已经蓬勃发展起来,在金融科技领域尤其是场景应用方面也走在了世界前列。这是世界发展的大潮流,于我们而言亦是革命性的机遇,是中国在过去200年里未曾有过的领跑世界的机遇。因此,我们必须把握住机会,做出正确的选择,创造更好的明天。

共享社会与共享经济：消除泡沫，有序前行①

从共享单车到共享充电宝、共享 KTV、共享篮球……目前中国共享经济的模式内容丰富、产品繁多、层出不穷，源于国外的共享经济为什么在中国发展得更加火热？其原因可以归纳成两点：一是在经济快速发展的过程中，中国的社会公共服务、公共基础设施建设还不足，深层原因是目前中国市场化程度还不充分，因此为技术创新者提供了更好的应用场景，创造了发展机会；二是中国之所以能够拥有巨大的共享经济的应用场景和市场，原因在于年轻的互联网用户愿意拥抱新的理念、新的产品、新的服务。

共享经济是否存在泡沫，可以从三个方面进行理解。第一方面，作为一个新的经济形态，风险投资资本追逐创新创业机会时，早期有一哄而上的现象是难免的，也是正常的。通俗地讲，当我们面对一个非常大的机会的时候，投资者会觉得投进去虽然有很多风险，但是不投进去的风险（机会成本）肯定更大。第二方面，共享经济本身有一些特定属性，兼具商业性与公益

---

① 本文由作者在 2017 年中国国际大数据产业博览会新闻发布会上的发言整理而成。

性,是市场化与社会化相互关联的业态,所以无论是投资者,还是从业者,都要建立强烈的社会责任感,做好自身对所投资项目回报的期望管理。第三方面,共享经济有没有泡沫要看有没有真正服务实际需求,我们需要防止共享经济发展过程中可能产生的异化现象,比如很多共享平台以吃押金为目的,这就是"初心不正",有钻政策性空子之嫌。针对不履行正常的经济责任、社会责任的共享经济形态,应严格控制和规避。

如何才能真正建立有序、可持续发展的共享经济呢?应把握好三个原则性问题。第一,要把好方向。必须要有正确的导向,要树立强大的责任感,从绿色发展、服务社会、创造价值的角度去把握好共享经济发展的方向。第二,要用好技术。没有技术驱动,空有一腔情怀和热血,就没有效率的提升,没有成本的降低;没有技术这个核心能力的支撑,共享经济很难走远。第三,要分好红利。技术带来效率的大大提升以及成本的大幅降低,那如何使社会、企业、用户、投资者等好好分享共享经济所带来的红利?在创造社会红利的同时合理分享,这显然需要有效的制度和公平的规则。所以,共享经济要实现真正长足的发展,就需要把好方向、用好技术、分好红利,其背后就是规则、制度的建立与引导。

经济新常态下如何发展新金融？[①]

世界经济分化成为新常态

近年来,国际经济发生巨大变化,国际格局和国际秩序加速调整,全球经济增长不平衡问题日渐突出,发达经济体和新兴经济体内部经济增长分化不断加剧。

首先,以美国和英国为代表的部分发达国家在国际金融危机后经济恢复较为迅速。尽管受 2008 年金融危机影响最大,但快速灵活的经济应对政策(若干轮的量化宽松货币政策,甚至包括一些会计准则的改变)使其经济金融体系迅速修复,消费者信心逐步恢复,失业率稳步下降,经济增速基本回升到 2%～3%的水平。

其次,欧元区国家与日本经济增长相对滞缓(见图 1)。欧元区的高失业率与低经济增长率严重阻碍了其经济的恢复和发展,而由此引发的通货紧

① 本文根据作者在 2015 年 12 月 20 日浙江大学 EMBA 房地产协会年会上的主题演讲整理而成。

缩问题也难以解决，再加上金融市场的动荡以及欧元区外出口市场的萎缩，其经济发展举步维艰。

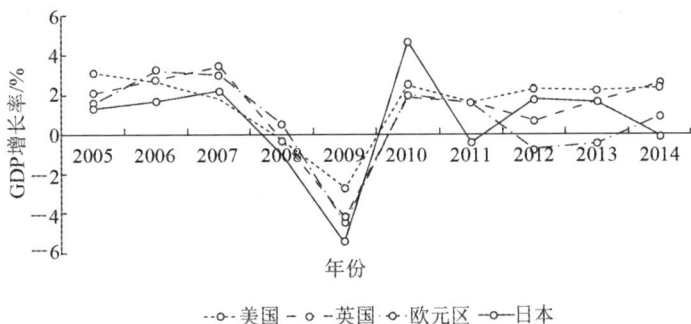

图 1 2005—2014 年主要发达经济体 GDP 增长率

日本经济在"安倍经济学"推行的金融政策、财政政策和结构性改革这"三支箭"的作用下并无显著改善，此外，人口老龄化、创新动力缺乏等问题难以在短期内化解，致使日本经济同欧元区一样呈现疲软状态。

再者，主要新兴经济体的经济增长也出现明显分化（见图 2）。一方面，中国经济增速放缓，降至 7％左右，印度也大体相同，但两者在金砖国家中仍属较高水平。另一方面，巴西、俄罗斯和南非则正在经历无法避免的经济衰退，经济增长率在零点徘徊。这主要是由于这些新兴经济体内部微观经济机

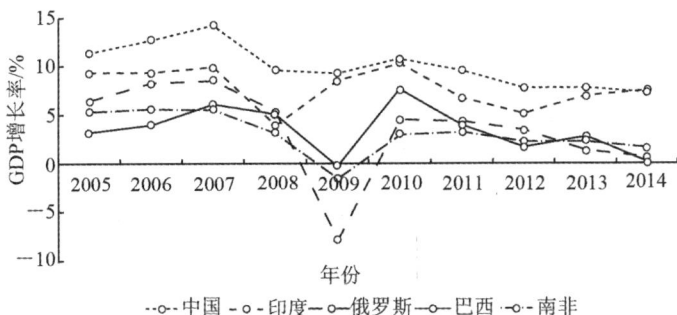

图 2 2005—2014 年主要新兴经济体 GDP 增长率

制不稳定、宏观经济政策不稳健；同时，受国际大宗商品价格波动的影响，这些资源依赖型经济体恢复滞缓，甚至出现衰退。

世界经济分化的背后是创新创业与新金融的差距

世界主要经济体在2007—2008年金融危机以后形成的经济增长分化新常态格局值得我们关注与思考，货币政策分化、地缘政治、地区冲突、文化差异等多种原因复杂交织。但有一个原因亦不容被忽视，那便是各国在创新能力与创业精神上的差异，这一差异可以部分解释世界经济的分化现状。

根据全球创业观察组织(GEM, The Global Entrepreneurship Monitor)每年发布的世界主要国家早期创业活动指数(Total Early-stage entrepreneurial Activity, TEA)可知，美国的 TEA 常年在 10％以上，2014年达13.8％；英国历年 TEA 均在 5.5％以上且于 2014 年达到高点 10.7％；而德国、法国和日本等经济体的 TEA 十几年来很少超过 5％(见图 3)。可以发现，由这一指标衡量的创业情况的分布与各国经济分化的情况有着较高的一致性。

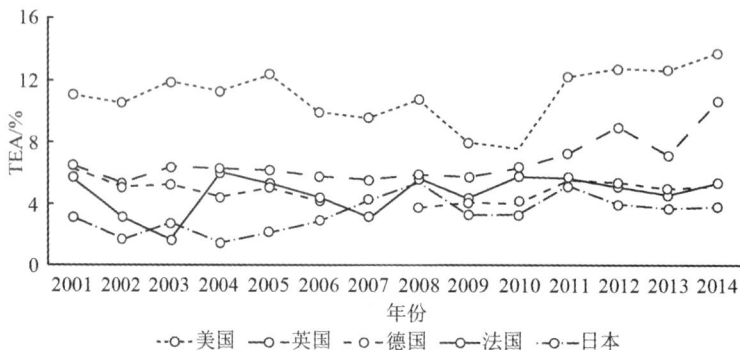

图 3　各国早期创业活动指数(TEA)对比

注：TEA＝经营期限 3.5 年以内的企业创立者人数／劳动人口数(18—64 岁)

此外,美国的创业意愿指数(EI, Entrepreneurial intentions)同样常年保持领先,较高的创业意愿推动了美国的经济复苏,而这些创新创业活动的背后是新金融、科技金融力量的支持。

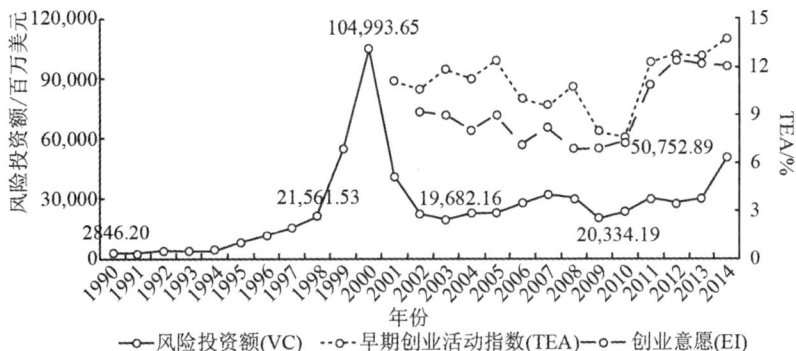

图4 美国风险投资额与创业创新指数的关系

注:EI＝从事创业活动者或在未来3年有创业意愿者人数/劳动人口数(18—64岁)

数据来源:浙江大学 AIF,全球创业观察组织(GEM)

由图4可知,风险投资作为新金融的一种重要表现形式,其投资额与创新创业指数有着较强的相关性,体现了新金融力量对创新创业的支持作用,而美国风险资本的发展历史也印证了这一观点(见图5)。美国的风险投资从1946年"研究与发展公司"的创立,到1971年纳斯达克(主要为新兴的科技型中小企业提供融资平台)的启用,从1969年的1.71亿美元到2015年超过500亿美元的规模,尽管曾受到许多阻碍,却始终在不断发展。或许,没有风险资本的推动,便不会有苹果、微软和英特尔,也不会有谷歌、亚马逊和Facebook。技术创新带来的大众化、民主化的背后,是金融模式的发展与创新。

与此同时,从新金融、科技金融对创新创业的推动这一视角观察各国经济,可以发现:在纳斯达克的上市企业中,美国毫无疑问遥遥领先,约占上市企业总数的85%;中国排名第三,令人鼓舞,虽与美国有较大差距,但仍可见创新创业的活力被逐步激发；以色列作为创新的国度排名第四，远远超过其经济体量排名；英国排名第五，与其 GDP 总体实力大致相当，而德、法、日的高科技公司在纳斯达克的上市数量则与其总体经济实力不相匹配（见图 6）。虽然纳斯达克上市数并不能完全代表一个国家创新的因子、创业的热情，但至少可从资本市场认可度这个层面体现一国的创新创业活跃度。

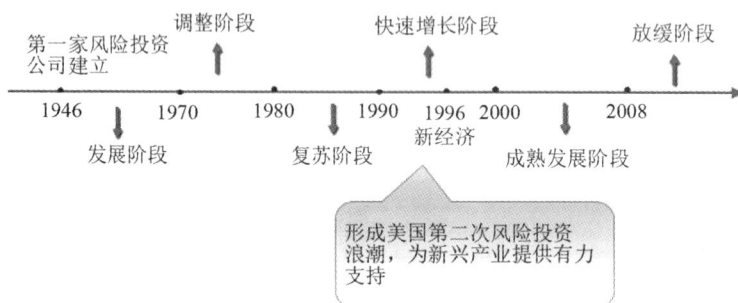

图 5　一路走来的美国创投

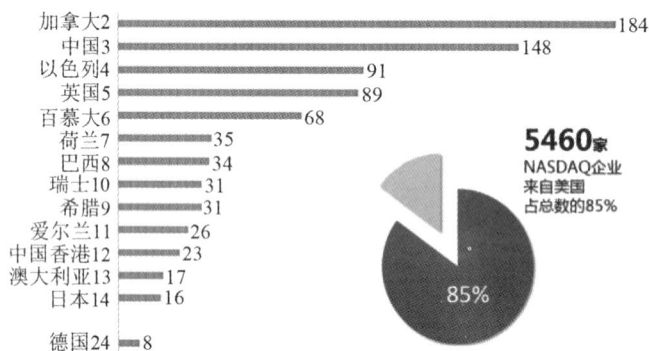

图 6　纳斯达克上市数（数据截至 2016 年 1 月）

我国经济发展的优势与不足

面对知识驱动、创新驱动的新经济时代，在正视我国经济发展与发达国家的差距的同时,积极扬长避短显得尤为重要。

一方面,我国在 GDP 总量和许多有形工业制造品领域优势明显。从经济规模来看,专家学者估计,按照一般的购买力平价理论,我国实际上已是全世界第一大经济体,占全球 GDP 的 17％左右,而美国只占 16％左右。从贸易市场来看,中国经济的增长也为全球创造了出口中国的机会。2014 年,中国已经是 43 个国家的最大出口市场,而美国仅占据 32 个国家的最大出口市场。从行业层面来看,中国在众多像传统制造业这样"看得见、摸得着"的行业中居于世界领先地位。例如,得益于大量的建筑工程项目和丰富的经验积累,我国的建筑工程技术在世界上首屈一指。此外,无论是钢铁、水泥等工业产品,还是电视机、洗衣机等家电产品,我国的产量和产能均处于全球领先水平。

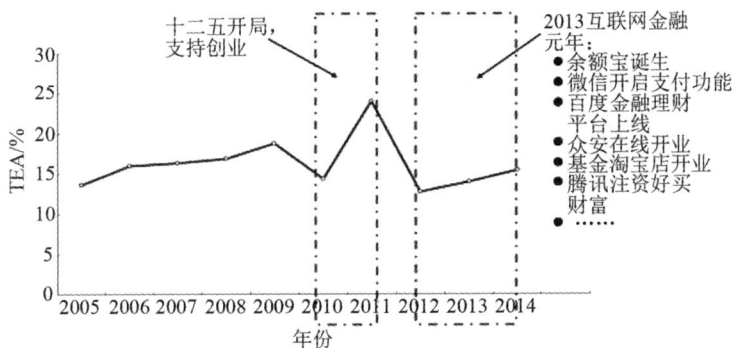

图 7　中国早期创业活动指数

另一方面,中国的经济"软实力"或者说虚拟经济、新经济如电子商务、云计算、社交媒体、共享经济、金融等,与美国等发达经济体相比仍有不小的差距。从全球社交媒体的用户资源方面看,类似于 Facebook 和微信等社交软件,美国公司占有约 61％的控制权(且是在 Facebook 尚未进入中国的情况下);从智能手机的操作系统看,这一领域目前被三家公司——苹果、谷歌及微软所垄断;从金融领域看,美国华尔街的投资银行(以 16％的 GDP 占据全球 50％的市场份额)和基金管理公司(管理超过 55％的全球资产)也牢牢占据了全球金融的制高点。由此可见,中国在核心的金融、新经济等领域的发展仍然任重而道远。

新常态呼唤新金融,我国金融供给侧改革刻不容缓

传统金融的短板在制约我国经济"软实力"的同时,也催生了新金融的发展。以互联网金融为代表的新金融业态的兴起,不仅是我国金融业供给侧改革的绝佳切入点,也为我国在世界范围内实现经济的弯道超车提供了宝贵的历史契机。

1. 金融压抑催生新金融

由于传统金融业的高成本和准入限制(包括牌照、利率、资本充足率等),许多金融服务需求没有得到充分满足,从而产生金融压抑现象,其表现形式之一便是小微企业的融资难、融资贵问题。

金融压抑程度和新金融的发展水平密切相关,从国际经验看,传统金融压抑较弱的地方,新金融总体发展较为滞后。中国大陆目前有大量的网贷平台处于运营中,而台湾地区的网贷平台非常少,其背后的原因与台湾传统金融市场化、竞争性程度较高不无关系:台湾地区银行业的存贷款利差约1.7％,行业集中度较低,前三家银行市场份额占比低于23％;台湾地区平均每人持有一张信用卡,而大陆平均每 7 个人才有一张信用卡。中国大陆互联网金融的兴起一定程度上源于传统金融不够发达、未能充分覆盖实体需求的现状,新金融的蓬勃发展实际上是市场对金融压抑的反弹。

2. 我国金融需要合理对接实体经济

金融需要服务于实体经济,并且合理地与之对接,一旦与实体经济脱轨,便会使经济发展产生扭曲。我国 GDP 规模有 60 多万亿元,而银行资产达 180 多万亿元,约为实体经济规模的三倍,相比美国银行业资产与其 GDP 的体量差距,中国银行业规模明显过大。

因此,在深化金融体制改革的背景下,加快建立我国多层次资本市场尤为重要。具体而言,对于成长性较差但是稳定性较高的传统(成熟型)企业来说,可更多采用银行贷款以及债券、主板等融资方式;对于成立时间较短、规模较小的成长型企业来说,中小板、创业板、新三板和新四板(区域性股权市场、私募等)这几类直接金融更为合适;而对于初创型企业来说,天使投资、创业投资以及股权众筹等股权型融资方式更加适合(见图 8)。

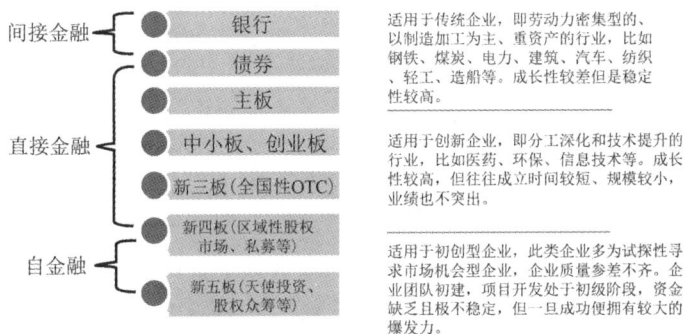

图 8　多层次资本市场对接不同发展阶段的实体经济

3. 互联网＋金融：完善中成长,服务中创新

近几年,我国的互联网金融在呈现爆发式发展的同时,也逐渐显现出诸多问题。发展与完善我国的互联网金融,首先应厘清互联网金融的概念。许多人将互联网金融简单地等同于网贷平台,但 P2P 的本意是指同学之间、

同僚之间的共享，正是科研人员共享计算机"计算能力"的想法推动了互联网的发展，所以网贷本身和金融并无关系，它并不是信贷平台，而是一种信息、资源的共享方式。

其次，要认识到互联网金融在发展初期仍面临着诸多问题，如缺乏风险识别、控制与定价能力。根据浙江大学互联网金融研究院的研究数据统计，目前国内 43.5％的网贷平台已为问题平台(出现提现困难、停业清盘、"跑路"、诈骗等非正常运营现象)，风控体系和征信系统较不完善，客户风控能力和自身抗风险能力均有待提高。

再者，需明确互联网金融最肥沃的土壤在于普惠金融，它能够有效地解决传统金融门槛、成本过高而产生的覆盖群体有限、服务质量不足等问题，从而使更多的人享受到金融的益处。因而，网贷平台必须牢牢定位于普惠金融，服务于"大众创业、万众创新"。当然，普惠金融强调服务对象的普遍性、服务产品的便利性和优惠性，并不等同于全民金融。

在世界经济整体进入知识经济时代，全球各国均需依靠新金融、科技金融推动创新创业发展的国际背景下，进入新常态的中国亦亟须寻找经济稳定增长的新思路。中国其实不缺 GDP 的增长，缺的是 GDP 增长的质量；不缺创业，缺的是创新，特别是技术型创新；更不缺金融，缺的是正确的、合适的、更好地对接实体经济和创新创业的新金融。我国金融的供给侧改革刻不容缓，要着力培植中国金融市场的股权性融资能力，丰富资本市场层次，规范发展互联网金融，建立起完善的金融服务体系，让传统金融有的放矢，让新金融迸发活力。

个人消费支出价格指数：
消费者价格指数的互补选择

谈到消费价格和通货膨胀指数，经济学界和政府部门用得最多甚至唯一的是大家熟知的消费者价格指数（consumer price index，CPI），但是CPI所包括的商品篮子等的代表性（全面性）一直饱受争议，对于CPI是否能有效反应价格的真实水平和趋势、是否适合作为政府（央行）调控经济的一个政策性依据与目标，也有不少讨论，政策制定者也在尝试用新的指标来取代或补充CPI。个人消费支出（personal consumption expenditure，PCE）价格指数不失为一个好的选择。

CPI 与 PCE

CPI是反映居民购买并用于消费的一组代表商品和服务项目价格水平的变动水平和变动趋势的相对数，是对城市居民消费价格指数和农村居民消费价格指数进行综合汇总的结果。CPI＝(一组固定商品按当期价格计算的价值/一组固定商品按基期价格计算的价值)×100％，采用的是固定权数按加权算术平均指数公式计算的形式。PCE 指数主要用于反映全部居民的消费支出价格水平的变动情况。PCE＝(按当期价格计算的个人消费支出/按基期价格计算的个人消费支出)×100％。PCE 指数最初为固定权重的拉氏指数,近些年国际上普遍采用的 PCE 已变为不固定权重的链式费雪理想价格指数。

CPI 的缺陷

第一,CPI 样本涵盖范围有限。(1) 现行的 CPI 指数的样本调查对象只限于城市人口,并没有将农村人口包含在内;(2) CPI 在汇总计算时没有考虑不同收入阶层、不同地区消费结构的差异,难以真实全面地反映各消费群体在现实中对通货膨胀的感受。CPI 在一定程度上已经不能准确地反映不同消费群体所面临的实际价格指数水平,也不能及时反映物价波动对不同消费群体特别是中低收入群体的生活所带来的不同影响。第二,CPI 商品篮子的代表性不足。一方面,新商品与旧商品的更替会使消费者的消费项目发生变化,另一方面,随着经济的高速发展和人民生活水平的日益提高,居民的消费偏好会改变,最终导致商品篮子发生变化。而 CPI 采用固定篮子法,致使商品篮子在短期内不会得到更新(一般国际上是 1 到 2 年更新一次),我国对商品篮子的更新相对更慢,而且针对样本覆盖面的调整非常有限,削弱了产品篮子的代表性。第三,CPI 权重调整不及时。随着各国经济的发展,居民消费结构也在发生变化,CPI 的权重反映的是居民的消费结构。我国基本对 CPI 权重系数按照"5 年一调"的原则进行修正。发达国家的权重更新稍微快些,如加拿大每 4 年更新一次,美国每 2 年更新一次,英国和法国每年更新一次。我国 CPI 的权重争议主要有：食品项权重过高,不符合我国恩格尔系数逐年降低的实际情况;医疗、教育等份额比较大的消费支出在

CPI核算中的比重偏小;居住类指标权重偏低,不能反映居民住房花费上涨的实际情况,与居民感受存在严重偏差;等。

PCE 指数的优势

第一,PCE指数样本涵盖了城市和农村居民,除了CPI分类项目价格数据外,还包括为消费者支付的财政、非营利机构支出等价格数据,主要通过商业销售调查和美国劳工统计局CPI统计资料获取数据并估计权重。第二,CPI监测计算的是城市居民消费者在一篮子货品上的花销,而PCE则包含了所有在本国消费的货品,无论是个人、企业还是政府代表个人购买,具体包括为消费者支付的财政和非营利机构支出,雇主为雇员缴纳社会医疗保险以及政府雇员和军人在国外居住不超过一年所发生的个人支出,等。因此可理解为包含了消费者实际的和隐含的支出,而CPI只反映消费者本身支出的价格变化。因此在范围上,PCE指数更广一些。据估计,PCE中约1/4的支出没有被纳入CPI统计范围内。第三,PCE指数在权重的设计上更有优势,体现在:(1)PCE的各项权重是根据企业抽样调查,而不是CPI中的个人抽样调查;(2)相比CPI的固定权重、定期更新的方法,PCE采用链式权重法,链式权重法允许商品价格的改变甚至是新商品的样本加入。比如,如果苹果的价格突然上涨,那么消费者会减少购买苹果的数量,因此按照链式权重法来算,在该期若是给苹果一个单位的权重的话,那么下一期会因为购买苹果数量的减少而同时减少权重。所以链式权重法可以缓和不同时期的物价改变所造成的影响,它的计算会根据消费者行为的短期变化而做出调整,这是目前标准的CPI公式所做不到的。

综上所述,PCE指数在一定程度上是对通货膨胀更为全面的监测,而且测算起来也比较容易和合理。PCE对我国可能更具意义,因为许多个人消费以公司(许多民企老板公私不分)或公款(虽然现在少了,但仍然有许多单位福利性/工会消费)形式出现,这一部分可以在 PCE 中更好地反映出来。因此,加大对 PCE 指数的研究并将其作为对目前我国 CPI 指数的补充,具有良好的现实意义。

利率市场化最后一跃，金融机构理性责任需强化

2015 年 10 月 23 日，央行宣布降息降准的同时，自 10 月 24 日起，对商业银行和农村合作金融机构等不再设置存款利率浮动上限，这标志着推进了 20 年的利率市场化改革正式完成。在 20 年的利率市场化改革过程中，我国金融机构的定价能力在不断提高，行为更加理性，形成了差异性的分层分序的存贷款定价格局，央行不仅发行了大额存单、同业存单，也建立了存款保险制度，为利率市场化打下了坚实的基础。

至于选择这个时点，首先是因为我国在降息通道内，一般而言不会触及存款利率上限，这样能有效化解利率市场化可能带来的以及利率上行所造成的风险；其次，在前期股市的问题上，外界有声音怀疑我国的金融改革停滞，在这个时点，用利率市场化向全世界表明中国政府将坚定不移地继续推进有序的金融改革，用行动支持了 10 月 22 日李克强总理对美国前财政部部长保尔森"中国金融改革步伐不会停"的表态，相当于是用最小的代价，发出了最强的信号；最后，目前 85％以上的银行负债已经是市场化定价了，在此时完成利率市场化顺理成章，"最后一跃"的象征意义更大。

从国外情况看，美国进入加息预期的进程，而欧洲、日本等继续强化宽

松货币政策,此时完成利率市场化利大于弊。在美元加息实现前的空档期,完成利率市场化是很不错的选择,假设在美元加息后我国才进行利率市场化,而我国利率本来在下行通道,这对我国的冲击会更大,包括资本外流至美国的可能性。同时,欧洲、日本等发达经济体因为国内经济疲软而采取宽松货币政策,也利于减少资本外流至欧日的可能性。另外,尽管我国的汇率双向波动了,利率市场化了,但我国的资本账户并未完全开放,因此,拥有这最后一道"屏障",也能够保证利率市场化不会受到国际资本流动过大的冲击。

实体与金融皆受益

利率是整个经济中最重要的价格指标,首先,利率市场化会优化金融市场的配置效率,因为利率的差别对于所有金融资产定价都会产生移动作用,人们可以更加清晰地知道真实成本是多少,对于过去相对割裂的利率市场有统一作用;其次,利率市场化可能会有优胜劣汰的效果,市场会将相对低端、效率低下的项目淘汰,这对于治理目前国内产能过剩的问题是有利的,同时,全社会真实的贷款总需求可能会有所下降,从中长期看,优质企业的融资成本会因此降低;第三,债券资本市场会获得大力发展,拓宽企业的融资渠道,提升全社会直接融资的比例,整体看来,直接融资比间接融资成本更低,利率市场化会降低企业综合融资成本。

在利率市场化以前,真实的资金成本和利润率是不够清晰甚至是扭曲的,例如,客户在银行的三年期贷款利率为7%,客户无法明确知晓哪一部分属于基准利率,哪一部分是个人信用利差;而在利率市场化之后,可以很明确基准利率(即三年期的国债利率),基准利率与总利率的差额则是银行收取的利差,这个利差能够体现出个人信用的差异,使得信息更加透明对称,不仅是客户,银行也能够清晰地了解资金定价的高低,其关注点将从金融产品真正转向客户。

理性定价是关键

利率市场化后,许多国家都遇到过具有泡沫性质资产的价格骤升问题,尤其体现在房地产和股市上,如日本、智利等国家,有效防止此类事件发生尤为关键。在宏观层面上,央行应该继续审慎监管,建立逆周期的宏观调控体系,包括窗口指导等具体措施;而在微观层面上,应该特别强化金融机构的理性定价行为,要主动意识到控制过高的杠杆水平,充分考虑到各种风险,避免出现日本、智利等国的情况。

利率市场化后,利率的波动会更加频繁,资金流动速度也会加快,要求市场参与者的行为更加理性,能够自我约束,市场拥有完善的风险定价机制。除此之外,更重要的是金融机构的社会责任问题,前期的股市情况也给人们很大的启示。微观来看,金融机构的行为是不违法的,但就像一头大象在动,整个房间都在摇,这会影响整个市场的稳定。在利率市场化后,金融机构也应该更多关注自身的社会责任问题。

利率市场化后,未来央行的货币政策可能会有所变化。央行将继续改变过去"一刀切"的方式,更多地采用差别化方式,以期达到精准化调控。如果要打破刚性兑付的预期,需要在价格形成机制上更加透明,使其能够高效准确反映当期宏观经济走势。

利率市场化的成败关键在哪里?

利率市场化不是简单的利率的自由浮动,利率市场化改革是一项极为复杂的系统工程,是一场极其重大的整体性变革,涉及社会资源的重新定价、宏观审慎监管、公司治理、市场竞争淘汰机制、存款人利益保护和创新制度安排等多个方面。利率市场化要成功推进,必须掌握好以下几个方面。

第一,重视金融市场体系和基础设施的建立及完善。

很多人认为利率市场化就是放开存贷款利率,对利率的形成机制研究不够,对基础利率的引导体制和作用认识不足。因此,首先有必要形成完善的市场引导性的基础利率。为避免存贷款利率放开后的价格恶性竞争导致银行危机,培育基准利率引导概念并找到合适的引导性利率非常重要。其次,需要进一步完善债券市场的基本制度建设,促进作为利率市场化的主要市场之一的债券市场的良性发展,进一步优化我国的企业融资结构和金融市场结构。

第二,进一步完善现有的审慎监管框架,处理好监管和创新之间的平衡。

首先应尽快建立商业银行存款保险制度。利率市场化不可避免地会让一些金融机构经营困难,我们需要保护广大存款人的利益,维护金融市场的稳定。其次,利率市场化为产品创新、提升金融服务企业的能力提供了前所未有的机遇,监管机构应适时放松对商业银行创新的管制,处理好金融创新与监管创新的关系,既满足它们管理利率风险的需要,又有效控制金融创新可能产生的金融风险。再次,需要建立健全金融机构自律性竞争秩序,补充正常金融监管的不足。监管不能单纯依赖监管当局,而应将重点放在金融机构有效的内控制度建设上,使其能在较大程度上调控正常的价格竞争区间。

第三,继续强化和完善银行的现代公司治理机制,完善风险管理和绩效激励考核机制,逐步建立和完善市场参与主体的优胜劣汰机制。

作为资金提供方的商业银行,其经营行为有一个进一步规范和理性化的过程。提高这些作为金融市场主体的商业银行经营者的道德规范和业务水平,解决它们内在的可能的经济激励问题,强化内部风险控制等,有助于促进其经营行为的理性化,降低经营中的道德风险,从根本上为利率市场化夯实基础。国有银行还要继续改革和完善现代公司治理机制,建立经得起国内外市场竞争的财务硬约束机制,真正实行自主经营、自担风险、自我发展。其他商业银行若经营不善,应当通过优胜劣汰机制被淘汰出局。由于国有企业或地方政府平台信贷出了问题不会被严格追究责任,银行更愿意通过简单授信的方式给并不缺钱的国有大企业或政府融资平台提供信贷,近年来甚至出现大企业高利率转贷银行贷款的情况,而中小企业融资却迟迟难以解决。只要这种银行信贷文化和体制不改变,政府对金融和经济活动的干预不受到有效约束,利率就不可能成为资源优化配置的资金成本,信贷资金市场也不可能成为利率市场化的"市场"。

利率市场化也为我们提出了银行要不要像实体企业那样以利润最大化为经营目标的问题。有别于其他行业,金融行业必须在给定风险下追求最大化利益,或追求给定利益下的最小化风险。如果不计风险,以利润最大化为目标,那么一定收益越高风险越大。这会带来两个结果。其一,银行有极大的动力经营大规模变相揽储的金融理财,所谓影子银行业务,而没有动力向实体经济配置资金。利润最大化的定价实际上是风险最大化的定价,而在资源错配下,利率一定是扭曲的。其二,自我膨胀成为最简单的增长方式,金融机构从本应是资源优化配置的中介机构演变成资本的占用主体。金融机构除了通过影子银行业务直接占用资金外,由于自我膨胀太快,为了满足资本金要求和坏账拨备规定,尽力寻求上市融资,频频增发融资、债券充实资本金,成为证券市场资金的占用主体,即使在空前宽松的货币环境下,也会使银行间市场的流动性短缺,中小企业融资难加剧。因此,金融机构回归服务实体而不是经营风险自我膨胀的定位,显然也是利率市场化所必需的关键性制度转变。

第四,强化企业投融资行为的规范化和理性化建设。

我国居民消费行为已逐渐趋于理性,居民对利率作为资金使用成本和投资回报已有了较为充分的认识,能够对利率变化做出较敏感的反应;而企业特别是国有企业的投融资行为却明显参差不齐,对此,必须加快建立和完善现代企业制度,进一步规范国有企业和上市公司的经营行为,促进其投融资行为的理性化。

新经济，新金融①

新经济时代已经来临

从 1978 年开始，经过 36 年的发展，中国的 GDP 从 3650 亿元人民币达到 2013 年的 56 万亿元人民币。我们已经习惯这种快速增长，但同时我们也看到增长速度下降，从超高速增长变成中高速增长，这是我国的新常态。

在过去这些年间，中国是模仿型、追赶型发展，我们有明确的前进方向。我国的行业相对来说更加传统，借鉴海外成熟的发展模式，有效发挥社会主义制度的优越性，集中力量办大事。但是，处在今天这个"风口"，国外已经没有成熟的产业、技术路径可以模仿和学习，需要自己去引领潮流。同时，很多新兴产业失败概率较高，决策需要分散化和市场化。面对未来，我们感觉信息不对称，因为我们不知道未来是什么样的。所以，许多投资决策需要通过市场择优选择。

---

① 本文原题为"消费是经济发展主战场"，由作者在 2014 年第十五届学习型中国——世纪成功论坛上发表的演讲整理而成。

新经济时代已经来临。"新经济"这个词在 1996 年被提出。它代表了全球两大发展趋势，即信息化和全球化。且它更注重差异化、个性化、网络化和速度化。它是创新经济，代表着大众创业的时代。与传统经济相比，新经济更有规模，有标准，有模式，有层次。西方成熟经济体早已经进入新经济时代，而彼时我国还处于发展初期，没有看到这个未来。

新经济时代和传统产业时代的区别在于价值的重新分配。

在过去 200 多年中，世界发生了四次工业革命：第一次工业革命在 1769 年，人类进入蒸汽时代；第二次工业革命，发电机、电话诞生；第三次工业革命是信息革命，世界第一台电脑出现以及 1976 年苹果公司诞生是人类进入 3.0 工业时代的标志。而我们现在面临的新经济时代，得益于第三次工业革命打下的基础，是以移动互联、3D 打印、声音科学创新为代表的一次新的工业革命，也就是工业革命 4.0。

前几次工业革命的起源和中心都距离中国非常遥远。第一次工业革命起源地在英国，第二次工业革命逐渐转移到美国，第三次几乎就在美国，但是第四次工业革命，中国密切关注着。中国之前响应每一次工业革命都滞后了多年，这次不能再滞后。

第三次工业革命巨头如 IBM、微软、苹果等公司也是今天的巨头，因此这次工业革命，中国机不可失。中国要全方位融入和抓住新的机遇，在一些领域和行业引领工业革命。即便在某些行业，我国与世界仍存在差距。思科 1984 年成立，华为 1987 年成立；谷歌 1998 年成立，百度 2000 年成立；脸书(Facebook)2004 年成立，腾讯 1998 年成立。我们有足够的机会去超越传统经济并引领新经济。如何引领新经济的发展？需要新经济呼唤新金融，新金融引领新经济。

新经济呼唤新金融

中国在变,世界在变,产业革命也在变,我国既面临走向世界舞台中央的机遇,也承担着国际责任与义务。中国的经济发展模式导致盈利相对困难,但这不一定是坏事。中国经济的发展从单纯的注重量到注重质,从简单的模仿、低端制造到新兴制造业、智慧制造,经济发展的主动力正在转向民营企业。我们不能仅看曾经拉动投资和经济的出口,要想让经济持续发展,消费才是主战场。

中国从实施"引进来"战略,加入世界贸易组织,学习国外的技术和规则,到现在需要"走出去"。2013年是中国对外投资元年,1700亿元人民币的对外直接投资标志着中国从资本输入国变成资本输出国。中国企业的经营性质也发生了天翻地覆的变化,从粗放到精细,从单纯追求规模到追求客户价值、市场价值,从追求简单模仿到真正实现自主创新、掌握核心技术。我国从低成本国家逐渐变成高价值国家。而与此同时,除了国内市场,我国企业也在全球范围内竞争国际市场。

传统意义上的企业核心竞争力大多是资源型的,比如煤矿业、房地产业等。在新经济时代,企业需要靠自己去发现、挖掘、培养核心竞争力,无论是技术还是整合资源的能力。

金融必须改革,中国金融服务实体经济的模式必须改进,金融可以引领实体经济改变。我们从传统的银行融资为主,到直接金融、自金融;从传统的金融到新金融;从简单地靠信贷融资到风险与收益更对称的股权投资;从信息不对称到形成基本格局。同时,银行可能要转向服务中小企业和个人。从风险容忍度的角度,我们需要零风险容忍度,需要从完美的信赖度走向相对应的风险容忍度,此时风险管理与风险定价的能力是金融业的核心竞争力。

人们对金融业有很多负面评价，这也是我离开金融行业的原因。2014年，金融跟实体经济密切程度不够，GDP增速与平均银行信贷率之间相关性不强，银行支持实体经济的力度不大。所以从金融格局来说，我们要大力发展的不仅是银行融资，还有多层次的股权资本市场，从主板市场中小板一直延伸到创业板和新三板，再到一些区域性的股权交易市场，也就是场外市场。

受资本市场追捧的"新宠"具有的第一个特点是平台性，其核心竞争力是整合资源以及核心技术性，例如掌握了核心芯片技术的英特尔；第二个特点是可扩展性，或称可扩容性。可扩容性，可增长性，取决于是服务大企业还是服务中小企业或个人，百度、阿里巴巴和腾讯都是服务中小企业和个人的。关键的成功因素是要么掌握核心技术，要么具有整合资源的能力。如果腾讯当年的目标是服务大企业，那么它很难积累如此多的用户。未来资本市场将趋向大众繁荣，全民创新，经济民主化、自由化、市场化。

传统产业相对更适合传统金融。例如房地产行业，用资产做抵押。传统信贷往往不愿意接受过多的风险，这也是它的职责所在，同时它的力量是固定的，无法享受到企业一旦成功后的增长。不仅在中国，美国的银行也拒绝新兴企业的传统融资需求。我国融资方式相对单调，正因为传统产业和传统金融以资产为重的发展模式，所以我国有些行业产能过剩。银行融资时较少关注企业日后的发展，只要有资产，就可以抵押。资本市场则不会以太高的价格投资房地产行业或钢铁行业。我国的融资方式在某种程度上助长了某些行业的产能过剩。

新经济需要新金融，那么什么是新金融？简单地说，新金融是创业创新与金融的结合，就是创新资本。国内翻译成"风险投资"，我认为这个翻译并不准确。创新投资使风险和收益更对称，在这种情况下，新的产业与金融的结合使得创新资本更直接地服务新经济，也同时推动创新创业。

未来的金融是互联网＋金融

尤金·克莱尔（Eugene Kleiner）是仙童半导体"八君子"之一。他在创业过程中感觉传统金融无法满足他的要求，于是在自己功成名就，从英特尔赚了不少钱之后，在20世纪70年代开始推动所谓的创新资本。他所带领的团队从七八十年代开始，投资了美国在线、亚马逊、谷歌等公司。如果没有七八十年代美国风起云涌的新金融，传统企业如何能看到未来？

互联网代表的科技是经济的第一生产力，金融则是现代经济的核心。有人说2014年是互联网金融元年。互联网金融的概念可说是"国外开花、国内结果"，因为互联网金融最早的形式例如网络证券、网络保险是在海外掀起的，包括1995年美国第一家无分支网络银行"安全第一网络银行"，虽然其几年后被收购了。PayPal从1998年开始销售货币市场基金，但是互联网金融在国外影响较小，如PayPal就比美国的信用卡市场小很多。为什么余额宝在中国能成功？原因在于当PayPal开始销售货币市场基金的时候，美联储账户是市场化的，是能够提供现金等级的货币系统；但是在中国，金融产品被认为是资本市场的产物，中国的银行忽略了一些中小客户，即所谓的低端客户。余额宝有1亿3000万个账户，平均每个账户只有4000块钱。这是互联网对金融民主化、大众化的重要推动。

互联网金融虽然在国外先出现，但我国能不能抢占统治地位？我国能否后来居上，一方面取决于我国的互联网金融企业家们是否能珍惜机会，是否能理解金融的本质是风险管理服务实体经济；另一方面取决于我们的互联网金融能不能促进经济发展以及加快我国传统金融互联网化的速度。国外互联网金融发展速度较缓，是因为国外建立了相对成熟的市场化金融体系，个人与企业几乎都得到了来自金融企业的有效满足，而中国恰恰有很多尚未得到满足的需求。同时中国的银行业也在改变,未来 2～3 年是中国互联网金融发展的重要机遇期,在这期间,我国的很多银行能够实现在线化、互联网化。

新工业革命将世界引入新经济时代,新经济成为新常态,这是中国转型升级的极好机遇,也是企业转型升级的大好之路。新经济呼唤新的金融方式,需要金融和实体经济更紧密的关联。1970 年美国新技术革命推动了新兴产业快速成长,也许今天就是新金融的机缘,中国是创新资本大力发展的市场。未来已经来了,让我们一起拥抱未来,迎接未来。

地方金融改革：要办中国自己的"富国银行"①

谈金融改革成效，不能求"速成"

以温州为起点，珠江三角洲、泉州、沿边等多个地区先后被批准建立金融改革试验区。金融改革是一个复杂的系统工程，这跟金融行业的特点有关系。与一般行业不同，金融行业受到国家的监管体系、法律环境等的影响更大，而这些本身不是一个地区能左右的。同时，金融行业的虚拟性很强，但地域性不强，比如说金融市场核心的资金，其"行走"速度比其他任何一个行业都要快，因此就金融改革而言，一个地域内能做的比较有限。

更为重要的是，一个真正好的金融生态需要时间去培育，从这一点看，大家的期望值可能过高，要求快速见效。金融最重要的概念之一就是信用，而信用的培养、信用基础设施的建设都需要较长的时间。

---

① 本文根据 2014 年《温州日报》对作者的专访整理而成。

话互保困局，要摈弃"哥们义气"

浙江民营经济很发达，但是有一件令人头疼的事叫"互保困局"。互相担保是民间担保的特色，随意性较强。有很多人责怪银行"下雨天收伞"。其实银行有羊群效应，一家银行抽贷了，其他银行也会跟着抽贷，这样的局面是我们不希望看到的。互保风险其根本问题在于信息披露不完全，信息不对称，后果严重会造成银行恐慌，导致好的企业的资金被收回。

目前的建议是，企业要尽早地向银行、政府汇报，厘清究竟有多少担保，使得信息披露完全；短期内有些情形则需要政府干预。另外，我们也要重新审视企业之间的合作关系，相比之前的"哥们义气"（你企业初创或资信不足，我帮你担保，拉你一把），要更多考虑股权融资的形式，因为高风险和高收益匹配，需要让互保的"参与者"知道这不只是常规的信贷风险，而是共同承担创业的高风险，增强其风险意识。

办民营银行，动机要纯还要有耐心

温州作为全国首个综合金融改革试验区，第一批获批的民营银行不仅有本地的，还有在外的。从国家产业政策来讲，之所以会试行民营银行牌照，是因为在我们国家，中小企业、小微金融等的金融需求并未得到有效满足。正因如此，中小企业融资、小额信贷等带有普惠金融性质的业务，应该是民营银行需要填补的空白。

但很可惜的是，过去即便是很小的银行，也都把注意力放在大型企业上，因为这样赚钱容易，风险也比较小。但国内缺的不是做大企业的银行，而是真正做普惠金融的银行。

民营银行要走差异化路线。实体的分支机构、物理网点成本越来越高，需要借助互联网的定位、效率，来满足现有一些没能得到满足的金融需求，在这方面，民营银行有后发优势，因为其没有分支网络等成本负担。

个人建议，筹备民营银行动机要纯，要有耐心，要真正地"沉"下去，打造中国自己的富国银行。因为服务小微金融不仅是国家政策的导向，也是民营银行有比较优势和竞争力的地方，更何况与其他金融领域相比，小微金融相对来说是一片"蓝海"，市场机遇更多。

我的梦想：中国公司的崛起①

当我接受发言邀请时，我并没有意识到我将参加一个银行家的聚会。自(2014年)5月离开工作了20年的银行业，我一直尽可能地远离银行家和银行业。

我将论"中国公司"的崛起，这是我所理解的"中国梦"。为了诠释这个主题，我想先把它放到历史和全球化的语境中去。

第一次工业革命和英国的引领

1769年苏格兰人詹姆斯·瓦特发明了蒸汽机，标志着第一次工业革命的开启。英国是这场革命的引领者，它建立并巩固了之后一个世纪的帝国统治地位。此时，美国作为一个全新的国家刚刚成立，而中国正处于乾隆统治下一段长久安稳的盛世，皇帝本人忙于在江南欣赏美景，这其中就包括杭

---

① 本文为作者于2014年在伦敦商学院中国商业论坛上发表的演讲，原为英文，译者施嘉。

州——我的新家乡。皇帝七下江南,他和他的帝国并不关心世界上其他地方发生了什么。约一个世纪后,1862 年,中国才在安徽安庆制造出第一台蒸汽引擎。

第二次工业革命:从英国到美国

1831 年,英国科学家迈克尔·法拉第率先发明了发电机,德国人莫里茨·雅可比和美国人尼古拉·特斯拉的发明紧随其后。1876 年亚历山大·格拉汉姆·贝尔在美国发明了电话,1886 年美国人托马斯·阿尔瓦·爱迪生发明了照明设备。这些发明都是第二次工业革命中的标志性事件,最终奠定了美国世界领先的地位。当今一些国际大公司诸如通用、西门子等都是第二次工业革命的产物。当时的中国正忙于应付内乱和侵略战争——从太平天国运动到中日甲午战争。第二次工业革命对中国的影响和第一次工业革命一样滞后,直到 1928 年,中国才制造出第一台发电机。

由美国引领至今的第三次工业革命

20 世纪 40 年代被认为是以信息技术的发展为显著标志的第三次工业革命的起点。1946 年 IBM 公司发明了第一台计算机,1938 年惠普公司在硅谷的一个车库里成立。之后,美国掀起了一阵科技发展的浪潮:1955 年威廉·肖克利在贝尔实验室发明了晶体管并因此获得诺贝尔奖,这直接催生了仙童半导体公司的诞生以及后来 1968 年集成电路有限公司的成立,即大名鼎鼎的英特尔公司。英特尔革新了微处理器,使计算机走近普通大众,但个人电脑的真正诞生还是要等到 1975 年微软公司的成立和 1976 年苹果公司的成立。

1969 年因特网诞生了，人类首次漫步月球。与第一次、第二次工业革命相似，中国仍然处于各种危机之中，历经抗日战争、内战以及十年动乱。发达国家正在享受第三次工业革命带来的便利，而中国人仍然活在第一次和第二次工业革命的时代。

1923 年　IBM 公司成立

1938 年　惠普公司成立

1945 年　第一颗核弹爆炸

1946 年　第一台计算机诞生

1955 年　威廉·肖克利在贝尔实验室发明晶体管

1968 年　英特尔公司成立

1969 年　因特网诞生、人类登月

1970 年　尤金·克莱纳成为风险投资领域的先驱

1975 年　微软公司成立

1976 年　苹果公司成立

1978 年　中国改革开放

到此时为止在世界其他地方发生的一切，和中国几乎都没有关系，中国困于国内事务与危机。

中国自 1978 年以来的追赶

1978 年中国开始实行前所未有的改革开放政策，这开启了一个新的时代。当时中国的 GDP(国内生产总值)仅为 3650 亿元人民币，外汇储备仅有 1.67 亿美元。当时政府禁止开设私营企业，整个国家的经济在计划经济体制下运行。那时候，我是一个长在长江边农村里的 12 岁学生，我只有一个梦想，就是每顿都能吃上白米饭。而只有上大学，才有可能实现这一切，才有可能让我从农村走出来。

12 年之后，1990 年，亚运会在北京召开，这是中国第一次有机会举办一个地区性的盛会，也是中国首次亮相国际舞台的"成年派对"。那一年，我带着 225 美元去了美国。我希望——

有一天西方人能知道中国和新加坡的区别；

中国的领导人都能用英语交流，甚至无惧上 CNN（有线电视新闻网）的 *Larry King Live*（《拉里·金现场》）节目；

在美国的中国学生都能选择他们想要学习的专业，而不是他们不得不学习的专业。

当时没有一个外国人能记住一家中国公司的名字。中国和美国之间隔着一整个太平洋。

2002 年，我就住在附近的圣约翰伍德地区。我很享受每天穿过公园去伦敦金融城上班。我希望——

英国人能够更多地了解中国，而不是仅仅知道北京等几个大城市的名字；

中国的领导人能够上 BBC 的访谈节目 *Have Your Say*（《畅所欲言》）侃侃而谈。

当我在欧洲工商管理学院就读国际高级管理人项目时，我是唯一的中国人。当时外国人所知道的中国品牌仅限于去中国餐馆时能喝到的青岛啤酒。而今年我成了青岛啤酒股份有限公司的董事。那时中国和英国之间的距离好比英吉利海峡。

让我们再回到 2014 年，如今按照 GDP 计算，中国是世界第二大经济体，拥有世界第一的外汇储备，国际贸易总额世界第一，并且在境外投资中成为净资本输出国。因为因特网、全球化、贸易和投资，中国人更了解世界了，世界也更了解中国、中国公司和中国人。

　　如今，英国和世界其他地方的人更了解中国、中国城市和中国文化了。很多非华裔人士能说流利的中文，更多的人正在学习中文。他们也了解中国的货币：人民币。

　　中国和英国及世界其他地方的差距缩小到了泰晤士河的距离。

浙江和深圳将主导中国公司的崛起

　　越来越多的中国公司和产品在国际上被人所熟知，其中不仅有国有企业、大型银行，也有私营企业如华为。他们不只做国际贸易或者餐饮业（过去有很多中国博士毕业生在国外开餐馆），也涉足其他许多领先行业，包括科技、医药和日用消费品。我们现在不仅有国有企业巨头，比如中国银行、中国工商银行、中石化、中石油；更重要的是，我们有欣欣向荣的私营经济，如华为、腾讯、吉利、阿里巴巴等已经成长为具有国际竞争力的企业领军者，而这些企业的总部并没有设在北京、上海、香港这些你们熟知的城市。

　　无疑，北京、上海和香港在中国和全球经济中有其各自的地位。但是我想将各位的眼光引向两个在国际上被严重低估的中国城市：深圳和杭州。深圳在改革开放之前是一个小渔村，如今是拥有千万人口的大都市，是华为、腾讯、招商银行、中国平安、万科总部所在地，还拥有一个证券交易所。而杭州则是一座历史悠久的都城，浙江省省会城市。按照中国的标准，拥有5000万人口的浙江仅为中等大小省份。让浙江独具一格的是它的创业精神和繁荣的私营经济。中国私营企业500强中大约30%是由浙商拥有的，超过600万浙江人在外经商，其中包括150万在海外的浙商。由于他们的长期努力，浙江省的国民生产总值超过国内生产总值两倍，全球各地都有浙江商会的强大网络。在浙江，官方登记注册的公司有420万家，包括个人的和其他零散的,大多数都由创业者或者小型企业主建立。有统计表明,五个浙江人中就有一个是企业家,这是非常惊人的创业比例。如果下一个阿里巴巴在它们之间诞生,也毫不让人惊奇。

你会加入我们吗?

《福布斯》杂志最近的一个研究表明,已经有 100 家中国(包含台湾和香港)的公司登上了世界 500 强排行榜。我想和各位分享我的梦想:中国的公司不仅变得更大,也变得更强,成为具有社会责任感的世界公司。

你们应该已经注意到,我之前的梦想都以各种各样的形式实现了。鉴于这些良好的记录,我有理由相信在政局稳定和经济自由化的背景下,这个梦想能够实现——中国公司的崛起!并且我大胆推断,私营企业,特别是浙江和深圳的企业,将继续引领这一趋势。英国人有一句谚语:A rising tide lifts all boats。翻译成中文就是"水涨船高"。我向各位提出一个问题,同时也是诚挚的邀请,能否请各位加入并推进"中国公司"的崛起?